タイ語マラソン

らくらく
初級マスター

スニサー・ウィッタヤーパンヤーノン
上原みどりこ

SANSHUSHA

●音声ダウンロード・ストリーミング

1. PC・スマートフォンで本書の音声ページにアクセスします。
   https://www.sanshusha.co.jp/np/onsei/isbn/9784384060874/
2. シリアルコード「06087」を入力。
3. 音声ダウンロード・ストリーミングをご利用いただけます。

はじめに

本書を手に取ってくださりありがとうございます。

この本は、『タイ語駅伝らくらく文字マスター』の続編です。タイ文字の基礎（書き方、組み合わせ方、声調のしくみ）の学習をすでに終えた方が、基本文法に沿って、なぞり書きしたり、書き込んだりしながら日常の簡単なフレーズからまとまった文章まで読み書きできるように作りました。

最近はインターネットを通じてタイ現地情報をリアルタイムで入手できるようになりました。そして、タイドラマの人気もあって、インターネット上の情報を読み取りたい、SNS 上で相手とやりとりしたいという声をよく聞きます。この本では、みなさんのこうしたニーズに応えるべく、インターネット配信のタイ情報、ドラマ、SNS でのやりとりでの読み書きが可能になるように内容を工夫しています。文のスタイルは日常的な実用性を重視して、対話文では話し言葉、日記などのまとまった文章ではカジュアルな書き言葉を採用しました。

学習はバンコクマラソン 42.195km をイメージしながらスタートします（架空のマラソンコースです）。学習プランと現時点のレベルが把握しやすいように第 1 課～第 10 課までの 10 段階（易→難）に分け、課ごとに読み書きに関する目標※を設定しています。学習時間の目安は 1 つの課につき 3 時間です。

私どもが伴走者となりますので、バンコクの風景を楽しみながら、ときに寄り道したり、給水所でひと休みしたりして、とにかく前に歩みを踏み出して、一緒にゴールを目指していきましょう。

※外国の運用能力・熟達度を評価する国際標準である CEFR（ヨーロッパ言語共通参照枠）のレベル A1 ～ A2 の読み書きに関する CAN-DO リストを参考に目標設定しています。

【発音記号表記について】

タイ文字には発音記号を併記しています。「Warm Up」では、『タイ語駅伝らくらく文字マスター』と同様、正書法に基づく表記としていますが、第 1 課以降は会話上の慣用的な発音に従った表記にしています（『タイ語駅伝らくらく文字マスター』第 9 区参照）。
第 6 課以降の文法解説の例文や練習問題は、初めて出てくる単語を除き、発音記号をつけていません。どうしても分からない場合は別冊の付録（タイ語↔日本語索引）を参考にしてください。

もくじ

登場人物の紹介

バンコクマラソンを走り始める前に、登場人物を紹介します！

サクラ

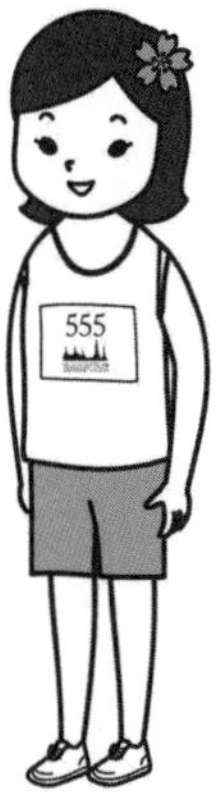

今回は私が走って、ここ、バンコクでのマラソンを完走するわ！

走者：卯月《うづき》サクラ（ニックネーム：メー）24 歳。タイ生まれタイ育ちの日本人。
かつては『タイ語駅伝』のチームマネージャー。
生まれ育ったタイに戻り、バンコクで会社勤務。タイのアイドルの大ファン。
タイ語を話すことはできるが、実は読み書きは苦手。

チャーン・コーチ

42.195km を走り切るんだぞ！　気合いだ‼

コーチ：前回の『タイ語駅伝』に引き続き、
今回はサクラを指導してバンコクマラソン完走に導く。ベテラン指導者。

サクラがバンコクで知り合う 2 人の友人

カーゥ　26 歳 男性

プローィ　25 歳 女性

バンコクマラソンコース

戦勝記念塔
サイアム
ベンジャキティ公園
ルンピニー公園

Warm Up

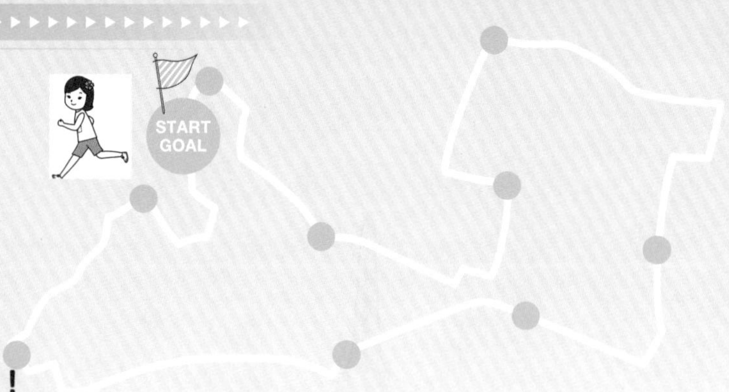

バンコクマラソンに申し込む！

タイ文字規則の復習、個人情報を読み書きする

申込書やWeb登録で氏名、住所、職業などが読み書きできるように、単語レベルの文字規則の復習をします。

文字規則の復習　まずはタイ文字規則の復習です。（☞ 別冊 P1）

1. 子音字

グループ別に子音字を□に書き入れましょう。□の下の発音記号は、「/」の左が頭子音、右が末子音を表しています。

①中子音　9字		k/-k	c/-t	d/-t	t/-t	b/-p	p/-p	ʔ/-
				d/-t	t/-t			
②高子音　10字		khˇ/-k	chˇ/-t	thˇ/-t	phˇ/-p	fˇ/-p	sˇ/-t	hˇ/-
				thˇ/-t			sˇ/-t	
							sˇ/-t	
③低子音　23字	a. 単独字　10字	ŋ/-ŋ	n/-n	m/-m	y/-y	r/-n	l/-n	w/-w
			n/-n		y/-n		l/-n	

③低子音　23字	b. 対応字　13字	kh/-k	ch/-t	th/-t	ph/-p	f/-p	s/-t	h/-
		kh/-k	ch/-	th/-t	ph/-p			
				th/-t				
				th/-t				

2. 母音字

母音字を□に書き入れましょう。（☞ 別冊 P2）

【短母音・長母音】　　○=頭子音字　□=末子音字

短母音			長母音		
発音記号	末子音字		発音記号	末子音字	
	無	有		無	有
a			aa		
i			ii		
ɯ			ɯɯ		
u			uu		
e			ee		
ɛ			ɛɛ		
ɔ			ɔɔ		
o			oo		
ə			əə		

【二重母音】

短母音	長母音	
末子音字　無	末子音字　無	末子音字　有
◌iaʔ	◌ia	◌ia□
◌ɯaʔ	◌ɯa	◌ɯa□
◌uaʔ	◌ua	◌ua□

【余剰母音】

◌ay	◌ay
◌am	◌aw

3. 声調規則

各グループの声調名と発音記号で声調を書き入れましょう。（☞ 別冊 P3）　例・下 声（ ˆ ）
（平声 ， 低声 ˋ， 下声 ˆ， 高声 ˊ， 上声 ˇ ）

<table>
<tr><td rowspan="3"></td><td colspan="3">声調記号なし</td><td rowspan="3">่</td><td rowspan="3">้</td><td rowspan="3">๊</td><td rowspan="3">๋</td></tr>
<tr><td colspan="2">促音節</td><td>平音節</td></tr>
<tr><td colspan="2">-k, -t, -p, -ʔ</td><td>-ŋ, -n, -m, -w, -y,
- 長母音 / 二重母音</td></tr>
<tr><td>中子音</td><td colspan="2">＿＿声
（　）</td><td>＿＿声
（　）</td><td>＿＿声
（　）</td><td>＿＿声
（　）</td><td>＿＿声
（　）</td><td>＿＿声
（　）</td></tr>
<tr><td>高子音</td><td colspan="2">＿＿声
（　）</td><td>＿＿声
（　）</td><td>＿＿声
（　）</td><td>＿＿声
（　）</td><td></td><td></td></tr>
<tr><td rowspan="2">低子音</td><td>短母音</td><td>長母音 / 二重母音</td><td rowspan="2">＿＿声
（　）</td><td rowspan="2">＿＿声
（　）</td><td rowspan="2">＿＿声
（　）</td><td rowspan="2"></td><td rowspan="2"></td></tr>
<tr><td>＿＿声
（　）</td><td>＿＿声
（　）</td></tr>
</table>

書いてみよう

各文字の発音や声調を確かめながら、単語をなぞってみましょう。 001

子音・母音・声調

เวลา
wee-laa　時、時間

ราคา
raa-khaa　値段、価格

นาที
naa-thii　(時間)〜分

ชื่อ
chɯ̂ɯ　名前

หก
hòk　6

เจ็ด
cèt　7

ชาย
chaay　男

อายุ
ʔaa-yúʔ　年齢

ปี
pii　年、〜歳

ซอย
sɔɔy　小路

แขวง
khwɛ̌ɛŋ　小区

เขต
khèet　区

ตำบล
tam-bon　町

อำเภอ
ʔam-phəə　郡

เมือง
mɯaŋ　都市、国

สุขุมวิท
sùʔ-khǔm-wít　スクムウィット(通り)

เพศ
phêet　性別

มาราธอน
maa-raa-thɔɔn　マラソン

เข้าร่วม
khâw rûam　参加する、出場する

การแข่งขัน
kaan-khèŋ-khǎn　競技会、試合、大会

二重子音 (002)

ใคร

khray　誰

เพราะ

phrɔ́ʔ　なぜなら

เพลง

phleeŋ　歌、曲

กลับ

klàp　帰る

กระเป๋า

kràʔ-pǎw　カバン

พรุ่งนี้

phrûŋ-níi　明日

ของขวัญ

khɔ̌ɔŋ-khwǎn　プレゼント

ข้อความ

khɔ̂ɔ-khwaam　メッセージ

低子音（単独字）の高子音化、中子音化 (003)

หญิง

yǐŋ　女

เหนือ

nɯ̌a　北

หนู

nǔu　私（年下の女性）、ねずみ

หมายเลข

mǎay-lêek　番号

หมู่บ้าน

mùu-bâan　村

เชียงใหม่

chiaŋ-mày　チェンマイ

หมด

mòt　尽きる、なくなる

หนังสือเดินทาง

nǎŋ-sɯ̌ɯ-dəən-thaaŋ　旅券、パスポート

อย่า

yàa　～しないで

อยู่

yùu　いる、ある、住む、～しているところです

อย่าง

yàaŋ　～のような、～種類

อยาก

yàak　～したい

ที่อยู่

thîi-yùu　住所

อยากได้

yàak-dây　欲しい

固有母音 004

สบายดี
sa-baay-dii　元気です

พยาบาล
pha-yaa-baan　看護師

นามสกุล
naam-sa-kun　名字

สถานีสยาม
sa-thǎa-nii sa-yǎam　サイアム駅

ถนน
tha-nǒn　通り

สวัสดี
sa-wàt-dii　こんにちは

อร่อย
ʔa-rɔ̀y　おいしい

สนุก
sa-nùk　楽しい

再読文字 005

ผลไม้
phǒn-la-máy　果物

วัฒนา
wát-tha-naa　（地名）ワッタナー

พัทยา
phát-tha-yaa　（地名）パタヤ

สุขภาพ
sùk-kha-phâap　健康状態

พิพิธภัณฑ์
phí-phít-tha-phan　博物館

黙音字、その他 006

อาจารย์
ʔaa-caan　先生

โทรศัพท์
thoo-ra-sàp　電話

โทร.
thoo　TEL、電話する

บัตร
bàt　チケット、券

ใบสมัคร
bay-sa-màk　申込書

วันจันทร์
wan-can　月曜日

จริง
ciŋ　本当の

สุวรรณภูมิ
sùʔ-wan-na-phuum　（地名）スワンナプーム

ละคร

láʔ-khɔɔn　ドラマ、芝居

บริษัท

bɔɔ-ríʔ-sàt　会社

วันพฤหัส

wan-phá-rɯ́-hàt　木曜日

อังกฤษ

ʔaŋ-krìt　イギリス

ก็

kɔ̂ɔ　～もまた

ณ

náʔ　～に於いて

ไทย

thay　タイ

อื่น ๆ

ʔɯ̀ɯn-ʔɯ̀ɯn　ほか

พี่ ๆ

phîi-phîi　年上の人たち

สู้ ๆ

sûu-sûu　がんばって

ฯลฯ

lɛ́ʔ ʔɯ̀ɯn-ʔɯ̀ɯn　～など、等々

กรุงเทพฯ

kruŋ-thêep (ma-hǎa-na-khɔɔn)　バンコク

กทม.

kɔɔ-thɔɔ-mɔɔ (kruŋ-thêep-ma-hǎa-na-khɔɔn)　バンコク

คอนเสิร์ต

khɔɔn-sə̀ət　コンサート

เว็บไซต์

wép-sáy　ウェブサイト

これで文字規則のおさらいは終わりだぞう。
完全でなくてもある程度思い出せれば OK ！
ここからはサクラと一緒にバンコクマラソンに
参加する準備するぞう！

いくわよ！

数詞（0～10）

タイでは数字を書くとき、①アラビア数字、②タイ数字、③タイ文字（発音通りの表記）の３通りで書きます。一般的な文章やカジュアルな文章ではアラビア数字や発音通りのタイ文字で書かれることが多く、公的な文書ではタイ数字が使われます。

007

アラビア数字	0	1	2	3	4	5	6	7	8	9	10
タイ数字	๐	๑	๒	๓	๔	๕	๖	๗	๘	๙	๑๐
発音通りのタイ文字	ศูนย์	หนึ่ง	สอง	สาม	สี่	ห้า	หก	เจ็ด	แปด	เก้า	สิบ
	sǔun	nùŋ	sɔ̌ɔŋ	sǎam	sìi	hâa	hòk	cèt	pɛ̀ɛt	kâaw	sìp

008

หมายเลขโทรศัพท์ 098-765-4321　　電話番号 098-765-4321

mǎay-lêek thoo-ra-sàp　sǔun kâaw pɛ̀ɛt　cèt hòk hâa　sìi sǎam sɔ̌ɔŋ nùŋ

電話番号

โทร. 02-345-6789　　TEL. 02-345-6789

thoo　sǔun sɔ̌ɔŋ　sǎam sìi hâa　hòk cèt pɛ̀ɛt kâaw

TEL

日本語をタイ文字で表記する

日本語の氏名をタイ語で書いてみましょう。書き方は次の通りです（母音、子音の書き方は、タイ王立学士院により定められている日本語からタイ語への変換規則を参考にしています）。

1. まず名前をローマ字表記（ヘボン式）に変換した上で、その文字を音節でとらえていきます。
   はなこ → Ha-na-ko

2. 母音（あいうえお）の書き方
   1) 最後の音節のみ短母音にし、それ以外の音節は長母音にする。
      Ha-na-ko → ฮานาโกะ [haa-naa-kòʔ]
   2) 「i」は全ての音節で短母音にする。　Miki → มิกิ [míʔ-kìʔ]
   3) 後ろに末子音 k, m, n, p, s, t が続く短母音は、短母音にする。　Ken → เค็น [khen]
   4) 同じ母音が続く場合はつなげて長母音（1 音節）にする。　Toru → โทรุ [thoo-rúʔ]
   5) 異なる母音が続く場合は別個の母音（音節）にする。　Kaoru → คาโอรุ [khaa-ʔoo-rúʔ]
      ただし、ai のみ ไ [-ay] とする。　Saito → ไซโต [say-too]

a	語末 -ะ
	末子音が続く場合 -ั-
	末子音がない場合 -า
ā	-า
ai	ไ-
e	語末 เ-ะ
	末子音が続く場合 เ-็-
	末子音がない場合 เ-
ē	เ-
ei	เ-
i	-ิ
ī	-ี
o	語末 โ-ะ
	末子音が続く場合 --
	末子音がない場合 โ-
ō	โ-
u	語末 -ุ
	末子音が続く場合 -ุ
	末子音がない場合 -ู
ū	-ู

3. 子音の書き方

1) b, d, f, h, j, m, sh, w, y, z

b → บ	d → ด	f → ฟ	h → ฮ	j → จ
m → ม	sh → ช	w → ว	y → ย	z → ซ

Yamada ยามาดะ [yaa-maa-dàʔ]　　Hayashi ฮายาชิ [haa-yaa-chíʔ]

2) ch, k, p, t

	語頭にある場合（有気音）	それ以外の音節（無気音）
ch	ช	จ
k	ค	ก
p	พ	ป
t	ท	ต

Chiba ชิบะ [chíʔ-bàʔ]　　Taguchi ทากูจิ [thaa-kuu-cìʔ]

3) n

ア） 語頭や頭子音になる場合、あるいは、ch, d, j, n, r, s, sh, t, z が続く場合 → น

Ninja นินจา [nin-caa]

イ） g, h, k, w, y が続く場合 → ง

Shinya ชิงยะ [chiŋ-yáʔ]

ウ） 語末や母音が続く場合 → น, ง

Shinokubo ชินโอกูโบะ [chin-ʔoo-kuu-bòʔ] または ชิงโอกูโบะ [chiŋ-ʔoo-kuu-bòʔ]

4) s → ซ（sh が続く場合は ช）　　Sayaka ซายากะ [saa-yaa-kàʔ]

5) tsu（つ）

ア） 語頭や子音に続く場合 → สึ　　Tsunami สึนามิ [sɯ-naa-míʔ]

イ） 母音に続く場合 → ตสึ　　Mitsuko มิตสึโกะ [mít-sɯ̀ʔ-kòʔ]

6) 拗音（子音＋ y）（きゃ・きゅ・きょ、びゃ・びゅ・びょ等）

-ya, -yā	เ-ีย
-yo, -yō	เ-ียว
-yu	-ิว
-yū	-ีว

Kyoko เคียวโกะ [khiaw-kòʔ]　　Ryūta รีวตะ [riiw-tàʔ]

4. 氏名の書き方

名前→名字の順で書き、名前と名字の間には 1 文字分のスペースを空けます。

5. 慣用表記

タイで長年使用されている慣用表記のある語や、団体名など独自で書き方を定めている場合はそれに従います。

東京 โตเกียว [too-kiaw]　　京都 เกียวโต [kiaw-too]

桜 ซากุระ [saa-ku-ráʔ]　　TOYOTA โตโยต้า [too-yoo-tâa]

読んでみよう

次の日本の地名や日本人の名前を読んでみましょう。(☞ 別冊 P3)

① คิวชู　② ชิซูโอกะ　③ ซัปโปโร　④ กินซ่า

⑤ โตเกียว　⑥ เกียวโต　⑦ ฮอกไกโด

⑧ โชเฮ โอตานิ　⑨ นาโอมิ วาตานาเบะ

⑩ ทากูยะ คิมูระ

書いてみよう

発音しながら書いてみましょう。

埼玉 ไซตามะ

say-taa-máʔ

山梨 ยามานาชิ

yaa-maa-naa-chíʔ

東京 โตเกียว

too-kiaw

田中 ทานากะ

thaa-naa-kàʔ

（自分の氏名）

住所の書き方 009

タイの住所は、小さい単位から大きい単位の順に書きます。

注）（　　　　　）は、住所によってはない場合や省略する場合があります。

●「バンコク」の場合

番地→（小路 ซอย）→通り ถนน →（小区 แขวง）→区 เขต →都市（バンコク กรุงเทพฯ）

sɔɔy　tha-nǒn　khwɛ̌ɛŋ　khèet　kruŋ-thêep

→郵便番号

・在タイ日本国大使館の住所

177 ถนนวิทยุ แขวงลุมพินี เขตปทุมวัน กรุงเทพฯ 10330

177 tha-nǒn wít-tha-yúʔ, khwɛ̌ɛŋ lum-phí-nii, khèet pa-thum-wan, kruŋ-thêep 10330

郵便番号 10330　バンコク、パトゥムワン区、ルンピニ小区、ウィッタユ通り、177

・マーブンクローン（MBK）ショッピングセンターの住所

444 ถนนพญาไท แขวงวังใหม่ เขตปทุมวัน กรุงเทพมหานคร 10330

444 tha-nǒn pha-yaa-thay, khwɛ̌ɛŋ waŋ-mày, khèet pa-thum-wan, kruŋ-thêep-ma-hǎa-na-khɔɔn 10330

郵便番号 10330　バンコク、パトゥムワン区、ワンマイ小区、パヤータイ通り、444

●「県」（バンコク都以外）の場合

番地→（小路 ซอย）→通り ถนน →（村 หมู่บ้าน）→（町 ตำบล）→郡 อำเภอ

sɔɔy　tha-nǒn　mùu-bâan　tam-bon　ʔam-phəə

→県 จังหวัด →郵便番号

caŋ-wàt

・チェンマイ大学の住所

เลขที่ 239 ถนนห้วยแก้ว ตำบลสุเทพ อำเภอเมืองเชียงใหม่

lêek thîi 239 tha-nǒn hûay-kɛ̂ɛw, tam-bon sùʔ-thêep, ʔam-phəə-mɯaŋ chiaŋ-mày

จังหวัดเชียงใหม่ 50200

caŋ-wàt chiaŋ-mày, 50200

郵便番号 50200　チェンマイ県、チェンマイ・ムアン郡、ステープ町、フアイケーオ通り、239 番地

◆ **略字**

下記はタイの行政単位と住所表記で使用される略字です。 010

略式記号	タイ語	日本語
ซ.	ซอย	小路
ถ.	ถนน	通り
–	แขวง	小区（クルンテープのみ）
–	เขต	区（クルンテープのみ）
ม.	หมู่บ้าน	村
ต.	ตำบล	町
อ.	อำเภอ	郡
จ.	จังหวัด	県

書いてみよう

発音しながら書いてみましょう。 011

ソイ・トンロー ซอยทองหล่อ

sɔɔy thɔɔŋ-lɔ̀ɔ

ソイ 55 ซ.๕๕

sɔɔy hâa-sìp-hâa

シーロム通り ถนนสีลม

tha-nǒn sǐi-lom

スコータイ県 จังหวัดสุโขทัย

caŋ-wàt sùʔ-khǒo-thay

チェンライ県 จ.เชียงราย

caŋ-wàt chiaŋ-raay

バンコクマラソンの参加申込書を書こう！

◆氏名などの自分の情報を書いて、参加申込書を完成させてください。（☞ 別冊 P3） 012

ใบสมัครเข้าร่วมการแข่งขัน
กรุงเทพมาราธอน ปี 2025

ชื่อ ______________________

นามสกุล ______________________

เพศ ☐ ชาย ☐ หญิง ☐ อื่น ๆ

อายุ ____________ ปี

เลขที่หนังสือเดินทาง JP0123456

หมายเลขโทรศัพท์ ______________________

ที่อยู่ เลขที่ 10/11 ซอย 41 ถนนสุขุมวิท
แขวงคลองตันเหนือ เขตวัฒนา
กรุงเทพฯ 10110

単語

ใบสมัครเข้าร่วมการแข่งขัน [bay-sa-màk khâw-rûam kaan-khɛ̀ŋ-khǎn] 大会参加申込書

กรุงเทพมาราธอน [kruŋ-thêep maa-raa-thɔɔn] バンコクマラソン

第1課

王宮前広場をスタート！

ポスターやインターネットから イベント情報を読み取る

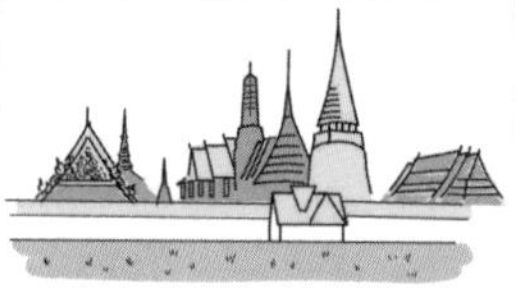

数詞（11～100万）

二桁以上の数字を使えるようにしましょう。 013

二桁以上の数字は、日本語の数字と同じように並べます。

15 สิบห้า (๑๕)
sìp hâa

34 สามสิบสี่ (๓๔)
sǎam sìp sìi

次の２点は特別なので注意してください。

★11から91の1の位が「1」のときは หนึ่ง [nɯ̀ŋ] ではなく เอ็ด [ʔèt] と言います。

11 สิบเอ็ด (๑๑)
sìp ʔèt

31 สามสิบเอ็ด (๓๑)
sǎam sìp ʔèt

51 ห้าสิบเอ็ด (๕๑)
hâa sìp ʔèt

★20から29までの10の位の「2」は สอง [sɔ̌ɔŋ] を使わずに ยี่ [yîi] と言います。

20 ยี่สิบ (๒๐)
yîi sìp

21 ยี่สิบเอ็ด (๒๑)
yîi sìp ʔèt

100～100万は次の通りです

百	千	万	10万	100万
(หนึ่ง)ร้อย	(หนึ่ง)พัน	(หนึ่ง)หมื่น	(หนึ่ง)แสน	(หนึ่ง)ล้าน
(nɯ̀ŋ) rɔ́ɔy	(nɯ̀ŋ) phan	(nɯ̀ŋ) mɯ̀ɯn	(nɯ̀ŋ) sɛ̌ɛn	(nɯ̀ŋ) láan

120 หนึ่งร้อยยี่สิบ (๑๒๐)
nɯ̀ŋ rɔ́ɔy yîi sìp

460 สี่ร้อยหกสิบ (๔๖๐)
sìi rɔ́ɔy hòk sìp

3,800 สามพันแปดร้อย (๓,๘๐๐)
sǎam phan pɛ̀ɛt rɔ́ɔy

90,000 เก้าหมื่น (๙๐,๐๐๐)
kâaw mɯ̀ɯn

25万 สองแสนห้าหมื่น (๒๕๐,๐๐๐)
sɔ̌ɔŋ sɛ̌ɛn hâa mɯ̀ɯn

300万 สามล้าน (๓,๐๐๐,๐๐๐)
sǎam láan

書いてみよう

タイ語を発音しながら書いてみましょう。 014

11 สิบเอ็ด

sìp ʔèt

20 ยี่สิบ

yîi sìp

21 ยี่สิบเอ็ด

yîi sìp ʔèt

62 หกสิบสอง

hòk sìp sɔ̌ɔŋ

97 เก้าสิบเจ็ด

kâaw sìp cèt

320 สามร้อยยี่สิบ

sǎam rɔ́ɔy yîi sìp

810 แปดร้อยสิบ

pɛ̀ɛt rɔ́ɔy sìp

2,050 สองพันห้าสิบ

sɔ̌ɔŋ phan hâa sìp

6,200 หกพันสองร้อย

hòk phan sɔ̌ɔŋ rɔ́ɔy

57,000 ห้าหมื่นเจ็ดพัน

hâa mɯ̀ɯn cèt phan

数詞とともに使う語 015

単位や日本語の助数詞にあたる語は数詞の後ろに置きます。書くときは数字の前後に 1 文字分のスペースを空けます。

· **～バーツ（貨幣単位）** บาท (บ.) 略字は บ. です。

ราคา 1,200 บาท (1,200 บ.) 料金 1,200バーツ
raa-khaa nɯ̀ŋ phan sɔ̌ɔŋ rɔ́ɔy bàat
料金、値段

· **（24 時間制）～時** ～น. ※公式な場面や書き言葉で使います。（日常的な時刻の言い方☞P 116）
naa-li-kaa

น.は นาฬิกา [naa-li-ka] の略字です。「～分」を表す นาที [naa-thii] は書く必要がなく、時間を表す数字には通常、コロン「：」よりもドット「. 」が使われます。

เวลา 18.30 น. 時間 18：30
wee-laa sìp pɛ̀ɛt naa-li-kaa sǎam sìp naa-thii
時間、時刻 ～分

เปิด 10.00 - 17.00 น. 営業時間 10：00～17：00
pə̀ət sìp naa-li-kaa thɯ̌ŋ sìp cèt naa-li-kaa ※日本語の「～」はタイ語にはなく、ハイフン「-」を使います。
開く ～まで

書いてみよう

タイ語を発音しながら書いてみましょう。 016

バーツ บาท
bàat

料金、値段 ราคา
raa-khaa

80 バーツ ๘๐ บาท
pɛ̀ɛt sìp bàat

140 バーツ ๑๔๐ บาท
nɯ̀ŋ rɔ́ɔy sìi sìp bàat

3,200 バーツ ๓,๒๐๐ บาท

sǎam phan sɔ̌ɔŋ rɔ́ɔy bàat

5,700 バーツ ๕,๗๐๐ บาท

hâa phan cèt rɔ́ɔy bàat

9,000 バーツ ๙,๐๐๐ บาท

kâaw phan bàat

時間、時刻 เวลา

wee-laa

開く เปิด

pə̀ət

〜時（24 時間制）、時計 นาฬิกา

naa-li-kaa

4：00 ๐๔.๐๐ น.

sìi naa-li-kaa

12：00 ๑๒.๐๐ น.

sìp sɔ̌ɔŋ naa-li-kaa

16：15 ๑๖.๑๕ น.

sìp hòk naa-li-kaa sìp hâa naa-thii

17：20 ๑๗.๒๐ น.

sìp cèt naa-li-kaa yîi sìp naa-thii

19：30 ๑๙.๓๐ น.

sìp cèt naa-li-kaa sǎam sìp naa-thii

24：00 24.00 น.

yîi sìp sìi naa-li-kaa

เดือน 月 (017)

月はเดือน[dɯan]と言い、その後ろに月の名前が続きます。31日までの月はคม[khom]、30日までの月はยน[yon]、2月はพันธ์[phan]が名前の末尾につきますが、これらを省略することもあります。また、月の名は略字で書くこともあります。読んでみましょう。

1月	เดือนมกรา(คม)	[dɯan má-ka-raa (khom)]	略字：ม.ค.
2月	เดือนกุมภา(พันธ์)	[dɯan kum-phaa (phan)]	ก.พ.
3月	เดือนมีนา(คม)	[dɯan mii-naa (khom)]	มี.ค.
4月	เดือนเมษา(ยน)	[dɯan mee-sǎa (yon)]	เม.ย.
5月	เดือนพฤษภา(คม)	[dɯan phrɯ́t-sa-phaa (khom)]	พ.ค.
6月	เดือนมิถุนา(ยน)	[dɯan mí-thù-naa (yon)]	มิ.ย.
7月	เดือนกรกฎา(คม)	[dɯan ka-rá-ka-daa (khom)]	ก.ค.
8月	เดือนสิงหา(คม)	[dɯan sǐŋ-hǎa (khom)]	ส.ค.
9月	เดือนกันยา(ยน)	[dɯan kan-yaa (yon)]	ก.ย.
10月	เดือนตุลา(คม)	[dɯan tù-laa (khom)]	ต.ค.
11月	เดือนพฤศจิกา(ยน)	[dɯan phrɯ́t-sa-cì-kaa (yon)]	พ.ย.
12月	เดือนธันวา(คม)	[dɯan than-waa (khom)]	ธ.ค.

読んでみよう

次の略字を見て月の名前を言ってみましょう。(☞ 別冊 P4) 018

① ก.พ.　② เม.ย.　③ มิ.ย.　④ ส.ค.　⑤ ธ.ค.

書いてみよう

タイ語を発音しながら書いてみましょう。 019

月 เดือน

duan

1月 มกราคม

má-ka-raa-khom

2月 กุมภาพันธ์

kum-phaa-phan

3月 มีนาคม

mii-naa-khom

4月 เมษายน

mee-sǎa-yon

5月 พฤษภาคม

phrɯ́t-sa-phaa-khom

6月 มิถุนายน

mí-thù-naa-yon

7月 กรกฎาคม

ka-rá-ka-daa-khom

8月 สิงหาคม

sǐŋ-hǎa-khom

9月 กันยายน

kan-yaa-yon

10月 ตุลาคม

tù-laa-khom

11月 พฤศจิกายน

phrɯ́t-sa-cì-kaa-yon

12月 ธันวาคม

than-waa-khom

ปี 年 020

年はปี [pii] と言います。
タイでは西暦と仏暦の表記が見られますが、公式には仏暦が使われます。

西暦	คริสต์ศักราช	khrít-sàk-ka-ràat	ค.ศ.	khɔɔ-sɔ̌ɔ
仏暦	พุทธศักราช	phút-tha-sàk-ka-ràat	พ.ศ.	phɔɔ-sɔ̌ɔ

仏暦は釈迦の入滅後の年数を表し、「西暦＋543」で変換することができます。
「ปี [pii]（年）＋西暦または仏暦＋数字」の順に書きます。数字はタイ数字やアラビア数字で書きます。

ปี ค.ศ. 2024　西暦 2024 年　＝　ปี พ.ศ. 2567　仏暦 2567 年
ปี ค.ศ. ๒๐๒๔　　ปี พ.ศ. ๒๕๖๗
pii khɔɔ sɔ̌ɔ sɔ̌ɔŋ sǔun sɔ̌ɔŋ sìi　　pii phɔɔ sɔ̌ɔ sɔ̌ɔŋ hâa hòk cèt
または pii khɔɔ sɔ̌ɔ sɔ̌ɔŋ phan yîi sìp sìi　　pii phɔɔ sɔ̌ɔ sɔ̌ɔŋ phan hâa rɔ́ɔy hòk sìp cèt

วันที่ 日付 021

日付の「～日」は「วันที่ [wan thîi] ＋数字」で表します。วัน [wan] は「日」、ที่ ＋数字で序数の「～番目」ですので、「～番目の日」という意味になります。年月日を書くときは日・月・年の順に並べます。

วันที่ 7　7日
wan thîi cèt

วันเกิด　วันที่ 8 เมษายน ค.ศ. 2002　誕生日　西暦 2002 年 4 月 8 日
wan-kə̀ət　wan thîi pɛ̀ɛt mee-sǎa-yon khɔɔ sɔ̌ɔ sɔ̌ɔŋ sǔun sǔun sɔ̌ɔŋ
誕生日

วันเดือนปี　วันที่ 12 สิงหาคม พ.ศ. ๒๕๖๘　年月日　仏暦 2568 年 8 月 12 日
wan dʉan pii　wan thîi sìp sɔ̌ɔŋ sǐŋ-hǎa-khom phɔɔ-sɔ̌ɔ sɔ̌ɔŋ hâa hòk pɛ̀ɛt
年月日

年月日は略して書くことがあります。

จำหน่ายบัตร　25 ก.พ. 2025　チケット販売　2025 年 2 月 25 日
cam-nàay bàt　yîi sìp hâa kum-phaa-phan sɔ̌ɔŋ sǔun sɔ̌ɔŋ hâa
販売する　チケット

หมดอายุ　13/12/2567　賞味期限　仏暦 2567 年 12 月 13 日
mòt ʔaa-yúʔ　sìp sǎam than-waa-khom sɔ̌ɔŋ hâa hòk cèt
賞味期限

書いてみよう

タイ語を発音しながら書いてみましょう。 022

日	วัน	wan
誕生日	วันเกิด	wan kə̀ət
～日、日付	วันที่	wan thîi
25 日	วันที่ ๒๕	wan thîi yîi sìp hâa
年	ปี	pii
年月日	วันเดือนปี	wan dɯan pii
西暦	ค.ศ.	khɔɔ-sɔ̌ɔ
仏暦	พ.ศ.	phɔɔ-sɔ̌ɔ
西暦 2025 年	ปีค.ศ. ๒๐๒๕	pii khɔɔ-sɔ̌ɔ sɔ̌ɔŋ sǔun sɔ̌ɔŋ hâa
仏暦 2568 年 6 月 4 日	วันที่ ๔ มิถุนายน พ.ศ. ๒๕๖๘	wan thîi sìi mí-thù-naa-yon phɔɔ-sɔ̌ɔ sɔ̌ɔŋ hâa hòk pɛ̀ɛt

曜日 023

曜日は วัน（日）の後ろに星の名前（太陽、月、火星、彗星…など）が続きます。読んでみましょう。

			略：
月曜日	วันจันทร์	[wan can]	จ.
火曜日	วันอังคาร	[wan ʔaŋ-khaan]	อ.
水曜日	วันพุธ	[wan phút]	พ.
木曜日	วันพฤหัส	[wan phá-rɯ́-hàt]	พฤ.
金曜日	วันศุกร์	[wan sùk]	ศ.
土曜日	วันเสาร์	[wan sǎw]	ส.
日曜日	วันอาทิตย์	[wan ʔaa-thít]	อา.

「○月○日○曜日」は「曜日名＋ ที่ [thîi] ＋数字＋月名」で書きます。

วันเสาร์ ที่ ๘ มกราคม　１月８日土曜日
wan sǎw thîi pὲεt má-ka-raa-khom

January –มกราคม

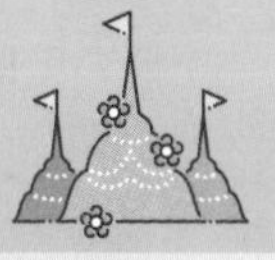

อา	จ	อ	พ	พฤ	ศ	ส
						1
2	3	4	5	6	7	8
9	10	11	12	13	14	15
16	17	18	19	20	21	22
23	24	25	26	27	28	29
30	31					

書いてみよう

タイ語を発音しながら書いてみましょう。 024

月曜日 วันจันทร์

wan can

火曜日 วันอังคาร

wan ʔaŋ-khaan

水曜日 วันพุธ

wan phút

木曜日 วันพฤหัส

wan phá-rʉ́-hàt

金曜日 วันศุกร์

wan sùk

土曜日 วันเสาร์

wan sǎw

日曜日 วันอาทิตย์

wan ʔaa-thít

3月16日
土曜日 วันเสาร์ที่ ๑๖ มีนาคม

wan sǎw thîi sìp hòk mii-naa-khom

9月27日
日曜日 วันอาทิตย์ที่ ๒๗ กันยายน

wan ʔaa-thít thîi yîi sìp cèt kan-yaa-yon

イベント情報を入手しよう！

サクラはタイの人気アイドル“ボーイ”の大ファンです。コンサートのポスターを見つけたので、情報を確認しています。

◆必要な情報を読み取りましょう。 025

単語

คอนเสิร์ต [khɔn-sə̀ət] コンサート

ด้วยรัก [dûay rák] 愛をこめて

ราคาบัตร [raa-khaa bàt] チケット料金

จำหน่ายบัตร [cam-nàay bàt] チケット販売

อิมแพ็ค อารีน่า เมืองทองธานี [ʔim-phɛ̀k ʔaa-rii-nâa mɯaŋ-thɔɔŋ-thaa-nii] （施設名）

บอย พนากร [bɔɔy pha-naa-kɔɔn] （アイドルの名前）

บอย はニックネームで、พนากร は名前だ。同じニックネームの人がいるから、どの人か特定するために「ニックネーム＋名前（＋名字）」で言うことがあるんだ。

◆読み取ったコンサート情報をメモしてください。（☞ 別冊 P4）

★日本語とタイ語で書きましょう。	
日本語	タイ語
① コンサートの日にち 仏暦 ________（西暦 ________）年 ________ 月 ________ 日	________________ ________________
② 開演時間 ________ 時 ________ 分	________________
③ 場所 於 ____________________	________________
④ チケット販売の日時 ________ 月 ________ 日 ________ 時 ________ 分	________________ ________________

★あてはまる答えを ก ～ ง の中から選んで○をつけてください。

⑤ チケットの値段

ก. สองพันห้าร้อยบาท
ข. สามพันห้าร้อยบาท
ค. สองพันสองร้อยบาท
ง. สามพันสองร้อยบาท

練習問題　第１課で学んだタイ語を復習しましょう。（☞ 別冊 P5）

๑. 次の曜日名を日・月・火・水・木・金・土の順番に書いてください。 026

วันอาทิตย์　วันพุธ　วันพฤหัส　วันจันทร์
วันเสาร์　วันอังคาร　วันศุกร์

① 日	
② 月	
③ 火	
④ 水	
⑤ 木	
⑥ 金	
⑦ 土	

๒. 次のイベントがある「月の名前」をタイ語で書いてください。 027

① ひな祭り　＿＿＿＿＿＿＿＿

② クリスマス　＿＿＿＿＿＿＿＿

③ タイの旧正月（ソンクラーン）　＿＿＿＿＿＿＿＿

④ バレンタインデー　＿＿＿＿＿＿＿＿

⑤ あなたの生まれた月　＿＿＿＿＿＿＿＿

๓. 次のタイ語をタイ数字と略字を使って書いてください。 028

① สิบห้านาฬิกา ______

② แปดนาฬิกา ______

③ ยี่สิบนาฬิกาสิบนาที ______

④ ห้านาฬิกาสามสิบนาที ______

⑤ สิบเอ็ดนาฬิกาห้านาที ______

๔. 次の単語をタイ語で書いてください。 029

① 値段 ______

② 時間 ______

③ 開く ______

④ パーツ ______

⑤ 誕生日 ______

第 2 課

焦るな！　とにかく継続が大事　ワット・アルン地点

日常のカジュアルな対話文を読む

あいさつの言葉　030

会ったときと別れるときのあいさつの言葉は、時間帯を問わず、สวัสดี [sa-wàt-dii] と言います。丁寧に言う場合は、自分が男性なら ครับ [khráp]、女性なら ค่ะ [khâʔ] という丁寧語をことばや文の後ろにつけます。

★疑問文や呼びかけでは、女性の丁寧語は คะ [kháʔ]（声調記号なし、高声）になります。

★ครับ や ค่ะ は、返事の「はい」としても使います。

おはよう、こんにちは
こんばんは、さようなら
สวัสดี
sa-wàt-dii

（男性・丁寧）
สวัสดีครับ
sa-wàt-dii khráp

（女性・丁寧）
สวัสดีค่ะ
sa-wàt-dii khâʔ

若者同士やごく親しい人との会話では หวัดดี [wàt-dii] と短く言うこともあり、日本語の「ちわ～」に似ています。

人と会ったときには เป็นไง [pen-ŋay]「どう？」ということばがよく使われます。便利ですので覚えておきましょう。

เป็นไง どう？
pen-ŋay

สบายดี 元気！
sa-baay-dii

名詞の修飾　031

名詞を修飾する場合は後ろから修飾します。被修飾語＋修飾語の順で日本語とは逆の配置になります。

日本人 คนญี่ปุ่น
khon yîi-pùn
人 ＋ 日本（の）

タイ語 ภาษาไทย
phaa-sǎa thay
言語、～語 ＋ タイ（の）

サイアム駅 สถานีสยาม
sa-thǎa-nii sa-yǎam
駅 ＋ サイアム

きれいなシャツ เสื้อสวย
sûa sǔay
シャツ ＋ きれいな

僕の友達 เพื่อนผม
phûan phǒm
友達 ＋ 僕

書いてみよう

タイ語を発音しながら書いてみましょう。 032

丁寧語、はい（男性）
ครับ
khráp

丁寧語、はい（女性）
ค่ะ
khâʔ

こんにちは
สวัสดี
sa-wàt-dii

こんにちは（丁寧・男性）
สวัสดีครับ
sa-wàt-dii khráp

こんにちは（丁寧・女性）
สวัสดีค่ะ
sa-wàt-dii khâʔ

こんにちは（くだけた形）
หวัดดี
wàt-dii

どう？
เป็นไง
pen-ŋay

元気です
สบายดี
sa-baay-dii

日本人
คนญี่ปุ่น
khon yîi-pùn

タイ語
ภาษาไทย
phaa-sǎa thay

きれいなシャツ
เสื้อสวย
sʉ̂a sǔay

サイアム駅
สถานีสยาม
sa-thǎa-nii sa-yǎam

人称表現

基本的な人称表現を覚えましょう。 033

	男性	女性	
		フォーマル	カジュアル
僕／私 （一人称単数）	ผม [phǒm]	ดิฉัน [di-chán]	【年上に対して】 หนู [nǔu] 【同等または年上に対して】 ニックネーム 【同等以下の相手に対して】 ฉัน [chán]
私たち （一人称複数）	(พวก)เรา [(phûak-) raw]		
あなた （二人称単数）	【距離がある相手に対して】 【カジュアル・親しい相手に対して】	คุณ [khun] ニックネーム	
彼・彼女 （三人称単数）	【親しくない相手に対して】 【カジュアル・親しい相手に対して】	เขา [kháw] ニックネーム	

「～たち」の意味のพวก [phûak-] を単数の人称表現につけると、複数を表すことができます。

พวกคุณ あなたたち
phûak-khun

พวกเขา 彼ら、彼女たち
phûak-kháw

「あなた」を表すคุณは「～さん」としても使います。

คุณวิน ウィンさん
khun win
（男性の名）

このほか、親しみを込めて、พี่ [phîi]（兄姉）、น้อง [nɔ́ɔŋ]（弟妹）、ลุง [luŋ]（おじさん）、ป้า [pâa]（おばさん）などの親族名称を（血縁関係がなくても）人称表現、あるいは「～さん」として使います。また、「先生」「お医者さん」「お巡りさん」などの職業名も人称表現として使い、社会的な関係や立場や上下関係を表すのは、日本語と似ています。

คุณหมอ お医者さん
khun mɔ̌ɔ
医者

อาจารย์นิตยา ニッタヤー先生
ʔaa-caan nít-ta-yaa
（大学などの）先生 （女性の名前）

書いてみよう

タイ語を発音しながら書いてみましょう。 034

僕（男性）	ผม	phǒm
私（女性）	ฉัน	chán
あなた	คุณ	khun
彼、彼女	เขา	kháw
私たち	เรา	raw
あなたたち	พวกคุณ	phûak-khun
彼ら、彼女たち	พวกเขา	phûak-kháw
ウィンさん	คุณวิน	khun win
兄さん／姉さん	พี่	phîi
弟／妹	น้อง	nɔ́ɔŋ
医者	หมอ	mɔ̌ɔ
（大学などの）先生	อาจารย์	ʔaa-caan

名詞述語文　A เป็น B「A は B（名詞）です」 035

主語の属性（国籍、職業、関係、地位など）や状態（病気）などを表して「A は B です」というときは、「A + เป็น [pen]（です）+ B」で言います。B には名詞が入ります。

ฉันเป็นคนญี่ปุ่น　私は日本人です。
chán pen khon yîi-pùn

บอลเป็นเพื่อนผม　ボーンは僕の友達です。
bɔɔn pen phɯ̂an phǒm
（男性の名前）

誰のことを話しているか、前後関係から分かる場合は主語を省略することがあります。

เขาเป็นใคร　彼は誰ですか？
kháw pen khray
誰？

(เขา) เป็นดาราไทย　（彼は）タイの俳優です。
(kháw) pen daa-raa thay
スター、俳優

形容詞述語文 036

形容詞述語文は、「主語＋形容詞」の語順です。形容詞は主語のすぐ後ろに置かれ、動詞のような働きをします。

อาหารไทยอร่อย　タイ料理はおいしい。
ʔaa-hǎan thay ʔa-rɔ̀y
料理　おいしい

ละครเกาหลีสนุก　韓国ドラマはおもしろい。
la-khɔɔn kaw-lǐi sa-nùk
ドラマ　韓国（の）　おもしろい

เรียนภาษาไทยสนุก　タイ語を勉強するのは楽しい。
rian phaa-sǎa thay sa-nùk
勉強する　楽しい
※主語が動詞句や文の場合もあります。

書いてみよう

練習 1 タイ語を発音しながら書いてみましょう。 037

ฉันเป็นคนญี่ปุ่น

chán pen khon yîi-pùn　私（女性）は日本人です。

เขาเป็นดาราไทย

kháw pen daa-raa thay　彼はタイの俳優です。

อาหารไทยอร่อย

ʔaa-hǎan thay ʔa-rɔ̀y　タイ料理はおいしい。

เรียนภาษาไทยสนุก

rian phaa-sǎa thay sa-nùk　タイ語を勉強するのは楽しい。

練習 2 次の単語をヒントにして、タイ語で文を書いてみましょう。（☞ 別冊 P6） 038

★ヒント：　มีนา [mii-naa]（女性の名前）　เผ็ด [phèt] 辛い

① 彼はタイ人です。

② ミーナーは私の友達です。

③ 彼女はきれいです。

④ タイ料理は辛いです。

動詞述語文 039

1. 主語＋動詞（＋副詞）

動詞は、主語や時制（現在、過去、未来）が変わっても形が変化しません。基本語順は、「主語（～が／は）＋動詞」で、さらに動詞を修飾する副詞が続くことがあります。次の例文では「速く」「ひんぱんに」が副詞です。

เขาวิ่งเร็ว
kháw wîŋ rew
走る 速く

彼は速く走ります。

ฉันไปเมืองไทยบ่อย
chán pay mɯaŋ thay bɔ̀y
行く タイ国 ひんぱんに

私はひんぱんにタイに行きます。

「～に行く」は「ไป [pay]（行く）＋場所」で、「行く」と場所の間に前置詞を入れないことが多いぞぅ。

2. 主語＋動詞＋目的語

「何を」「誰を」をつけたい場合は、動詞の後ろに置き、「主語（～が）＋動詞＋目的語（～を）」の順に並べます。副詞がある場合はさらにその後ろに続けます。

พ่อดูทีวี
phɔ̂ɔ duu thii-wii
父 見る テレビ

父はテレビを見ます。

ผมชอบอาหารไทยมาก
phǒm chɔ̂ɔp ʔaa-hǎan thay mâak
好む とても

僕はタイ料理がとても好きです。

เขาพูดภาษาไทยเก่ง
kháw phûut phaa-sǎa thay kèŋ
話す 上手に

彼は上手にタイ語を話します。

書いてみよう

練習1 タイ語を発音しながら書いてみましょう。 040

อาจารย์พูดเร็ว

ʔaa-caan phûut rew　先生は速く話す。

พ่อไปกรุงเทพฯบ่อย

phɔ̂ɔ pay kruŋ-thêep bɔ̀y　父はひんぱんにバンコクに行きます。

พี่ชอบอาหารญี่ปุ่นมาก

phîi chɔ̂ɔp ʔaa-hǎan yîi-pùn mâak　兄 / 姉は日本料理がとても好きです。

เพื่อนพูดภาษาไทยเก่ง

phɯ̂an phûut phaa-sǎa thay kèŋ　友達はタイ語を上手に話します。

練習2 次の単語をヒントにして、タイ語で文を書いてみましょう。(☞ 別冊 P6) 041

★ヒント：　ทุกวัน [thúk wan] 毎日　　แม่ [mɛ̂ɛ] 母　　ทำ [tham] 作る、する

① 彼は毎日タイ語を勉強します。

② 僕はタイ国がとても好きです。

③ 彼女はひんぱんに走ります。

④ 母は料理をおいしく作ります。

疑問文　～ไหม「～ですか？」「～ますか？」 042

動詞、形容詞、副詞が使われている文の最後に ไหม [máy] を置くと、「～ですか？」「～ますか？」という疑問文になります。

เมืองไทยร้อนไหม　タイは暑いですか？
mɯaŋ thay　rɔ́ɔn máy
暑い

答えるときは、肯定の場合、使われている動詞、形容詞、副詞で答え、否定の場合は、「否定詞 ไม่ [mây]（～ない）＋動詞 / 形容詞 / 副詞」で答えます。

A：วันอาทิตย์ว่างไหม　日曜日は空いていますか？
wan-ʔaa-thít　wâaŋ máy
日曜日　空いている

B：ว่าง / ไม่ว่าง　空いています。/ 空いていません。
wâaŋ　mây wâaŋ

A：คุณชอบผักชีไหม　あなたはパクチーが好きですか？
khun chɔ̂ɔp　phàk-chii máy
パクチー

B：ชอบ / ไม่ชอบ　好きです。/ 好きではありません。
chɔ̂ɔp　mây chɔ̂ɔp

A：ไปเมืองไทยบ่อยไหม　ひんぱんにタイに行きますか？
pay　mɯaŋ thay　bɔ̀y　máy

B：บ่อย / ไม่บ่อย　ひんぱんです。/ ひんぱんではありません。
bɔ̀y　mây bɔ̀y

ไหม [máy] は名詞述語文には原則使えません。

（×）คุณเป็นคนไทยไหม
khun pen khon thay máy

書いてみよう

タイ語を発音しながら書いてみましょう。 043

อาหารไทยเผ็ดไหม

ʔaa-hǎan thay phèt máy　タイ料理は辛いですか？

เผ็ดมาก

phèt mâak　とても辛いです。

วันพุธว่างไหม

wan phút wâaŋ máy　水曜日は空いていますか？

ว่าง

wâaŋ　空いています。

ไม่ว่าง

mây wâaŋ　空いていません。

ไปกรุงเทพฯบ่อยไหม

pay kruŋ-thêep bɔ̀y máy　ひんぱんにバンコクに行きますか？

บ่อย

bɔ̀y　ひんぱんです。

ไม่บ่อย

mây bɔ̀y　ひんぱんではありません。

読んでみよう

次の文を読んで、日本語訳を書いてください。（☞ 別冊 P6） 044

① คุณชอบเมืองไทยไหม　(　　　　　　　　　　)

② วันเสาร์ว่างไหม　(　　　　　　　　　　)

③ คุณวิ่งบ่อยไหม　(　　　　　　　　　　)

前置詞　ที่ ＋場所「～で」「～に」　045

動作の場所を表す場合は、前置詞 ที่ [thîi] ～「～で」「～に」を使って、「動詞（＋目的語）＋ ที่ ＋場所」の順にします。

ฉันซื้อเสื้อที่ห้าง　　私はデパートでシャツを買いました。
chán sɯ́ɯ sɯ̂a thîi　hâaŋ
買う　デパート

ตอนนี้พ่ออยู่ที่เชียงใหม่　　今、父はチェンマイにいます。
tɔɔn-níi phɔ̂ɔ　yùu thîi chiaŋ-mày
今　いる

「～では～」のように、場所がテーマになっている場合は「ที่ ＋場所」が文頭に置かれます。

ที่โตเกียววันนี้ฝนตก　　東京では今日、雨が降っています。
thîi too-kiaw　wan-níi fǒn　tòk
今日　雨　降る

イベントの案内状、ポスターなどでは ที่ の代わりに ณ [náʔ]「おいて」がよく使われます。よりフォーマルになります。

ณ　ศูนย์วัฒนธรรม　　於　文化センター
náʔ　sǔun-wát-tha-ná-tham
於　文化センター

疑問文　～เหรอ「～なのですか？」　046

文末に เหรอ [rə̌ə] を置くと、見聞きした情報を確認して「～なのですか？」「～なんですか？」という疑問文になります。正式には หรือ [rɯ̌ɯ] ですが、会話の発音通りに เหรอ [rə̌ə] や หรอ [rɔ̌ɔ] で書くこともあります。答えるときは ใช่ [chây]（そうです）、ไม่ใช่ [mây chây]（ちがいます）などで答えます。

A：เขาเป็นแฟนคุณเหรอ　　彼女はあなたの恋人なのですか？
kháw pen　fɛɛn khun rə̌ə
恋人

B：ใช่ / ไม่ใช่　　そうです。/ ちがいます。
chây　mây chây

A：ไปภูเก็ตเหรอ　　プーケットに行くのですか？
pay phuu-kèt rə̌ə
プーケット

B：ใช่ / ไม่ใช่　　そうです。/ ちがいます。
chây　mây chây

書いてみよう

練習1 タイ語を発音しながら書いてみましょう。 047

ฉันซื้อนาฬิกาที่ห้าง

chán sɯ́ɯ naa-li-kaa thîi hâaŋ　私はデパートで時計を買いました。

ตอนนี้แม่อยู่ที่เมืองไทย

tɔɔn-níi mɛ̂ɛ yùu thîi mɯaŋ thay　今、母はタイにいます。

เขาเป็นเพื่อนคุณเหรอ

kháw pen phɯ̂an khun rə̌ə　彼 / 彼女はあなたの友達なのですか？

ไปเชียงใหม่เหรอ

pay chiaŋ-mày rə̌ə　チェンマイに行くのですか？

ใช่

chây　そうです。

ไม่ใช่

mây chây　ちがいます。

練習2 次の日本語の内容に合うように、ことばを並び替えてタイ語の文を完成させてください。

（☞ 別冊 P6） 048

① バンコクでタイ語を勉強します。 กรุงเทพฯ / ภาษาไทย / ที่ / เรียน

② あなたの恋人はタイ人なのですか？ คุณ / เป็น / คนไทย / เหรอ / แฟน

③ 彼はプーケットにいるのですか？ เขา / ภูเก็ต / ที่ / อยู่ / เหรอ

可能　～ได้「～できる」 049

「～できる」《可能》は、「動詞（句）＋ ได้ [dâay]（できる）」で言います。程度を表す副詞は ได้ の後ろに置きます。

คุณลินพูดภาษาญี่ปุ่นได้　　リンさんは日本語を話すことができます。
khun lin phûut phaa-sǎa yîi-pùn dâay

โทโมโกะทำอาหารไทยได้นิดหน่อย　　ともこはタイ料理を少し作れます。
thoo-moo-kòʔ tham ʔaa-hǎan thay dâay　nít-nɔ̀y
少し

【否定文】

「～できない」は、否定詞 ไม่ [mây]（～ない）をつけて、「動詞（句）＋ ไม่ได้ [mây dâay]」にします。

พรุ่งนี้ไม่ว่าง ไปไม่ได้　　明日は空いていないので、行けません。
phrûŋ-níi mây wâaŋ　pay mây dâay
明日

【疑問文】

疑問文「～できますか？」は、文末に～ ได้ไหม [dâay máy] を置きます。答えるときは、ได้ [dâay]（できる）、ไม่ได้ [mây dâay]（できない）で答えます。

A：คุณทานอาหารเผ็ดได้ไหม　　あなたは辛い料理を食べられますか？
khun　thaan　ʔaa-hǎan phèt dâay máy
食べる、飲む

B：ได้ / ไม่ได้　　食べられます。/ 食べられません。
dâay　mây dâay

書いてみよう

練習1 タイ語を発音しながら書いてみましょう。 050

พูดภาษาไทยได้

phûut phaa-sǎa thay dâay　タイ語を話せます。

พ่อทำอาหารได้

phɔ̂ɔ tham ʔaa-hǎan dâay　父は料理を作れます。

ผมทานอาหารเผ็ดไม่ได้

phǒm thaan ʔaa-hǎan phèt mây dâay　僕は辛い料理が食べられません。

ทานผักชีได้ไหม

thaan phàk-chii dâay máy　パクチーを食べられますか？

ได้

dâay　できます。

ไม่ได้

mây dâay　できません。

練習2 次の日本語の内容に合うように、ことばを並び替えてタイ語の文を完成させてください。

(☞ 別冊 P6) 051

① 母は韓国料理を作れます。 แม่ / อาหารเกาหลี / ได้ / ทำ

② 土曜日は空いているので、行けます。 ไป / ว่าง / วันเสาร์ / ได้

③ タイ語を少し話せます。 ภาษาไทย / นิดหน่อย / พูด / ได้

接続詞 เพราะ(ว่า)～「なぜなら～」 052

เพราะ(ว่า) [phrɔ́ʔ (wâa)] は、「なぜなら～」「だから～」という理由を表す《接続詞》です。「เพราะ(ว่า) ＋理由」の順にします。ว่า [wâa] は省略することもあります。

แม่ซื้อขนม เพราะว่าน้องชายชอบ　弟は（菓子が）好きなので、母は菓子を買いました。
mɛ̂ɛ sɯ́ɯ kha-nǒm phrɔ́ʔ wâa nɔ́ɔŋ-chaay chɔ̂ɔp
菓子　弟

วิ่งทุกวัน เพราะอ้วน　太ったので、毎日走っています。
wîŋ thúk wan phrɔ́ʔ ʔûan
太った

書いてみよう

次の文①～③の เพราะ の後ろにつながる理由を次の ก ～ ข から選んで下線に全文を書き、日本語訳も（　　）の中に書いてください。(☞ 別冊 P6) 053

ก. ทานอาหารเผ็ดไม่ได้　ค. ชอบเมืองไทย　ข. ชอบขนม

① ฉันเรียนภาษาไทยทุกวัน เพราะ...

（　　　　　　　　　　　　　　　　　　）

② เขาอ้วน เพราะ...

（　　　　　　　　　　　　　　　　　　）

③ น้องชายไม่ทานอาหารไทย เพราะ...

（　　　　　　　　　　　　　　　　　　）

日常のカジュアルな対話文を読もう！

憧れの“ボーイ”のコンサートの当日、会場でサクラ（メー）は近くの席に座っていたタイの若者プローィ（25歳女性）とカーゥ（26歳男性）から声を掛けられました。

◆次の会話を読んで下線に日本語訳を書いてください（解答は次頁）。054

พลอย	หวัดดีค่ะ	プローィ：＿＿＿＿＿＿＿＿
เมย์	สวัสดีค่ะ	メー　　：＿＿＿＿＿＿＿＿
ข้าว	เป็นไง สนุกไหม	カーゥ　：＿＿＿＿＿＿＿＿
เมย์	สนุกมากค่ะ	メー　　：＿＿＿＿＿＿＿＿
พลอย	เป็นคนญี่ปุ่นเหรอ	プローィ：＿＿＿＿＿＿＿＿
เมย์	ใช่ค่ะ ตื่นเต้นมาก	メー　　：＿＿＿＿＿＿＿＿
ข้าว	ชอบบอยเหรอ	カーゥ　：＿＿＿＿＿＿＿＿
เมย์	ชอบมากค่ะ	メー　　：＿＿＿＿＿＿＿＿
ข้าว	คนญี่ปุ่นรู้จักเหรอ	カーゥ　：＿＿＿＿＿＿＿＿
เมย์	รู้จักค่ะ	メー　　：＿＿＿＿＿＿＿＿
	เพราะที่ญี่ปุ่นดูละครไทยได้	＿＿＿＿＿＿＿＿
พลอย	น่ารัก ร้องเพลงเก่งเนอะ	プローィ：＿＿＿＿＿＿＿＿
เมย์	ช่าย	メー　　：＿＿＿＿＿＿＿＿

単語

ตื่นเต้น [tùɯɯn-tên] 興奮する、ドキドキする

~นะ [náʔ] ～ね、～よ

~เนอะ [nɘ́ʔ] ～だよね（相手の同意を求める）

เพลง [phleeŋ] 歌

รู้จัก [rúu-càk] 知っている

น่ารัก [nâa-rák] かわいい

ร้อง [rɔ́ɔŋ] 歌う

ช่าย [chây] そうです（＝ใช่の話し言葉）

書いてみよう

前ページのタイ語の会話を書いてみましょう。

พลอย　　プローィ：こんにちは。（くだけた言い方）

phlɔɔy　　wàt-dii khâʔ

เม　　メー　：こんにちは。（丁寧）

mee　　sa-wàt-dii khâʔ

ข้าว　　カーゥ　：どう？　楽しんでる？

khâaw　　pen-ŋay　sa-nùk máy

เม　　メー　：とっても楽しいです。

mee　　sa-nùk mâak khâʔ

พลอย　　プローィ：日本人なの？

phlɔɔy　　pen khon yîi-pùn rə̌ə

เม　　メー　：ええ、もうドキドキしちゃう。

mee　　chây khâʔ　tùɯɯn-tên mâak

ข้าว　　カーゥ　：ボーイが好きなの？

khâaw　　chɔ̂ɔp bɔɔy rə̌ə

เม　　メー　：はい、とても好きです。

mee　　chɔ̂ɔp mâak khâʔ

ข้าว　　カーゥ　：日本人は（ボーイを）知ってるの？

khâaw　　khon yîi-pùn rúu-càk rə̌ə

เม　　メー　：はい、知っています。

mee　　rúu-càk khâʔ

日本ではタイのドラマが見られるから。

phrɔ́ʔ thîi yîi-pùn duu la-khɔɔn thay dây

พลอย　　プローィ：（ボーイは）キュートだね。歌もうまい。

phlɔɔy　　nâa-rák　rɔ́ɔŋ phleeŋ kèŋ nɔ́ʔ

เม　　メー　：そう！

mee　　châay

練習問題　第２課で学んだタイ語を復習しましょう。(☞別冊 P7)

๑. 人称表現をタイ語で書いてください。 055

① 私（男）＿＿＿＿＿＿＿＿
② 私（女）＿＿＿＿＿＿＿＿
③ あなた＿＿＿＿＿＿＿＿
④ 彼、彼女＿＿＿＿＿＿＿＿
⑤ 私たち＿＿＿＿＿＿＿＿
⑥ あなたたち＿＿＿＿＿＿＿＿
⑦ 彼ら、彼女たち＿＿＿＿＿＿＿＿
⑧ 兄さん、姉さん＿＿＿＿＿＿＿＿
⑨ ウィンさん＿＿＿＿＿＿＿＿
⑩ おばさん＿＿＿＿＿＿＿＿

๒. 次の単語をタイ語で書いてください。 056

① タイのお菓子＿＿＿＿＿＿＿＿
② かわいい人＿＿＿＿＿＿＿＿
③ 辛い料理＿＿＿＿＿＿＿＿
④ タイドラマ＿＿＿＿＿＿＿＿
⑤ 日本の歌を歌う＿＿＿＿＿＿＿＿＿＿＿＿

๓. 次の質問文に対する自分の答えをタイ語で書き、日本語訳も書いてください。 057

① คุณเป็นคนญี่ปุ่นเหรอ　答え ____________

(　　　　　　　　　　)

② คุณเรียนภาษาไทยทุกวันไหม　答え ____________

(　　　　　　　　　　)

③ คุณชอบเมืองไทยไหม　答え ____________

(　　　　　　　　　　)

④ อาหารญี่ปุ่นอร่อยไหม　答え ____________

(　　　　　　　　　　)

๔. 次のことに関して、自分自身が ได้ または ไม่ได้ かを入れてタイ語で説明してください。 058

① ทำอาหาร ____________

② พูดภาษาไทย ____________

③ ทานอาหารเผ็ด ____________

④ ทานผักชี ____________

⑤ ร้องเพลงไทย ____________

日本の地名を読んでみよう！

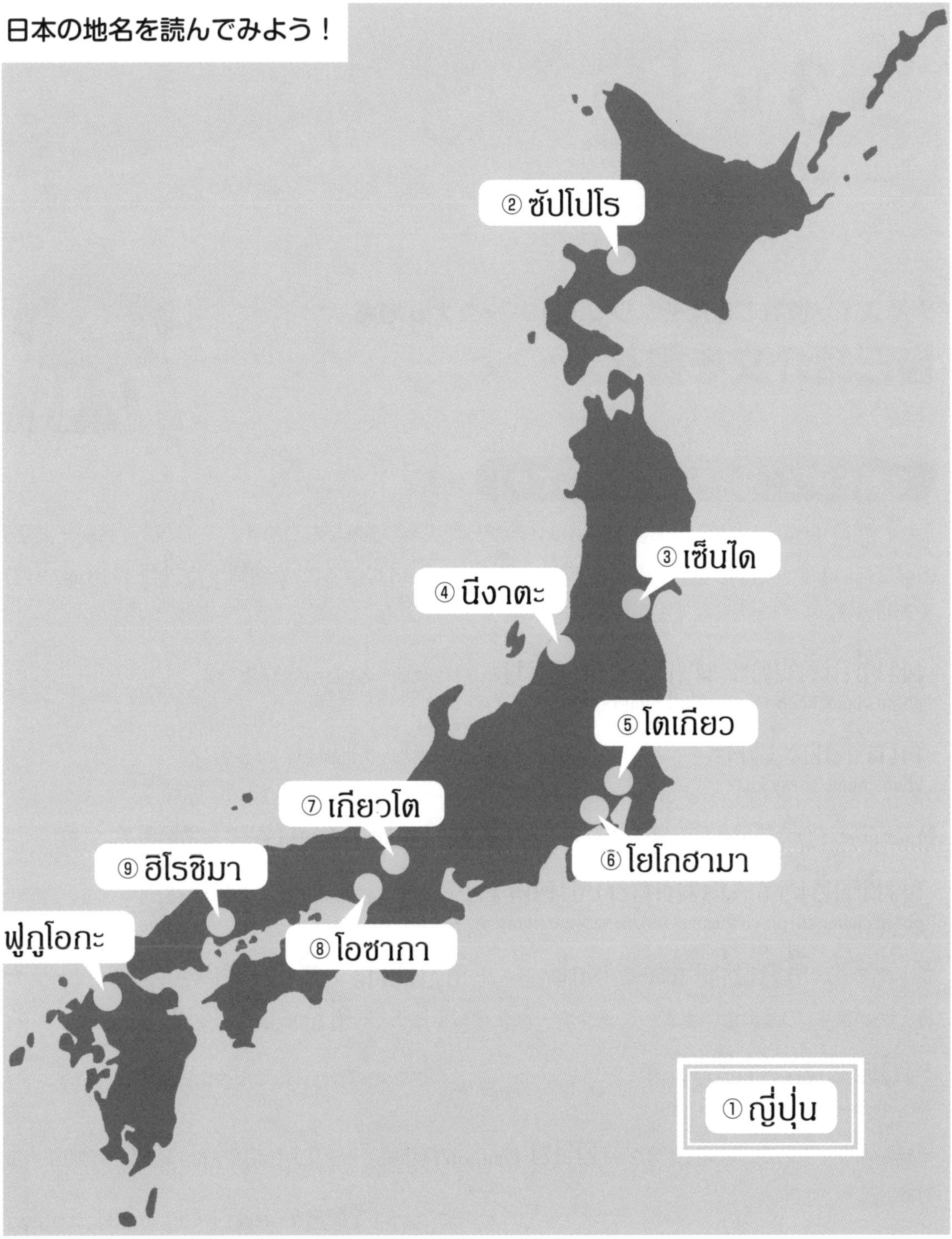

(解答)

① ญี่ปุ่น [yîi-pùn] 日本　② ซัปโปโร [sáp-poo-roo] 札幌　③ เซ็นได [sen-day] 仙台
④ นีงาตะ [nii-ŋaa-tàʔ] 新潟　⑤ โตเกียว [too-kiaw] 東京　⑥ โยโกฮามา [yoo-koo-haa-mâa] 横浜
⑦ เกียวโต [kiaw-too] 京都　⑧ โอซากา [ʔoo-saa-kâa] 大阪　⑨ ฮิโรชิมา [hí-roo-chi-mâa] 広島
⑩ ฟูกูโอกะ [fuu-kuu-ʔoo-kàʔ] 福岡

※タイ王立学士院借用語検索サイト https://transliteration.orst.go.th/search より

第3課

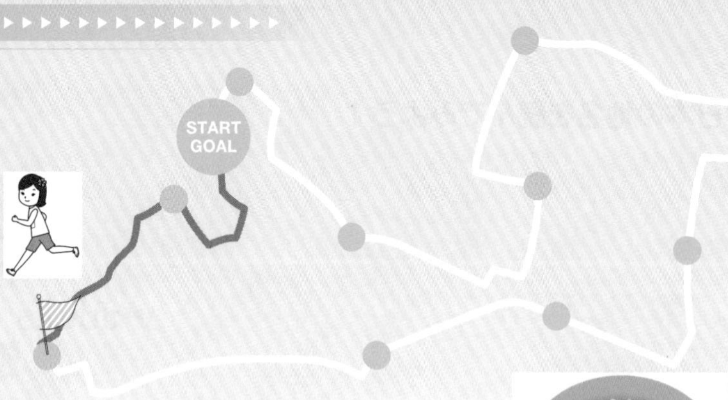

ナイス！　慣れてきたぞ　ワット・パークナム地点

自己紹介文を書く

名前を言う　ชื่อ ～「名前は～です」 059

「A＋ชื่อ [chʉ̂ʉ]（名前）＋B」で「Aは名前がBです」の意味になります。タイでは「名前＋名字」の順に言います。相手の名前を尋ねるときは、ชื่อ [chʉ̂ʉ] の後ろに、疑問詞 อะไร [ʔa-ray]（何）を入れます。

ผมชื่อเค็นตะ นาคามูระครับ　　僕は、名前は中村けんたです。
phǒm chʉ̂ʉ khen-tàʔ naa-khaa-muu-ráʔ khráp

คุณชื่ออะไรคะ　　あなたの名前は何ですか？
khun chʉ̂ʉ ʔa-ray kháʔ

特に名字をはっきり伝えたい場合は、นามสกุล [naam-sa-kun]（名字）を使います。

ผมชื่อฮิโรชิ นามสกุลไซโตครับ　　僕は、名前はひろし、名字は斉藤といいます。
phǒm chʉ̂ʉ hí-roo-chíʔ naam-sa-kun say-too khráp

ニックネーム ชื่อเล่น [chʉ̂ʉ-lên] は、「A＋ชื่อเล่น＋ชื่อ＋B」（Aはニックネームが Bといいます）の順に言います。ニックネームを尋ねるときも、ชื่อ の後ろに อะไร を入れます。

วนิดาชื่อเล่นชื่อนิด　　ワニダー（女性）は、ニックネームはニットです。
wá-ní-daa chʉ̂ʉ-lên chʉ̂ʉ nít

年齢を言うときも同じ語順で、「A＋อายุ [ʔaa-yúʔ]（年齢）＋～ ปี [pii]（～歳）」（Aは年齢が～歳です）と言います。

※ ปี「年」は、「数字＋ปี」で「～年間」「～歳」の意味になります。
※ 12歳以下の子供の場合は～ ขวบ [khùap]（～歳）を使います。

เขาอายุ ๑๘ ปี　　彼は年齢が18歳です。
kháw ʔaa-yúʔ sìp pɛ̀ɛt pii

相手に年齢を尋ねるときは อายุ [ʔaa-yúʔ]（年齢）のあとに เท่าไร [thâw-rày]（いくつ？）を入れます。

เขาอายุเท่าไร　　彼は年齢はいくつですか？
kháw ʔaa-yúʔ thâw-rày

書いてみよう

練習1 タイ語を発音しながら書いてみましょう。 060

เขาชื่ออะไร

kháw chûuɯ ʔa-ray 彼 / 彼女は、名前は何ですか？

ฉันชื่อยูริ

chán chûuɯ yuu-ríʔ 私は、名前はゆりです。

คุณชื่อเล่นชื่ออะไร

khun chûuɯ-lên chûuɯ ʔa-ray あなたは、ニックネームは何ですか？

ชื่อเล่นชื่อลีลี่

chûuɯ-lên chûuɯ lii-lîi ニックネームはリリー（Lily）です。

เขาอายุเท่าไร

kháw ʔaa-yúʔ thâw-rày 彼 / 彼女は、年齢はいくつですか？

อายุ ๒๓ ปี

ʔaa-yúʔ yîi sìp sǎam pii 年齢は 23 歳です。

練習2 自分の名前、ニックネーム、年齢を書いてみましょう。（解答例 ☞ 別冊 P8 061）

未来、意志、習慣を表す　จะ ～「～するつもりです」 062

タイ語は動詞の活用変化がありません。現在、過去、未来の時制は状況や文脈から判断したり、「明日」「来週」などの時を表す副詞や、ついている助動詞によって表します。たとえば、เรียนภาษาไทย [rian phaa-saa thay]（勉強する＋タイ語）は、「（現在）タイ語を勉強している」「（これから）タイ語を勉強する」「（過去に）タイ語を勉強した」のいずれも表すことができるので、前後についている語句や文脈によって時制を判断します。

助動詞 จะ [càʔ] は、未来、意志、予定（～するつもりです）や習慣（いつも～する）を表すのに使います。語順は、「主語＋ จะ ＋動詞」です。

ผมจะกินข้าวกะเพรา　僕はガパオライスを食べます。
phǒm càʔ kin khâaw-ka-phraw
食べる・飲む（くだけた言い方）　ガパオライス

เดือนหน้าเพื่อนจะมาจากเมืองไทย　来月、友人がタイから来ます。
dɯan-nâa phɯ̂an càʔ maa càak mɯaŋ thay
来月　～から

～หน้า [nâa] は「次の」という意味だ。
「週」「月」「年」の後ろに置くと、อาทิตย์หน้า [ʔaa-thít-nâa]（来週）、เดือนหน้า [dɯan-nâa]（来月）、ปีหน้า [pii-nâa]（来年）になるぞう。
ほっほっほっ。โฮะโฮะโฮะ！

คุณจะเรียนภาษาไทยที่ไหน　あなたはどこでタイ語を勉強しますか？
khun càʔ rian phaa-sǎa thay thîi-nǎy
どこ

ผมจะเรียนทางออนไลน์　僕はオンラインで勉強します。
phǒm càʔ rian thaaŋ ʔɔɔn-laay
（通信手段）～で　オンライン

書いてみよう

タイ語を発音しながら書いてみましょう。 063

จะกินต้มยำกุ้ง

càʔ kin tôm-yam-kûŋ　トムヤムクンを食べます。

อาทิตย์หน้าเพื่อนจะมาจากเกาหลี

ʔaa-thít-nâa phɯ̂an càʔ maa càak kaw-lǐi　来週、友達が韓国から来ます。

คุณจะซื้อเสื้อที่ไหน

khun càʔ sɯ́ɯ sɯ̂a thîi-nǎy　あなたはどこでシャツを買いますか？

ฉันจะซื้อทางออนไลน์

chán càʔ sɯ́ɯ thaaŋ ʔɔɔn-laay　私はオンラインで買います。

読んでみよう

次の文を読んで、日本語訳を書いてください。(☞ 別冊 P8) 064

① ผมจะทานอาหารไทย　(　　　　　　　　　　　　)

② เพื่อนจะมาโตเกียว　(　　　　　　　　　　　　)

③ วันอาทิตย์คุณจะทำอะไร　(　　　　　　　　　　　　)

④ ดาราไทยจะมาญี่ปุ่น　(　　　　　　　　　　　　)

過去を表す 065

過去のことを言いたいときは、「昨日」「先週」などの過去を表す副詞を文の最後に置きます。文脈からいつのことか判断できる場合は省くこともあります。

ผมมาเมืองไทยเมื่อวาน(นี้)　僕は昨日タイに来ました。
phǒm maa mɯaŋ thay mɯ̂a-waan(-níi)
昨日

ลูกสาวผมเกิดวันที่ ๑๕ เดือนที่แล้ว　僕の娘は先月の 15 日に生まれました。
lûuk-sǎaw phǒm kə̀ət wan thîi sìp hâa dɯan-thîi-lɛ́ɛw
娘 生まれる 先月

「今朝は～」「昨日は～」などと、時を表す言葉を取り立ててテーマとして言いたい場合は、文の先頭に置きます。

ก : เมื่อเช้านี้กินอะไร　今朝は何を食べましたか？
mɯ̂a-cháaw-níi kin ʔa-ray
今朝

ข : กินกาแฟกับขนมปัง　コーヒーとパンを食べました。
kin kaa-fɛɛ kàp kha-nǒm-paŋ
コーヒー と パン

เมื่อคืนนี้ผมดูทีวี ๓ ชั่วโมง　昨晩、僕はテレビを 3 時間見ました。
mɯ̂a-khɯɯn-níi phǒm duu thii-wii sǎam chûa-mooŋ
昨夜 ～時間

อาทิตย์ที่แล้ว ฉันไม่สบาย　先週、私は体調が悪かったです。
ʔaa-thít-thîi-lɛ́ɛw chán mây sa-baay
先週 体調が悪い

～ที่แล้ว [thîi-lɛ́ɛw] は「この前の」「過ぎた」という意味だ。「週」「月」「年」の後ろに置くと、อาทิตย์ที่แล้ว [ʔaa-thít-thîi-lɛ́ɛw]（先週）、เดือนที่แล้ว [dɯan-thîi-lɛ́ɛw]（先月）、ปีที่แล้ว [pii-thîi-lɛ́ɛw]（昨年）になるぞう～ โฮะโฮะโฮะ

書いてみよう

練習1 タイ語を発音しながら書いてみましょう。 066

มาโตเกียวอาทิตย์ที่แล้ว

maa too-kiaw ʔaa-thít-thîi-lɛ́ɛw　先週、東京に来ました。

เมื่อเช้านี้กินขนมปัง

mɯ̂a-cháaw-níi kin kha-nǒm-paŋ　今朝は、パンを食べました。

มีเวลา ๒ ชั่วโมง

mii wee-laa sɔ̌ɔŋ chûa-mooŋ　時間が2時間あります。

เมื่อวานนี้ผมไม่สบาย

mɯ̂a-waan-níi phǒm mây sa-baay　昨日、僕は体調が悪かった。

練習2 次の日本語の内容に合うように、ことばを並び替えてタイ語の文を完成させてください。

(☞ 別冊 P8) 067

① 私たちはタイに先週行きました。 เมืองไทย / อาทิตย์ที่แล้ว / เรา / ไป

② 先週は、とても暑かったです。 มาก / อาทิตย์ที่แล้ว / ร้อน

③ 昨日、私はタイ語を5時間勉強しました。

เมื่อวานนี้ / ฉัน / ภาษาไทย / ๕ ชั่วโมง / เรียน

④ 今朝、バンコクでは雨が降りました。 ฝนตก / กรุงเทพฯ / ที่ / เมื่อเช้านี้

進行・継続　～อยู่「～しています」「～しているところです」 068

進行や継続を表して「～しています」「～しているところです」は、「主語＋動詞（句）＋ อยู่ [yùu]」の語順です。場所は、その後ろに「ที่ ＋場所」を置きます。อยู่ は「いる」「ある」という動詞としても学習しましたが、ここでは「～しています」という別の機能もあることを覚えてください。

ทำอะไรอยู่ครับ　　何をしていますか？

tham ʔa-ray yùu khráp

する

ฉันอ่านหนังสืออยู่ค่ะ　　私は本を読んでいます。

chán ʔàan náŋ-sʉ̌ʉ yùu khâʔ

読む　本

พี่ชายทำงานอยู่ที่บริษัทรถยนต์　　兄は自動車会社で働いています。

phîi-chaay tham-ŋaan yùu thîi bɔɔ-ri-sàt rót-yon

兄　仕事をする　会社　自動車

接続詞　และ「そして」、แต่「しかし」 069

よく使う２つの接続詞を覚えましょう。

1. และ [lɛ́ʔ]「そして～」「～と～」

語と語、文と文をつなぐことができますが、少し固い印象があります。

พี่สาวสวยและใจดี　　姉はきれいで、やさしいです。

phîi-sǎaw sǔay lɛ́ʔ cay-dii

親切な、やさしい

ร้านนั้นปิดวันจันทร์และวันพฤหัส　　その店は月曜日と木曜日が休みです。

ráan nán pìt wan can lɛ́ʔ wan phá-rʉ́-hàt

店　その　閉まる

2. แต่ [tɛ̀ɛ]「しかし～」

逆接を表す接続詞として、文と文をつなぎます。

อาหารไทยเผ็ดแต่อร่อย　　タイ料理は辛いですが、おいしいです。

ʔaa-hǎan thay phèt tɛ̀ɛ ʔa-rɔ̀y

書いてみよう

練習 1 タイ語を発音しながら書いてみましょう。 070

คุณทำอะไรอยู่

khun tham ʔa-ray yùu　あなたは何をしていますか？

ผมเรียนภาษาไทยอยู่

phǒm rian phaa-sǎa thay yùu　僕はタイ語を勉強しています。

พี่สาวฉันสวยและพูดภาษาไทยเก่ง

phîi-sǎaw chán sǔay lɛ́ʔ phûut phaa-sǎa thay kèŋ　私の姉はきれいで、タイ語を上手に話します。

อาหารเกาหลีเผ็ดแต่อร่อย

ʔaa-hǎan kaw-lǐi phèt tɛ̀ɛ ʔa-rɔ̀y　韓国料理は辛いですが、おいしいです。

練習 2 次の日本語の内容に合うように、タイ語の文を完成させてください。(☞ 別冊 P8) 071

① お母さんは何をしていますか？

② 今、私はテレビドラマを見ているところです。

③ 私はデパートでシャツと時計を買いました。

④ 父は具合が悪かったのですが、会社に行きました。

存在　มี～「～があります」「～います」;「持っています」 072

「～には～があります／います」は、「(ที่ [thîi] ＋) 場所＋ มี [mii] ＋名詞 (＋数量)」で言います。名詞は、生物でも無生物でも構いません。

(ที่)เมืองไทยมีช้าง
(thîi) mɯaŋ thay mii cháaŋ
象

タイ (に) は象がいます。

ที่นี่มียุงเยอะ
thîi-nîi mii yuŋ yə́ʔ
ここ　蚊　たくさん

ここは蚊がたくさんいます。

(ที่)กรุงเทพฯไม่มีทะเล
thîi kruŋ-thêep mây mii tha-lee
海

バンコク (に) は海がありません。

所有「～を持っている」としても使えます。「主語＋ มี [mii] ＋名詞 (＋数量)」の順です。

ตอนนี้ผมมีเงิน ๕๐๐ บาท
tɔɔn-níi phǒm mii ŋən hâa rɔ́ɔy bàat
お金

今、お金を 500 バーツ持っています。

ฉันมีน้องชาย ๑ คนและน้องสาว ๒ คน
chán mii nɔ́ɔŋ-chaay nùŋ khon lɛ́ʔ nɔ́ɔŋ-sǎaw sɔ̌ɔŋ khon
～人　妹

私には弟が 1 人と妹が 2 人います。

書いてみよう

タイ語を発音しながら書いてみましょう。 073

ที่ห้างมีขนมไทย

thîi hâaŋ mii kha-nǒm thay　デパートにはタイの菓子があります。

ที่กรุงเทพฯ มีคนญี่ปุ่นเยอะ

thîi kruŋ-thêep mii khon yîi-pùn yə́ʔ　バンコクには日本人がたくさんいます。

ที่นี่ไม่มีกาแฟ

thîi-nîi mây mii kaa-fɛɛ　ここにはコーヒーはありません。

ตอนนี้เขามีเงิน ๓๐๐ บาท

tɔɔn-níi kháw mii ŋən sǎam rɔ́ɔy bàat　今、彼 / 彼女は 300 バーツ持っています。

คุณตะวันมีลูก ๓ คน

khun ta-wan mii lûuk sǎam khon　タワンさんには子供が 3 人います。

読んでみよう

次の文を読んで、日本語訳を書いてください。(☞ 別冊 P8) 074

① ที่นี่มีขนมเยอะ　(　　　　　　　　　　)

② วันนี้ไม่มีเวลา　(　　　　　　　　　　)

③ มีคอนเสิร์ต ๑๔.๐๐น.　(　　　　　　　　　　)

④ เขามีแฟนไหม　(　　　　　　　　　　)

動詞＋動詞（1） 075

タイ語は動詞を２つ以上並べて使うことがあります。

1. ชอบ ＋動詞「〜することを好む」「よく〜する」

「〜することを好む」は「ชอบ ＋動詞」の順に並べます。

ฉันชอบฟังเพลงไทย　　私はタイの歌を聞くのが好きです。
chán chɔ̂ɔp　fan　phleeŋ thay
聞く　歌

ไม่ชอบทานทุเรียน　　ドリアンを食べるのが好きではありません。
mây chɔ̂ɔp thaan　thú-rian
ドリアン

このように動詞を２つ並べて、前の動詞が主動詞、後ろの動詞がその対象を表す使い方がほかにもあります。

ฝึกเขียนภาษาไทยทุกวัน　　毎日タイ語を書く練習をします。
fùk　khǐan phaa-sǎa thay thúk-wan
練習する　書く

2. ไป / มา ＋動詞（＋ ที่ ＋場所）「（〜に）〜しに行く / 来る」

ไป や มา に目的を表す動詞を続けると、「〜しに行く」「〜しに来る」になります。

จะไปซื้อผัก　　野菜を買いに行きます。
càʔ pay súɯɯ phàk

動作の場所を言及して「〜に〜しに行く / 来る」は、ไป / มา ＋動詞（＋目的語）＋ ที่（〜に / で）＋場所です。

พรุ่งนี้เขาจะไปดูหนังที่สยาม　　明日、彼はサイアムに映画を見に行きます。
phrûŋ-níi kháw càʔ pay duu　nǎŋ thîi sa-yǎam
映画

ลุงมาซื้อของที่ร้าน　　おじさんは店に買い物に来ました。
luŋ maa súɯɯ　khɔ̌ɔŋ thîi ráan
物

書いてみよう

練習1 タイ語を発音しながら書いてみましょう。 076

หนูชอบดูละครไทย

nŭu chɔ̂ɔp duu la-khɔɔn thay　私はタイドラマを見るのが好きです。

เพื่อนฝึกเขียนภาษาไทยทุกวัน

phɯ̂an fɯ̀k khĭan phaa-săa thay thúk-wan　友達は毎日タイ語を書く練習をします。

พรุ่งนี้ผมจะไปซื้อของที่ชิบูยะ

phrûŋ-níi phŏm càʔ pay sɯ́ɯ khɔ̆ɔŋ thîi chí-buu-yáʔ　明日、僕は渋谷に買い物に行きます。

ลุงมาดูหนังที่นี่บ่อย

luŋ maa duu năŋ thîi-nîi bɔ̀y　おじさんはよくここに映画を見に来ます。

練習2 次の日本語の内容に合うように、ことばを並び替えてタイ語の文を完成させてください。

(☞ 別冊 P9) 077

① おばさんはテレビを見るのが好きです。 ชอบ / ป้า / ทีวี / ดู

② あなたは何を買いに来ましたか？ มา / คุณ / อะไร / ซื้อ

③ 私はタイ語を話す練習を毎日します。 ฝึก / ภาษาไทย / ทุกวัน / พูด / หนู

④ 明日、私はタイ料理を食べに行きます。 ทาน / อาหารไทย / พรุ่งนี้ / จะ / ไป / ฉัน

希望　อยาก(จะ) +動詞「〜したい」 078

「〜したい」と希望を表すときは、อยาก(จะ) [yàak(càʔ)] の後ろに動詞を置きます。否定形は「ไม่อยาก(จะ) +動詞」です。

ผมอยากเจอดาราไทย
phǒm yàak cəə daa-raa thay
会う
僕はタイの俳優に会いたいです。

เมอยากอ่านภาษาไทยได้
mee yàak ʔàan phaa-sǎa thay dâay
読む
私（メー）はタイ語を読めるようになりたいです。

ฉันไม่อยากกลับญี่ปุ่น
chán mây yàak klàp yîi-pùn
帰る
私は日本に帰りたくありません。

娘：แม่อยากไปเที่ยวภูเก็ตไหม
mɛ̂ɛ yàak pay thîaw phuu-kèt máy
（移動して）遊ぶ
お母さん、プーケットに遊びに行きたい？

母1：อยาก
yàak
行きたい。

母2：ไม่อยาก เพราะว่ามีงานเยอะ
mây yàak phrɔ́ʔ wâa mii ŋaan yə́ʔ
仕事
行きたくないわ。仕事がたくさんあるからね。

เที่ยว [thîaw] は「(移動して) 遊ぶ」「観光する」の意味で、「เที่ยว +場所」で「〜で遊ぶ」「観光する」だ。前置詞 ที่ （〜で）は省略されることが多いぞう。

書いてみよう

練習1 タイ語を発音しながら書いてみましょう。 079

พี่สาวอยากทำขนมไทยได้

phîi-sǎaw yàak tham kha-nǒm thay dâay　姉はタイの菓子を作れるようになりたいと思っています。

ตอนนี้ไม่อยากกิน

tɔɔn-níi mây yàak kin　今は食べたくありません。

อยากไปเที่ยวทะเลไหม

yàak pay thîaw tha-lee máy　海に遊びに行きたいですか？

-อยาก

yàak　そうしたいです。

-ไม่อยาก

mây yàak　そうしたくありません。

練習2 次の質問に対する答えを、ก～ง からことばを1つ選んで、文にして書いてください。

（☞ 別冊 P9） 080

ก.ทะเล　ข.อ่านหนังสือ　ค.บริษัทรถยนต์　ง.กาแฟกับขนมปัง

① คุณอยากทานอะไร

② คุณอยากทำงานที่ไหน

③ คุณอยากไปเที่ยวที่ไหน

④ คุณอยากทำอะไร

自己紹介文を書こう！

サクラ（本名 卯月《うづき》サクラ）は、コンサート会場で知り合ったタイ人の若者プローィとカーゥに自分のことを知ってもらいたいと思い、自己紹介文を書いてみました。

◆サクラの自己紹介文を読んでみましょう。（☞ 別冊 P9） 081

ดิฉันชื่อซากุระ นามสกุลอูสึกิเป็นคนญี่ปุ่น อายุ 24 ปี เป็นคนชิบะ ชิบะมีทะเล มีดิสนีย์แลนด์ ดิฉันชื่อเล่นชื่อเม เพราะเกิดเดือนเมษายน ตอนนี้ทำงานอยู่ที่กรุงเทพฯ ชอบดูละครไทยเพราะละครไทยสนุก และนักแสดงหล่อมาก เมพูดภาษาไทยได้ แต่อ่านเขียนไม่เก่ง เมอยากจะเขียนข้อความถึงนักแสดงคนไทย เมจะฝึกเขียนภาษาไทยทุกวัน

単語

ชิบะ [chí-bàʔ] 千葉

นักแสดง [nák-sa-dɛɛŋ] 俳優、男優、女優

ข้อความ [khɔ̂ɔ-khwaam] メッセージ

ดิสนีย์แลนด์ [dís-nîi-lɛɛn] ディズニーランド

หล่อ [lɔ̀ɔ] ハンサムな

ถึง~ [thʉ̌ŋ] ～宛、～まで

書いてみよう

サクラの①～⑩の事柄についてタイ語で書き、日本語訳も書いてください。(☞ 別冊 P9) 082

① 氏名

( )

② 国籍

( )

③ 年齢

( )

④ 出身地

( )

⑤ ニックネーム

( )

⑥ 勤務地

( )

⑦ 好きな事

( )

⑧ 特技

( )

⑨ 苦手な事

( )

⑩ やりたい事

( )

書いてみよう

あなたを紹介する文をタイ語でください。(解答例 ☞ 別冊 P10 083)

① 私 / 僕は～という名前です。

② (国籍) ～人です。

③ 年齢は～歳です。

④ (出身) ～の人間です。

⑤ ニックネームは～です。

⑥ 私は～で働いています。

⑦ 私は～が好きです。または、私は～することが好きです。

⑧ (特技 / 苦手なこと) ～することができます / できません。

⑨ (やりたいこと) 私は～をしたいです。

前ページの文をつなげて、あなたの自己紹介文を完成させましょう。

練習問題

第３課で学んだタイ語を復習しましょう。(☞ 別冊 P10)

๑. ①～⑩の下線にふさわしい語を次の枠内から選んで文を完成させ、日本語に訳してください。それぞれの語は１回しか使えません。 084

กับ　　อยาก　　เมื่อเช้านี้　　อยู่　　จาก

จะ　　และ　　แต่　　มี　　ทาง

① ผม ________ กินข้าวผัด （　　　　　　　　）

② พี่จะมา ________ ญี่ปุ่น （　　　　　　　　）

③ ผมจะเรียน ________ ออนไลน์ （　　　　　　　　）

④ ลูกสาวไม่ ________ กินผัก （　　　　　　　　）

⑤ กินขนมปัง ________ กาแฟ （　　　　　　　　）

⑥ ________ กินอะไร （　　　　　　　　）

⑦ พี่ทำอะไร ________ （　　　　　　　　）

⑧ แม่ใจดี ________ สวย （　　　　　　　　）

⑨ พ่อหล่อ ________ ไม่มีเงิน （　　　　　　　　）

⑩ โตเกียว ________ ร้านอาหารไทยเยอะ

（　　　　　　　　）

๒. 次の質問についてあなたの場合で答えてください。 085

① คุณชอบอะไร

② คุณไม่ชอบอะไร

③ คุณชอบทำอะไร

④ คุณไม่ชอบทำอะไร

⑤ คุณทำอะไรทุกวัน

⑥ พรุ่งนี้คุณจะทำอะไร

⑦ วันเสาร์ที่แล้วคุณทำอะไร

⑧ คุณอยากจะไปทำอะไรที่เมืองไทย

⑨ คุณอยากอยู่ที่เมืองไทยไหม

⑩ ที่เมืองไทยคุณอยากไปเที่ยวที่ไหน

タイの地名を読んでみよう！ 086

（解答）

① ประเทศไทย [pra-thêet thay] タイ
② เชียงราย [chiaŋ-raay] チェンライ
③ เชียงใหม่ [chiaŋ-mày] チェンマイ
④ สุโขทัย [su-khǒo-thay] スコタイ
⑤ อยุธยา [ʔa-yút-tha-yaa] アユタヤ
⑥ กรุงเทพฯ [kruŋ-thêep] バンコク
⑦ ชลบุรี [chon-bu-rii] チョンブリ
⑧ กาญจนบุรี [kaan-ca-ná-bu-rii] カンチャナブリ
⑨ หัวหิน [hǔa-hǐn] ホアヒン
⑩ ภูเก็ต [phuu-kèt] プーケット

第4課

よく足が動いているぞ！　アジアティーク地点

SNS のコメントを読む

SNS のある程度まとまった文章を読んだり、簡単な感想を書けるように目指します。

所有・所属　…ของ ～「～の…」 087

所有や所属を表して「～の…」と言うときは、「物＋ ของ [khɔ̌ɔŋ]（の）＋所有者 / 所属先」です。話し言葉では ของ が省略されることもあります（ของ はもともと「物」という意味です）。

มือถือของผม　僕の携帯電話
mʉʉ-thʉ̌ʉ khɔ̌ɔŋ phǒm
携帯電話

กระเป๋าของพี่มะนาว　（年上の）マナーオさんのかばん
kra-pǎw khɔ̌ɔŋ phîi ma-naaw
かばん

บ้านของขวัญอยู่ใกล้ ๆ สวนลุมพินี　クワンの家はルンピニー公園の近くにあります。
bâan khɔ̌ɔŋ khwǎn yùu klây-klây sǔan lum-phi-nii
家　～の近く　ルンピニー公園

複数の主語を表す　～กัน「互いに」「一緒に」「みんな」 088

～กัน [kan] は主語が複数であることを表します。2人の会話では「互いに」「一緒に」、3人以上の会話では「みんなで一緒に」といった意味になります。不特定多数の人が主語の場合にも使います。「動詞（句）＋ กัน」の語順です。

ฉันกับพี่ไปทานข้าวกันบ่อย　私と兄はよくご飯を食べに行きます。
chán kàp phîi pay thaan khâaw kan bɔ̀y
ご飯、米

พรุ่งนี้เจอกัน　（別れ際に）また明日会いましょう。
phrûŋ-níi cəə kan
（複数）

วันหยุดโกลเดนวีก คนญี่ปุ่นชอบไปเที่ยวกัน
wan-yùt koow-dên-wíik khon yîi-pùn chɔ̂ɔp pay thîaw kan
休日　ゴールデンウィーク
ゴールデンウィークの休日は、日本人は旅行に行くのが好きです。

書いてみよう

練習1 タイ語を発音しながら書いてみましょう。 089

กระเป๋าของฉัน

kra-pǎw khɔ̌ɔŋ chán　私のかばん

บ้านของคุณอยู่ที่ไหน

bâan khɔ̌ɔŋ khun yùu thîi-nǎy　あなたの家はどこにありますか？

บ้านของผมอยู่ใกล้ ๆ บริษัท

bâan khɔ̌ɔŋ phǒm yùu klây-klây bɔɔ-ri-sàt　僕の家は会社の近くにあります。

พรุ่งนี้เจอกัน

phrûŋ-níi cəə kan　また明日会いましょう。

พวกเขาชอบไปเที่ยวทะเลกัน

phûak-kháw chɔ̂ɔp pay thîaw tha-lee kan　彼らは海に遊びに行くのが好きです。

練習2 ของ を使って書いてみましょう。語順に注意してください。（☞ 別冊 P12） 090

★ヒント： กระเป๋าสตางค์ [kra-pǎw sa-taaŋ] 財布

① 私の携帯

② 母の財布

③ 兄の恋人

④ 誰のシャツ？

動詞＋動詞 (2) 091

1. 動詞（句）＋ ไป / มา「～して行く / 来る」

第３課で①「ไป / มา ＋動詞」（～しに行く / 来る）を学習しましたが、語順が逆の②「動詞（句）＋ ไป / มา」（～して行く / 来る）もあります。

ผมขับรถมา
phǒm khàp rót maa
運転する 車

私は車を運転してきました。

ซื้อขนมไปไหม
sɯ́ɯ kha-nǒm pay máy

お菓子を買って行きませんか？

2. ไป ＋場所 / 動詞（句）＋ มา「～しに行って来る」

さらに「ไป ～ มา」（～に行って来る）もあります。「～」には場所やイベントや、動詞（句）が入ります。

ไปไหนมา
pay nǎy maa

どこへ行って来ましたか？

ไปพัทยามา
pay phát-tha-yaa maa

パタヤに行って来ました。

ไปดูคอนเสิร์ตมา
pay duu khɔn-sə̀ət maa

コンサートを見に行って来ました。

3. 動詞＋動詞〈結果を表す〉

動詞が連続する場合に、後者の動詞が結果を表す動詞の場合があります。否定の場合は、２つ目の動詞の前に否定詞 ไม่ を置きます。

วันนี้ ไอศกรีมขายหมด
wan-níi ʔay-sa-khriim khǎay mòt
アイスクリーム 売る 尽きる

今日はアイスクリームが売り切れました。

เมื่อวานนี้ฉันดูซีรีส์จบ
mûa-waan-níi chán duu sii-rîi còp
シリーズ 終わる

昨日、私は（ドラマの）シリーズを見終わりました。

ยังทำงานไม่เสร็จ
yaŋ tham-ŋaan mây sèt
終わる

まだ仕事をやり終えていません。

書いてみよう

練習1 タイ語を発音しながら書いてみましょう。 092

ไปไหนมา

pay nǎy maa　どこへ行って来ましたか？

ไปเรียนภาษาไทยที่สีลมมา

pay rian phaa-sǎa thay thîi sǐi-lom maa　シーロムにタイ語を勉強しに行って来ました。

ขายหมด

khǎay mòt　売り切れ

ดูละครจบ

duu la-khɔɔn còp　ドラマを見終わりました。

練習2 次の日本語の内容に合うように、ことばを並び替えてタイ語の文を完成させてください。

(☞ 別冊 P12) 093

① お菓子を買って来ました。 ขนม / มา / ซื้อ

② 私は買い物して来ました。 ซื้อของ / ฉัน /มา

③ あなたはどこに行って来ましたか？ มา / ไป / คุณ / ไหน

④ 友人が家にご飯を食べに来ます。 ที่ / กินข้าว / จะ / เพื่อน / มา / บ้าน

主語+ ก็ ～「～もまた」「～も」 094

前の文を受けて、同じ内容をさらに並べたり、似た内容をつけ加えるのに ก็ [kɔ̂ɔ]「～も」「また～も」を使います。「主語+ ก็ +述語」の語順です。

น้องชายชอบข้าวมันไก่ ผมก็ชอบข้าวมันไก่
nɔ́ɔŋ-chaay chɔ̂ɔp khâaw-man-kày phǒm kɔ̂ɔ chɔ̂ɔp khâaw-man-kày
カオマンガイ
弟はカオマンガイが好きで、僕も同様にカオマンガイが好きです。

ร้านนี้อาหารอร่อย ราคาก็ถูก
ráan níi ʔaa-hǎan ʔa-rɔ̀y raa-khaa kɔ̂ɔ thùuk
この 安い
この店は、料理がおいしいくて、値段も安いです。

แฟนของญาญ่าหน้าตาหล่อ นิสัยก็ดี
fɛɛn khɔ̌ɔŋ yaa-yâa nâa-taa lɔ̀ɔ ní-sǎy kɔ̂ɔ dii
顔立ち 性格 良い
ヤーヤーの恋人は顔がハンサムで、性格もいいです。

ได้ +動詞「～し得る」「(機会があって)できる」 095

ได้ [dây] は本来「得る」という意味で、動詞の前に置くと「～し得る」の意味になり、過去を表したり、機会があって「できる」という意味になります。

ได้เจอนักร้องดังในห้าง
dây cəə nák-rɔ́ɔŋ daŋ nay hâaŋ
有名な ～の中で
デパートの中で歌手に会いました（機会があって会えました)。

เมื่อวานนี้ได้ดูละครเรื่อง "เพราะรัก" ไหม
mɯ̂a-waan-níi dây duu la-khɔɔn rɯ̂aŋ "phrɔ́ʔ rák" máy
話 「愛ゆえに」
昨日、「愛ゆえに」（の話）のドラマを見ましたか（見られましたか）？

-ได้ดู
dây duu
見ました（見られました)。

-ไม่ได้ดู
mây dây duu
見ていません（見られていません)。

เมื่อเช้านี้ไม่ได้กินข้าว
mɯ̂a-cháaw-níi mây dây kin khâaw
今朝
今朝はご飯を食べていません（食べられていません)。

書いてみよう

タイ語を発音しながら書いてみましょう。 096

ขนมนี้ก็อร่อย

kha-nŏm níi kɔ̂ɔ ʔa-rɔ̀y　このお菓子もおいしいです。

พรุ่งนี้ก็อยากไปวิ่งอีก

phrûŋ-níi kɔ̂ɔ yàak pay wîŋ ʔìik　明日もまた走りに行きたいです。

เสาร์อาทิตย์ก็ไม่ว่าง

sǎw ʔaa-thít kɔ̂ɔ mây wâaŋ　土日も空いていません。

เมื่อเช้านี้ไม่ได้กินกาแฟ

mɯ̂a-cháaw-níi mây dây kin kaa-fɛɛ　今朝、コーヒーを飲んでいません（飲めていません）。

เมื่อวานนี้ไม่ได้เรียนภาษาไทย

mɯ̂a-waan-níi mây dây rian phaa-sǎa thay　昨日はタイ語を勉強していません（勉強できませんでした）。

ปีที่แล้วคุณได้ไปเมืองไทยไหม

pii thîi-lɛ́ɛw khun dây pay mɯaŋ thay máy　昨年は、あなたはタイに行きましたか（行けましたか）？

～ด้วย「～も」「そのうえ」「一緒に」 097

～ด้วย [dûay] は「～も」「そのうえ」「一緒に」「伴って」を表します。

ฉันอยากไปเที่ยวภูเขาด้วย　私は山にも遊びに行きたいです。
chán yàak pay thîaw phuu-khǎw dûay
山

เขาเหนื่อย หิวและง่วงด้วย　彼は疲れていて、空腹で、そのうえ眠いです。
kháw nɯ̀ay hǐw lɛ́ʔ ŋûaŋ dûay
空腹の　眠い

ผมไปด้วยได้ไหม　僕も一緒に行ってもいい？
phǒm pay dûay dâay máy

接続詞 และ や กับ で 3 つ以上の物事をつなげるときは、最後の物事の 1 つ前にこれらの言葉を置いて、A, B และ C、A, B กับ C とするんだ。

感情を表す表現 098

心理状態を表す単語を覚えましょう。

ดีใจ　うれしい
dii-cay

เสียใจ　悲しい
sǐa-cay

โกรธ　怒る
kròot

ขำ　おかしく感じる
khǎm

กลัว　恐れる、怖い
klua

เบื่อ　飽きる、つまらないと感じる
bɯ̀a

เสียดาย　残念に思う
sǐa-daay

รู้สึกดี　気分がいい
rúu-sɯ̀k dii

เป็นห่วง　心配する
pen-hùaŋ

ประทับใจ　感動する
pra-tháp-cay

มีความสุข　幸せである
mii khwaam-sùk

ตอนเด็ก ผมกลัวผี　子供のとき、僕はお化けが怖かった。
tɔɔn dèk phǒm klua phǐi
～のとき 子供　お化け

เขาพูดตลก ฉันขำมาก　彼はおもしろいことを言うので、私はとてもおかしく感じました。
kháw phûut ta-lòk chán khǎm mâak
こっけいな

ฉันจะไปเมืองไทยคนเดียว พ่อแม่เป็นห่วง
chán càʔ pay mɯaŋ thay khon diaw phɔ̂ɔ-mɛ̂ɛ pen-hùaŋ
ひとりで　両親
私はタイに一人で行くので、両親は心配しています。

หนูไปทำบุญที่วัดมา รู้สึกดีมากค่ะ
nǔu pay tham-bun thîi wát maa rúu-sɯ̀k dii mâak khâʔ
徳を積む　寺　感じる　良い
私はお寺に徳を積みに行ってきました。とても気分がいいです。

書いてみよう

タイ語を発音しながら書いてみましょう。 099

อยากซื้อผลไม้ด้วย

yàak sɯ́ɯ phǒn-la-máay dûay　果物も買いたいです。

ฉันจะไปด้วย

chán càʔ pay dûay　私も行きます。

ผมเหนื่อยและหิวด้วย

phǒm nɯ̀ay lɛ́ʔ hǐw dûay　僕は疲れていて、お腹も空いている。

ดีใจ

dii-cay　うれしい

เสียใจ

sǐa-cay　悲しい

โกรธ

kròot　怒る

ขำ

khǎm　おかしく感じる

กลัว

klua　恐れる、怖い

เบื่อ

bɯ̀a　飽きる、つまらないと感じる

เสียดาย

sǐa-daay　残念に思う、もったいないと思う

เป็นห่วง

pen-hùaŋ　心配する

ประทับใจ

pra-tháp-cay　感動する

มีความสุข

mii khwaam-sùk　幸せである

ผมไปวัดมา รู้สึกดี

phǒm pay wát maa　rúu-sɯ̀k dii　僕はお寺に行って来たので、気分がいいです。

読んでみよう

次のヒントを参考にタイ語文を読んで、日本語訳を書いてください。(☞ 別冊 P12) 100

★ヒント： ฟุตบอล [fút-bɔɔn] サッカー　ทีม [thiim] チーム　แพ้ [phɛ́ɛ] 負ける

① วันนี้ ได้เจอดาราไทย ดีใจและมีความสุข

(　　　　　　　　　　　　　　　　　　　　　　　　　　　　　　)

② ผมไปเมืองไทย แต่ไม่สบาย ไม่ได้ไปเที่ยว เสียดายมาก

(　　　　　　　　　　　　　　　　　　　　　　　　　　　　　　)

③ พรุ่งนี้จะไปดูคอนเสิร์ตที่อิมแพคอารีน่า ตื่นเต้นมาก

(　　　　　　　　　　　　　　　　　　　　　　　　　　　　　　)

④ เมื่อวานนี้ผมดูฟุตบอลทางทีวี แต่ทีมญี่ปุ่นแพ้ เบื่อมาก

(　　　　　　　　　　　　　　　　　　　　　　　　　　　　　　)

書いてみよう

左ページを参考に、自分自身の印象に残っている出来事とその感想を簡単に書いてください。

（解答例 ☞ 別冊 P13 101）

SNS のコメントを読もう！

憧れのボーイのコンサートから帰ってきた翌日、サクラは同じようにコンサートに行った一人のファンのコメントを SNS 上で見つけたので読んでみます。

◆ボーイのコンサートに関する SNS 上のコメントを読んでみましょう。(☞ 別冊 P13) 102

単語

ครั้งแรก [khráŋ-rɛ̂ɛk] 初めて、初回	ทันที [than-thii] すぐに
แฟน(คลับ) [fɛɛn (khlàp)] ファン	ราว(ๆ)~ [raaw (raaw)] だいたい~、おおよそ~
นิด ๆ [nít-nít] ちょっと	ชัด [chát] はっきりと
เพราะ [phrɔ́ʔ] （音、声が）きれいな、なぜなら	รู้จัก [rúu-càk] 知っている、知り合いである
สุด ๆ [sùt-sùt] 最高に	แถม [thɛ̌ɛm] おまけに、おまけの

น่ารั๊าก [nâa-ráak] （SNS 用語　正式には น่ารัก [nâa-rák]） かわいい

書いてみよう

SNS のタイ語のコメントを書き写し（各文の書き出しの言葉はすでに書いてあります）、さらに日本語訳も書いてください。（☞ 別冊 P13）

วันนี้ ________________________________

(　　　　　　　　　　　　　　　　)

ไป ________________________________

(　　　　　　　　　　　　　　　　)

บัตร ________________________________

(　　　　　　　　　　　　　　　　)

และ ________________________________

(　　　　　　　　　　　　　　　　)

คอนเสิร์ต ________________________________

(　　　　　　　　　　　　　　　　)

ประทับใจมากเพราะ ________________________________

(　　　　　　　　　　　　　　　　)

เพลงก็ ________________________________

(　　　　　　　　　　　　　　　　)

แถม ________________________________

(　　　　　　　　　　　　　　　　)

วันนี้ ________________________________

(　　　　　　　　　　　　　　　　)

練習問題

第 4 課で学んだタイ語を復習しましょう。(☞ 別冊 P14)

๑. 次の文を เพราะ を使ってタイ語で作文してください。 (103)

① とてもうれしいです。なぜならまたタイに来ることができたからです。

____

② とても悲しいです。なぜならチケットが売り切れたからです。

____

③ おかしく感じました。なぜなら彼がおもしろいことを言ったからです。

____

④ 心配しました。なぜなら彼は体調が悪いからです。

____

⑤ 怖かったです。なぜなら一人で行ったからです。

____

⑥ とても感動しました。なぜなら海がとても美しいからです。

____

⑦ 残念です。なぜなら今年はタイへ行けないからです。

____

⑧ 幸せでした。なぜなら毎日、おいしい料理を食べられたからです。

____

๒. キーワードを参考に、できるだけ空欄を埋めて、ある日の出来事とその感想を書いてください。
（解答例 104）

① วันนี้ไป ____________________ มา

② ไป ____________________ ครั้งแรก

③ ประทับใจมาก เพราะ ____________________

④ ____________________ ก็ ____________________

แถม ____________________ ด้วย

⑤ วันนี้ ____________________

★キーワード 105

①② 行き先	③④ 気に入っている点
ทะเล	ทะเลสวย / อาหารทะเลอร่อย / ที่พักดี
วัดไทย	วัดไทยสวย / คนไทยใจดี / รู้สึกดี
ตลาดไทย	ของถูก / ขนมไทยอร่อย / ของเยอะ
บ้านเพื่อนคนไทย	บ้านคนไทยสบาย / น้องเพื่อนน่ารัก / อาหารแม่เพื่อนอร่อย
คอนเสิร์ต	นักร้องหล่อ / เพลงเพราะ
⑤ 感想	
สนุกมาก / มีความสุขมาก / รู้สึกดีมาก / ประทับใจมาก	

★ヒント： ที่พัก [thîi-phák] 宿　ตลาด [ta-làat] 市場　สบาย [sa-baay] 心地よい、快適な

๓. ①～⑧の下線にふさわしい語を次の枠内から選んで書き入れてください。それぞれの語は１回しか使えません。 106

และ　แต่　อยู่　อยาก　ด้วย　ได้　ก็　ของ

① แม่ทำอาหาร ________

② เขาอยู่ที่เมืองไทย ________ พูดภาษาไทยไม่ได้

③ ฉันไม่ ________ กลับญี่ปุ่น เพราะเมืองไทยสนุก

④ เราทานกาแฟ ________ ขนม

⑤ อยากกินผลไม้ และขนมไทย ________

⑥ เมื่อวาน ________ ไปวัดไทยครั้งแรก

⑦ เมืองไทย คนใจดี อาหาร ________ อร่อย

⑧ เพื่อนคนไทย ________ ผม ชอบกินอาหารญี่ปุ่น

● SNS でよく使う表現 (1) 107

マジ [ciŋ dìʔ]
(疑問形のついた) 本当に？

は！ [háʔ]
驚きのとき

超うまい [sɛ̂p wə̂ə]
(食べてみて)「とっても美味しい！」という表現

素晴らしい [yîam]

まいりました！ [kràap]
感心して「頭を下げてひれ伏す」という意味

いいね [dii ŋaam]
「素晴らしい」と思ったとき

フフフ [ʔí-ʔíʔ]
ちょっとうれしいとき

気に入った [thùuk-cay sìŋ níi]

かわいぃ～ [nâa rák]

大好き！ [rák náʔ]
軽めのニュアンス（親しい人同士なら可）

第5課

折り返しはもうすぐだ！　ルンピニー公園地点

SNS 上で日常的なメッセージのやりとりをする

SNSなどでお礼を伝えたり、相手を誘うなど、日常的なメッセージのやりとりができるよう目指します。

ไม่ค่อย ～「あまり～ない」 108

「あまり～ない」は、ไม่ค่อย [mây khɔ̂y] ～です。後ろに助動詞 / 動詞 / 修飾詞が続きます。

วันธรรมดารถติดมาก แต่วันหยุดไม่ค่อยติด
wan-tham-ma-daa rót tìt mâak tɛ̀ɛ wan-yùt mây khɔ̂y tìt
平日　車　くっつく　休日

平日はひどく渋滞しますが、休日はあまり混みません。

ตอนเช้ากับตอนเย็นไม่ค่อยร้อน
tɔɔn-cháaw kàp tɔɔn-yen mây khɔ̂y rɔ́ɔn
朝方　夕方

朝と夕方はあまり暑くありません。

最近の話しことばの傾向として、ไม่ค่อย の後ろに名詞を続けることもあるぞぅ。

แต่งตัวไม่ค่อยคนไทย
tɛ̀ŋ-tua mây khɔ̂y khon thay
服装を整える

服装があまりタイ人っぽくない。

名詞を形容詞的に使っているようだな。
アメージング！

～ ด้วยกัน「一緒に～する」 109

「一緒に～する」は、「動詞（句）+ ด้วยกัน [dûay kan]」と言います。

「一緒に～しませんか？」と聞きたいときは、「動詞（句）+ ด้วยกันไหม [dûay kan máy]」とします。

ฮานะกับยูตะร้องเพลงไทยด้วยกัน　はなとゆうたは一緒にタイの歌を歌いました。
haa-náʔ kàp yuu-tàʔ rɔ́ɔŋ phleeŋ thay dûay kan

A：วันเสาร์นี้ (เรา)ไปกินข้าวด้วยกันไหม　今度の土曜日、一緒に食事に行かない？
wan-sǎw níi (raw) pay kin khâaw dûay kan máy
この

B：ไป ๆ ที่ไหนดี　行く、行く。 どこがいい？
pay pay thîi-nǎy dii

A：สยาม ๆ ร้านเยอะ　サイアム、サイアム！ お店がいっぱいあるよ。
sa-yǎam sa-yǎam ráan yəʔ

書いてみよう

練習1 タイ語を発音しながら書いてみましょう。 110

ตอนนี้ไม่ค่อยมีเวลา

tɔɔn-níi mây khɔ̂y mii wee-laa　今、あまり時間がありません。

เราจะเรียนภาษาไทยด้วยกัน

raw càʔ rian phaa-sǎa thay dûay kan　私たちは一緒にタイ語を勉強します。

ไปเที่ยวทะเลด้วยกันไหม

pay thîaw tha-lee dûay kan máy　一緒に海に遊びに行きませんか？

練習2 次の日本語の内容に合うように、ことばを並び替えてタイ語の文を完成させてください。

(☞ 別冊 P16) 111

① 母と姉は、一緒に買い物をしに行きました。

กับ / ไป / พี่สาว / ซื้อของ / แม่ / ด้วยกัน

② 一緒に映画を見に行きませんか？ ดู / ไป / ด้วยกัน / ไหม / หนัง

③ 僕はあまり行きたくありません。 ไม่ค่อย / ผม / ไป / อยาก

～ หรือ ～「～それとも～ですか？」 112

หรือ [rʉ̌ʉ] には第２課（P48）で学習した「～なのですか？」《確認》のほかに、「～それとも～」《選択》を表す場合があります。

A หรือ B「A ですか？　それとも B ですか？」

「A หรือ [rʉ̌ʉ] B」は、A と B に名詞、句、文などを入れて、疑問文「A ですか？　それとも B ですか？」になります。หรือ を使うだけで疑問文になります。

คุณจะไปวันนี้หรือพรุ่งนี้　　あなたは今日行きますか、それとも明日にしますか？
khun càʔ pay wan-níi rʉ̌ʉ phrûŋ-níi

A：คุณชอบหน้าร้อนหรือหน้าหนาว　　あなたは夏が好きですか、それとも冬ですか？
khun chɔ̂ɔp　nâa-rɔ́ɔn rʉ̌ʉ　nâa-nǎaw
夏、暑季　冬、寒季

B：ฉันชอบหน้าร้อน เพราะไม่ชอบหนาว
chán chɔ̂ɔp nâa-rɔ́ɔn　phrɔ́ʔ mây chɔ̂ɔp　nǎaw
寒い
私は夏が好きです。寒いのが好きではないので。

～ หรือไม่ก็ ～「～あるいは～」 113

หรือ [rʉ̌ʉ] の後ろに ไม่ก็ [mây kɔ̂ɔ]（そうでなければ）を続けると、หรือไม่ก็ [rʉ̌ʉ-mây-kɔ̂ɔ]「あるいは、そうでなければ」の意味になります。หรือ のみで使うこともあります。

ผมจะกินผัดไทยหรือไม่ก็ข้าวกะเพรา
phǒm càʔ kin　phàt-thay rʉ̌ʉ-mây-kɔ̂ɔ khâaw-ka-phraw
パッタイ
僕はパッタイか、ガパオライスを食べます。

ฉันจะไปเครื่องบินหรือไม่ก็รถทัวร์　　私は飛行機か長距離バスで行きます。
chán càʔ pay　khrʉ̂aŋ-bin rʉ̌ʉ-mây-kɔ̂ɔ　rót-thua
飛行機　長距離バス

วันหยุดหน้าร้อน อยากไปภูเก็ตหรือเกาะสมุย
wan-yùt nâa-rɔ́ɔn yàak pay phuu-kèt rʉ̌ʉ　kɔ̀ʔ sa-mǔy
サムイ島
夏休みは、プーケットかサムイ島に行きたいです。

書いてみよう

練習 1 タイ語を発音しながら書いてみましょう。 114

คุณชอบเบียร์หรือไวน์

khun chɔ̂ɔp bia rɯ̌ɯ waay　あなたはビールが好きですか、それともワインですか？

คุณจะอยู่ที่นี่หรือไปซื้อของ

khun càʔ yùu thîi-nîi rɯ̌ɯ pay sɯ́ɯ khɔ̌ɔŋ　あなたはここにいますか？ それとも買い物に行きますか？

เราจะไปเที่ยวภูเขาหรือทะเล

raw càʔ pay thîaw phuu-khǎw rɯ̌ɯ tha-lee　私たちは山か海に遊びに行きます。

練習 2 次の単語をヒントにして、タイ語に訳してください。（☞ 別冊 P16） 115

★ヒント： ชาฝรั่ง [chaa fá-ràŋ] 紅茶　เล่น [lên]（スポーツ・楽器の演奏などを）する、遊ぶ
แกงเขียวหวาน [kɛɛŋ-khǐaw-wǎan] グリーンカレー　เวลาว่าง [wee-laa wâaŋ] 暇なとき

① あなたはコーヒーが好きですか？　それとも紅茶ですか？

② サッカーは、あなたは見るのが好きですか？　それともするのが好きですか？

③ 暇なとき、私は歌を聞くか、ドラマを見ます。

④ 夕方、僕はトムヤムクンか、グリーンカレーを食べたいです。

疑問詞 116

これまでに อะไร（何？）、ใคร（誰？）、ที่ไหน（どこ？）、เท่าไร（いくつ？）などの疑問詞を学習してきましたが、さらに2つの疑問詞を覚えましょう。

1. ～เมื่อไร「いつ～？」

เมื่อไร [mɯ̂a-rày]「いつ」は通常、文末に置きます。

คุณจะไปเมืองไทยเมื่อไร　あなたはタイにいつ行きますか？
khun càʔ pay mɯaŋ thay mɯ̂a-rày

จะไปเดือนหน้า　来月行きます。
càʔ pay dɯan nâa

2. ～ยังไง「どのような／どのように～？」

ยังไง [yaŋ-ŋay] は話しことばの発音にしたがった書き方で、正式には อย่างไร [yàaŋ-ray] と書きます。

★「どのような～」は、ยังไง [yaŋ-ŋay] を名詞の後ろに置きます。状態を聞くのに使います。

A：คุณรินเป็นคนยังไง　リンさんはどんな人ですか？
khun rin pen khon yaŋ-ŋay

B：เธอเป็นคนขยัน　彼女は勤勉な人です。
thəə pen khon　kha-yǎn
彼女　勤勉な

★「どのように～」は、ยังไง [yaŋ-ŋay] を動詞（句）の後ろに置きます。手段や方法を聞くのに使います。

A：คุณมายังไง　あなたはどうやって来ましたか？
khun maa yaŋ-ŋay

B：มารถไฟฟ้า　電車で来ました。
maa rót-fay-fáa
電車

เป็นยังไงบ้าง　（近況を尋ねて、最近は）どうですか？
pen yaŋ-ŋay　bâaŋ
（複数想定）いろいろあるだろうけど

疑問詞疑問文に応える場合は、基本的に、疑問詞の位置に答えのことばを入れ替えるだけだぞ。たとえば、
（質問）จะไปเมื่อไร「いつ行くの？」
（答）　จะไปพรุ่งนี้「明日行くよ」
っていう感じだ。日本語と同じしくみで簡単だ！

書いてみよう

タイ語を発音しながら書いてみましょう。 117

คุณจะว่างเมื่อไร

khun càʔ wâaŋ mɯ̂a-rày　あなたはいつ空いていますか？

เขาจะมาญี่ปุ่นอีกเมื่อไร

kháw càʔ maa yîi-pùn ʔìik mɯ̂a-rày　彼はいつまた日本に来ますか？

ภูเก็ตไปยังไง

phuu-kèt pay yaŋ-ŋay　プーケットは、どうやって行きますか？

-ไปเครื่องบินหรือรถทัวร์

pay khrɯ̂aŋ-bin rɯ̌ɯ rót-thua　飛行機か、長距離バスで行きます。

読んでみよう

ヒントを参考に次の文を読んで、日本語訳を書いてください。（☞ 別冊 P16） 118

★ヒント： เดิน [dəən] 歩く

① แฟนคุณเป็นคนยังไง ใจดีไหม

（　　　　　　　　　　　　　　　　　　　　）

② เพื่อนจะมาโตเกียวอีกเมื่อไร

（　　　　　　　　　　　　　　　　　　　　）

③ สวนลุมพินีไปยังไง เดินไปได้ไหม

（　　　　　　　　　　　　　　　　　　　　）

移動手段を表すときは、①移動動詞 ไป [pay]（行く）＋乗り物 รถไฟฟ้า [rót-fay-fáa]（電車）「電車で行く」、または、②手段を示す動詞 ขับรถ [khàp rót]（車を運転する）＋移動動詞 มา [maa]（来る）「運転して来る」だぞぅ。

ตั้งแต่ ～ ถึง ～「～から～まで」 119

時間的な「～から」は ตั้งแต่ [tâŋ-tɛ̀ɛ] ～、「～まで」は ถึง [thʉ̌ŋ] ～を使います。

ฉันจะลดความอ้วนตั้งแต่พรุ่งนี้
chán càʔ lót khwaam-ʔûan tâŋ-tɛ̀ɛ phrûŋ-níi
ダイエットする

私は明日からダイエットします。

ปกติวันหยุดนอนถึงกี่โมง
pà-ka-tìʔ wan-yùt nɔɔn thʉ̌ŋ kìi-mooŋ
普段、いつも 寝る 何時？

いつも休日は何時まで寝ていますか？

ร้านนี้จะปิด(ตั้งแต่)วันที่ ๑๓ ถึง ๑๕ เมษายน
ráan níi càʔ pìt (tâŋ-tɛ̀ɛ) wan thîi sìp săam thʉ̌ŋ sìp hâa mee-săa-yon
この店は４月 13 日から 15 日まで休みます。

時を表して「～から～まで」ตั้งแต่ ～ ถึง ～は、ตั้งแต่ を省略する場合もあるぞぅ。
場所を表す「～から」は จาก ～だったな。わっはっは。（☞ P60）

ก่อน ～「～の前」、หลัง ～「～の後」 120

「～の前」は ก่อน [kɔ̀ɔn] ～、「～の後」は หลัง [lăŋ] ～を時を表すことばや動詞の前に置きます。

อยากจะถึงสนามบินก่อน ๑๐ โมงเช้า
yàak ca thʉ̌ŋ sa-năam-bin kɔ̀ɔn sìp mooŋ cháaw
到着する 空港 午前 10 時

午前 10 時前に空港に到着したいです。

ฉันดูละครช่อง ๓ หลังกินข้าว
chán duu la-khɔɔn chɔ̂ŋ săam lăŋ kin khâaw
チャンネル

私は食後に３チャンネルのドラマを見ました。

ถึง [thʉ̌ŋ] には、前置詞「～まで」と動詞「到着する」「着く」の２つの意味があるぞぅ。

書いてみよう

練習1 タイ語を発音しながら書いてみましょう。 121

ทำงานตั้งแต่ ๙ โมงเช้าถึง ๕ โมงเย็น

tham-ŋaan tâŋ-tɛ̀ɛ kâaw mooŋ cháaw thʉ̌ŋ hâa mooŋ yen　朝9時から夕方5時まで仕事をします。(☞ P ○時刻)

จากที่นี่ถึงสถานี คุณจะไปยังไง

càak thîi-nîi thʉ̌ŋ sa-thǎa-nii khun càʔ pay yaŋ-ŋay　ここから駅まで、あなたはどうやって行きますか？

อาจารย์ชอบทานกาแฟหลังอาหาร

ʔaa-caan chɔ̂ɔp thaan kaa-fɛɛ lǎŋ ʔaa-hǎan　先生は食後にコーヒーを飲むのが好きです。

練習2 次の日本語の内容に合うように、ことばを並び替えてタイ語の文を完成させてください。
(☞ 別冊 P17) 122

① あなたはいつまでバンコクにいますか？

เมื่อไร / จะ / กรุงเทพฯ / คุณ / อยู่ / ถึง

② 普段、僕は寝る前に本を読みます。

อ่านหนังสือ / นอน / ผม / ก่อน / ปกติ

③ 私は6月6日からタイに行きます。

เมืองไทย / วันที่ ๖ / ไป / ตั้งแต่ / ฉัน / จะ / มิถุนายน

เพิ่ง ～「～したばかり」 123

「～したばかりだ」は、「主語＋ เพิ่ง [phâŋ] ＋動詞」の順に並べます。

คุณพ่อเพิ่งกลับมา　父は帰って来たばかりです。
khun phɔ̂ɔ phâŋ klàp maa

ฉันเพิ่งมากรุงเทพฯ เมื่อวานนี้　私は昨日バンコクに来たばかりです。
chán phâŋ maa kruŋ-thêep mɯ̂a-waan-níi

ผมเพิ่งเลิกงานเมื่อกี้นี้　僕は（終業時間で）仕事を終えたばかりです。
phǒm phâŋ　lə̂ək ŋaan mɯ̂a-kíi-níi
終える

※ เลิก 決まった時間になって「終える」「終わる」「やめる」

ยัง ～「まだ～」 124

ยัง [yaŋ]「まだ～」は、主語の後ろ、述語の前の位置に置きます。ある状態がまだ続いている、未完了であることを表します。

ลูกสาวเขายังเป็นนักศึกษา　彼の娘さんはまだ大学生です。
lûuk-sǎaw kháw yaŋ pen　nák-sɯ̀k-sǎa
大学生

ผมเพิ่งกินข้าว ยังไม่หิว　僕は食事したばかりなので、まだお腹が空いていません。
phǒm phâŋ kin khâaw　yaŋ mây hǐw

เขายังไม่มา　彼はまだ来ません。
kháw yaŋ mây maa

★「まだ～していない」と言うときは、「ยังไม่ได้ [yaŋ mây dây] ＋行動動詞」の順に言います。

ข้าวมันไก่ร้านนี้เมยังไม่ได้ชิม　この店のカオマンガイは、メー（私）はまだ食べていません。
khâaw-man-kày ráan níi mee yaŋ mây dây　chim
味見・試食する

เรื่องนี้ยังไม่ได้คุยกับพ่อแม่　この件はまだ両親と話していません。
rɯ̂aŋ　níi　yaŋ mây dây　khuy kàp phɔ̂ɔ-mɛ̂ɛ
話、件　しゃべる ～と

行動動詞は自分の意志でその動作・行為をコントロールすることができる動詞だぞぅ。見る、話す、買う、待つ、行く…などだ。**状態動詞**は自分でコントロールできない。たとえば「お腹が空いた」などだぞ。
โอ๊ย หิว ๆ

書いてみよう

練習1　タイ語を発音しながら書いてみましょう。125

ผมเพิ่งกินกาแฟมา

phǒm phəŋ kin kaa-fɛɛ maa　僕はコーヒーを飲んできたばかりです。

ฉันยังไม่มีเงินไทย

chán yaŋ mây mii ŋən thay　私はまだタイのお金を持っていません。

วันนี้ผมยังไม่ได้ดูทีวี

wan-níi phǒm yaŋ mây dây duu thii-wii　今日、僕はまだテレビを見ていません。

เขายังพูดภาษาญี่ปุ่นไม่เก่ง

kháw yaŋ phûut phaa-sǎa yîi-pùn mây kèŋ　彼はまだ日本語を話すのが上手ではありません。

練習2　次の文をタイ語に訳してください。（☞ 別冊 P17）126

① 雨がまだ降っています。

② 私はまだ携帯を買っていません。

③ 母は料理を作り終えたばかりです。

④ お菓子を食べたばかりで、まだご飯を食べたくありません。

感情を表すことば＋ ที่ ～ 127

「～でうれしい」「～で悲しい」「～で残念だ」「～で怒っている」など、ある事柄に対する心理状態を言うときは、「感情を表すことば＋ ที่ [thîi]（＋主語）＋動詞」の順に並べます。

เมื่อวันก่อน ขอบคุณนะคะที่พาไปวัด　先日はお寺に連れて行ってくれてありがとう。
mɯ̂a　wan-kɔ̀ɔn　khɔ̀ɔp-khun náʔ kháʔ thîi　phaa pay　wát
去る～　先日　連れる　お寺

เมื่อวาน ขอบใจมากนะที่ชวน　昨日、誘ってくれてありがとうね。
mɯ̂a-waan　khɔ̀ɔp-cay　mâak náʔ thîi chuan
ありがとう　誘う

เสียดายที่ไม่ได้เจอกัน　会えなくて残念でした。
sǐa-daay thîi mây dây cəə kan

ตื่นเต้นมากที่ได้เห็นดาราใกล้ ๆ　近くで俳優を見られて、とてもドキドキしています。
tɯ̀ɯn-tên mâak thîi dây hěn daa-raa klây-klây

書いてみよう

次の①～③の下線に、あてはまる心情を表すことばを ก ～ ข から選び、下線に全文を書いてください。それぞれのことばは１回しか使えません。日本語訳も書いてください。（☞ 別冊 P17） 128

ก. เป็นห่วง　　ข. เสียใจ　　ค. ดีใจ

① ผม______ที่เพื่อนโกรธผม

(　　　　　　　　　　)

② พ่อแม่______ที่ฉันอยู่บ้านคนเดียว

(　　　　　　　　　　)

③ ฉัน______ที่พูดภาษาไทยกับคนไทยได้

(　　　　　　　　　　)

許可　～ได้「～でいい」「～していい」 129

可能の ได้ [dâay]「できる」(第２課)は、許可を表して「～でいい」「～していい」の意味でも使われます。

วันนี้ไปไม่ได้ พรุ่งนี้ได้ไหมคะ　今日は行けません。明日でいいですか？
wan-níi pay mây dâay phrûŋ-níi dâay máy khá?

ก็ [kɔ̂ɔ]「～もまた」を ได้ の前に置いて、～ก็ได้ [kɔ̂ɔ dâay] とすると、「～でもいい」「～してもいい」の意味になります。

พรุ่งนี้ก็ได้ค่ะ　明日でもいいです。
phrûŋ-níi kɔ̂ɔ dâay khâ?

A：อยากไปไหม　行きたいですか？
yàak pay máy

B：ไปก็ได้ ไม่ไปก็ได้　行ってもいいし、行かなくてもいいです。
pay kɔ̂ɔ dâay mây pay kɔ̂ɔ dâay

～สิ「もちろん～だ！」「そりゃ～だ！」 130

話しことばの句末表現 สิ [sì?] は、話し手の態度を示して、言い切ったり、お薦めや許可するときなどに使います。

A：ร้านนี้ลูกค้าเยอะไหม　(携帯を見ながら) このお店、お客さん多い？
ráan níi lûuk-kháa yə́? máy
顧客

B：เยอะสิ เพิ่งเปิดใหม่　(そりゃ) 多いよ！　新しくオープンしたばかりだから。
yə́? sì?　phə̂ŋ pə̀ət　mày
新しい

A：พรุ่งนี้ไปหาที่บ้านได้ไหม　明日、家に訪ねて行ってもいい？
phrûŋ-níi　pay hǎa　thîi　bâan dâay máy
(人)のところに行く

B：ได้สิ　(もちろん) いいよ！
dâay sì?

กินสิ อร่อยนะ　食べなよ！　おいしいよ。
kin sì? ?a-rɔ̀y ná?

～ นะ「～ね」「～よ」 131

句末表現の นะ [náʔ] は日本語の「～ね」「～よ」に似た言葉です。相手に情報の伝達、確認、依頼、同意を求めるときなどに使います。

A：ขอโทษนะที่มาสาย รอนานไหม
khɔ̌ɔ-thôot　náʔ thîi maa sǎay　rɔɔ naan máy
すみません、謝る　遅れる

来るのが遅れてごめんね。長いこと待った？

B：ไม่เป็นไรครับ ผมก็เพิ่งมา
mây-pen-ray khráp　phǒm kɔ̂ɔ phəŋ maa
大丈夫です

大丈夫です。僕も今来たところです。

เป็นยังไงบ้าง สบายดีนะคะ
pen yaŋ-ŋay bâaŋ　sa-baay-dii náʔ kháʔ

どうですか？　お元気でいらっしゃいますね。

書いてみよう

練習1 タイ語を発音しながら書いてみましょう。 132

ข้าวก็ได้ ขนมปังก็ได้

khâaw kɔ̂ɔ dâay kha-nǒm-paŋ kɔ̂ɔ dâay　ご飯でもいいし、パンでもいいです。

ชิมได้ไหม -ได้สิ

chim dâay máy　– dâay sìʔ　味見してもいい？―（もちろん）いいですよ！

นี่อร่อยไหม -อร่อยสิ

nîi ʔa-rɔ̀y máy　–ʔa-rɔ̀y sìʔ　これはおいしいですか？―（もちろん）おいしいですよ！

ไม่เป็นไรนะคะ

mây-pen-ray náʔ kháʔ　（相手を心配して確認）（本当に）大丈夫ですね。

練習2 次の日本語の内容に合うように、ことばを並び替えてタイ語の文を完成させてください。

（☞ 別冊 P17） 133

① 明日は来なくてもいいですよ。 พรุ่งนี้ / นะ / มา / จะ / ก็ได้ / ไม่

② この歌はきれいですね。 เพลง / นะ / เพราะ / นี้ / คะ

③（私は理解できるので）あなたはタイ語を話してもいいですよ。

ภาษาไทย / นะ / ก็ได้ / พูด / คุณ

SNSのメッセージを読もう！

サクラ（メー）は、LINEでタイ人の友達カーゥとプローィにコンサートのお礼と、食事に誘うメッセージを書きます。

◆次のメッセージのやりとりを読んでください。（☞ 別冊 P17） 134

Read 2 17:32 พี่ข้าว พี่พลอย

Read 2 17:32 คุยได้ไหม

Khao

ได้สิ 17:35

Ploy

เม เป็นไงบ้าง สบายดีนะ 17:36

Read 2 17:37 พี่ ๆ วันคอนเสิร์ต ขอบคุณมากนะคะที่ทักเม

Read 2 17:38 เมดีใจมากที่ได้เจอพี่ ๆ วันนั้น

Read 2 17:39 เมเพิ่งมาเมืองไทยไม่นาน ยังไม่ค่อยมีเพื่อนคนไทย 😂

Read 2 17:40 ได้คุยกับพี่ ๆ สนุกมากค่ะ

Read 2 17:40 เมอยากเจอพี่ ๆ อีก 💖

Read 2 17:41 พี่ ๆ มีเวลาไหมคะ

Khao

มีสิ ว่างมาก 555... 17:41

พี่ก็ดีใจที่ได้รู้จักเม 17:41

Ploy

ว่างเมื่อไร 17:42

ไปกินข้าวด้วยกัน♪ 17:42

Read 2 17:42 เมทำงานตั้งแต่จันทร์ถึงศุกร์ เลิก 5 โมงค่ะ

Read 2 17:43 วันธรรมดาหลัง 5 โมง หรือเสาร์อาทิตย์ก็ได้ค่ะ

Read 2 17:43 ว่างตลอด

単語

ทัก [thák] 挨拶する、声を掛ける

นั้น [nán] その～、あの～

วันนั้น [wan-nán] その日、あの日

ตลอด [ta-lɔ̀ɔt] ずっと

◆左頁のタイ語を日本語に訳してください。

メー	
ピー・カーゥ	
ピー・プローィ	
メー	
ピー・カーゥ	
ピー・プローィ	
メー	

SNS でメッセージを書いてみよう！

【1】メーの立場になってア～オの空欄を埋めて、1. お礼 2. 感想 3. 願望の 3 点を友人に伝えるメッセージを作ってください。空欄には、下の表にある語を選んで入れることも可能です。

(解答例 ☞ 別冊 P18 135)

พี่ข้าว วันเสาร์ ขอบคุณมากนะคะที่ ________ア

เมดีใจมากที่ได้ ________イ

ได้ ________ウ กับพี่ ________エ มากค่ะ

เมอยาก ________オ

日本語訳：

____

____

____

____

136

(ア)	ชวนไปกินข้าว /พาไปวัด/ พาไปดูหนัง
(イ)(ウ)	ไปกินข้าว / ไปทำบุญ / ไปคุย / ไปดูหนังสนุก ๆ
(エ)	อร่อย / สนุก / มีความสุข / รู้สึกดี
(オ)	เจอพี่อีก / ไปกินข้าวกับพี่ / ไปเที่ยวกับพี่

【2】あなたはAさんです。a～cの空欄を埋めて、Bさんを誘うメッセージを作ってください。空欄には、下の表にある語を選んで入れることも可能です。（解答例 ☞ 別冊 P19 137）

A　ไปกิน ＿＿＿＿＿＿＿＿a ด้วยกันไหม

ไปสิ ที่ไหน　B

A　ที่ ＿＿＿＿＿＿＿＿b

ได้ ร้านนี้ชอบ　เมื่อไรดี　B

A　＿＿＿＿＿＿＿＿c ว่างไหมคะ

ได้สิ ＿＿＿＿＿＿＿＿c เจอกันนะ　B

(a) 料理名	+	(b) 有名店の場所	(c) いつ？
ผัดไทย	+	ประตูผี pra-tuu-phǐi	พรุ่งนี้หลังเลิกงาน
ส้มตำ sôm-tam パパイアのスパイシーサラダ	+	สาธร sǎa-thɔɔn	ตอนเช้าวันเสาร์
ข้าวมันไก่	+	ประตูน้ำ pra-tuu-náam	๖ โมงเย็น

練習問題

第５課で学んだタイ語を復習しましょう。（☞ 別冊 P19）

๑. ①～⑫の下線にふさわしい語を次の枠内から選んで書き入れてください。それぞれの語は１回しか使えません。 138

ยังไง　ตั้งแต่　หลัง　หรือไม่ก็　นะ　ยัง
ไม่ค่อย　ก่อน　ก็ได้　เมื่อไร　เพิ่ง　ด้วยกัน

① ผมจะไปทำงานที่เมืองไทย ________ เดือนหน้า

② วันธรรมดา ________ ว่าง

③ ฉัน ________ กินข้าวเมื่อกี้

④ ไปดูคอนเสิร์ต ________ ไหม

⑤ อยากมีบ้านที่พัทยา ________ หัวหิน

⑥ จะไปเรียนที่เกาหลี ________

⑦ คนไทยเป็นคน ________

⑧ ปกติ ฉันจะฟังเพลง ________ นอน

⑨ วันนี้ ________ เลิกงาน ว่างไหม

⑩ ไปไม่ได้ เพราะ ________ ไม่ได้ทำการบ้าน

⑪ วันนี้ก็ได้ พรุ่งนี้ ________ ว่างทุกวัน

⑫ ไม่เป็นไร ________

๒. 下線にふさわしい語を次の枠内から選んで書き入れてください。 139

ตื่นเต้น　ขอบคุณ　เป็นห่วง　เสียดาย　ดีใจ

① ________ ที่ชวนไปซื้อของ

② ________ ที่ไม่ได้เจอเขาเมื่อวาน

③ ________ ที่จะได้ไปงานแฟนมีตติ้งของดาราไทย

④ พ่อ ________ ที่ลูกสาวอยู่บ้านคนเดียว

⑤ ________ ที่จะได้เจอเพื่อนคนไทย

๓. 次の質問にタイ語で書いて答えてください。 140

① คุณเริ่มเรียนภาษาไทยตั้งแต่เมื่อไร

____

② คนญี่ปุ่นเป็นคนยังไง

____

③ วันหยุดคุณชอบอยู่บ้าน หรือไปเที่ยว

____

④ ปกติหลังเลิกงาน คุณทำอะไร

____

第6課

もう折り返し！　ベンジャキティ公園地点

ある日の出来事を書く

時刻の言い方 141

時刻については、第1課で公式な時報のアナウンスや、掲示物上の書き言葉として24時間制の言い方をすでに学習しました。ここでは、会話、書き言葉の両方で日常ごく普通に使う時刻の表し方を覚えてください。

午前1時	ตี [tii] ๑	午後1時	บ่ายโมง [bàay mooŋ]
午前2時	ตี๒	午後2時	บ่าย ๒ โมง
午前3時	ตี๓	午後3時	บ่าย ๓ โมง
午前4時	ตี๔	午後4時	๔ โมง (เย็น) [mooŋ (yen)]
午前5時	ตี๕	午後5時	๕ โมง (เย็น)
午前6時	๖ โมง (เช้า) [mooŋ (cháaw)]	午後6時	๖ โมง (เย็น)
午前7時	๗ โมง (เช้า)	午後7時	๑ ทุ่ม [thûm]
午前8時	๘ โมง (เช้า)	午後8時	๒ ทุ่ม
午前9時	๙ โมง (เช้า)	午後9時	๓ ทุ่ม
午前10時	๑๐ โมง (เช้า)	午後10時	๔ ทุ่ม
午前11時	๑๑ โมง (เช้า)	午後11時	๕ ทุ่ม
正午、昼	เที่ยง [thîaŋ]	午前0時	เที่ยงคืน [thîaŋ khɯɯn]
何時？	กี่โมง [kìi mooŋ]		

ปกติ ฉันตื่น(นอน) ๖ โมงครึ่ง　いつも私は午前6時半に起きます。
pà-ka-tìʔ chán　tɯ̀ɯn(-nɔɔn) hòk mooŋ　khrɯ̂ŋ
起きる　半

อาบน้ำ กินข้าว และออกจากบ้าน ๗ โมง ๑๕ นาที
ʔàap náam　kin khâaw　lɛ́ʔ　ʔɔ̀ɔk càak bâan cèt mooŋ sìp-hâa naa-thii
シャワーを浴びる　出る
シャワーを浴びて、ご飯を食べ、そして7時15分に家を出ます。

A：ทุกวันคุณไปถึงบริษัทกี่โมงครับ
thúk wan khun pay thʉ̌ŋ bɔɔ-ri-sàt kìi mooŋ khráp
毎日、君は何時に会社に着くんだい？

B：ราว ๆ ๘ โมงค่ะ
raaw-raaw pɛ̀ɛt mooŋ khâʔ
だいたい～
だいたい 8 時くらいです。

書いてみよう

練習 1 タイ語を発音しながら書いてみましょう。 142

ตอนนี้กี่โมง
tɔɔn-níi kìi mooŋ　今、何時ですか？

๙ โมงครึ่ง
kâaw mooŋ khrʉ̂ŋ　午前 9 時半です。

ปกตินอนราว ๔ ทุ่ม
pà-ka-tìʔ nɔɔn raaw sìi thûm　いつも午後 10 時ごろに寝ます。

練習 2 次の日本語の内容に合うように、ことばを並び替えてタイ語の文を完成させてください。
（☞ 別冊 P22） 143

① 私と友達は土曜日 10 時に会いました。
กับ / ๑๐ โมง / เพื่อน / ฉัน / เจอกัน / วันเสาร์

② 母は午後 1 時に買い物に行きました。 ไป / แม่ / บ่ายโมง / ซื้อของ

③ 明日、タイ人の先生と午後 5 時半頃にタイ語を勉強します。 ภาษาไทย / ราว ๆ /
พรุ่งนี้ / คนไทย / อาจารย์ / เรียน / กับ / ๕ โมงครึ่ง

位置を表すことば 144

位置を表すことばは、ที่ ＋場所「～で」「～に」、ใน ＋場所「～の中に」をすでに学習しましたが、そのほかのことばについても覚えましょう。位置を表すことば＋場所の語順で並べます。

บน～	bon	～の上	พวกเขาเดินเที่ยวบนเกาะ phûak-kháw dəən thîaw bon kɔ̀ʔ 島 彼らは島を歩いて観光しています。
ใต้～	tâay	～の下	ใต้สะพานมีร้านดอกไม้น่ารัก tâay sa-phaan mii ráan dɔ̀ɔk-máay nâa-rák 橋 花屋 橋の下にかわいい花屋があります。
หน้า～	nâa	～の前	หน้าอพาร์ตเมนต์ฉัน มีร้านขายของต่าง ๆ nâa ʔa-pháat-mén chán mii ráan-khǎay-khɔ̌ɔŋ tàaŋ-tàaŋ アパート いろいろな～ 私のアパートの前にはいろいろな売店があります。
หลัง～	lǎŋ	～の後ろ / 裏	บ้านผมอยู่หลังวัด 僕の家はお寺の裏にあります。 bâan phǒm yùu lǎŋ wát
นอก～	nɔ̂ɔk	～の外	หมาอยู่นอกบ้าน 犬は家の外にいます。 mǎa yùu nɔ̂ɔk bâan 犬
ข้าง～	khâaŋ	～の横 / 隣 / 脇	ลุงชอบเดินเล่นข้างวัด luŋ chɔ̂ɔp dəən-lên khâaŋ wát 散歩する 伯父はお寺の脇を散歩するのが好きです。
แถว～	thɛ̌w	～の辺り	แถวแม่น้ำมีร้านเยอะ thɛ̌w mɛ̂ɛ-náam mii ráan yə́ʔ 川 川の辺りには店がいっぱいあります。

書いてみよう

練習 1 タイ語を発音しながら書いてみましょう。145

บ้านอยู่ที่ไหน

bâan yùu thîi-nǎy 家はどこにありますか？

อยู่แถวแม่น้ำ

yùu thɛ̌w mɛ̂ɛ-náam 川の辺りにあります。

หน้าวัดมีร้านขายของต่าง ๆ

nâa wát mii ráan-khǎay-khɔ̌ɔŋ tàaŋ-tàaŋ　寺の前にはいろいろな売店があります。

โรงเรียนอยู่หลังวัด

rooŋ-rian yùu lǎŋ wát　学校は寺の裏にあります。

ร้านดอกไม้อยู่ข้างบ้าน

ráan dɔ̀ɔk-máay yùu khâaŋ bâan　花屋は家の隣にあります。

練習 2 次の単語をヒントにして、タイ語で文を書いてみましょう。（☞ 別冊 P22） 146

★ヒント：ต้นซากุระ [tôn saa-ku-ráʔ] 桜の木　โต๊ะ [tóʔ] テーブル、机　หอพัก [hɔ̌ɔ-phák] 寮　มหาวิทยาลัย [ma-hǎa-wít-tha-yaa-lay] 大学　ก๋วยเตี๋ยว [kǔay-thǐaw] クイティアオ（米の麺）

① 家の前には桜の木があります。

② テーブルの上には菓子があります。

③ 寮は大学の中にあります。

④ 橋の下にはおいしいクイティアオの店があります。

類別詞 147

類別詞は、名詞の形状や種類を示すための語で、①「～個」「～匹」「～台」のように数を表すのに使ったり、②特定の物を指し示すのに使います。名詞によって使う類別詞が決まっています。少しずつ覚えていきましょう。

คน [khon]（人）～人	ตัว [tua]（動物、虫、衣類、机など）～匹、～着、～台
อัน [ʔan]（こまごましたもの）～個	คู่ [khûu]（箸、靴、イアリングなどペアのもの）～対
ใบ [bay]（カード、チケット、帽子、カバンなど）～枚、～個	ชิ้น [chín]（肉など）～切れ、～片
เครื่อง [khrɯ̂aŋ]（家電製品）～台	คัน [khan]（車、自転車、スプーン、傘など）～台、～本
ลูก [lûuk]（果物、ボールなど）～個	อย่าง [yàaŋ] ～種類、～品

1. 数を表す

通常、「名詞＋数詞＋類別詞」の順に並べます。

ที่บ้านผม มีจักรยาน ๒ คัน　僕の家には自転車が２台あります。
thîi bâan phǒm mii　càk-kra-yaan sɔ̌ɔŋ khan
自転車

数を尋ねる場合は、数字の位置に กี่「なん～？」「いくつの～？」を入れ替えて、「名詞＋ กี่ kìi ＋類別詞」の順にします。

A：จะซื้อรองเท้ากี่คู่　靴を何足買いますか？
càʔ sɯ́ɯ rɔɔŋ-tháaw kìi khûu

B：๓ คู่　３足です。
sǎam khûu

2. 特定の物を指し示す

類別詞は、指示詞 นี้ [níi] / นั้น [nán] / โน้น [nóon] / ไหน [nǎy]「この」「その」「あの」「どの」や、形容詞で特定のものを指し示す時にも使います。その際には、名詞＋類別詞＋指示詞または形容詞」の順に並べます。何のことか分かっている状況では、名詞を省略することもあります。

A：อยากกินเค้กชิ้นไหน　どのケーキが食べたい？
yàak kin khéek chín nǎy

B：(เค้ก)ชิ้นนี้ค่ะ　これ！
(khéek) chín níi khâʔ

พี่สาวเพิ่งซื้อกระเป๋าแบรนด์เนมใบใหม่ แต่อยากได้ใบอื่นอีก
phîi-sǎaw phôŋ sɯ́ɯ kra-pǎw　brɛɛn-neem bay mày　tɛ̀ɛ　yàak-dâay bay　ʔɯ̀ɯn ʔìik
ブランド　欲しい　ほかの

姉はブランドものの新しいカバンを買ったばかりですが、さらに別のカバンを欲しがっています。

書いてみよう

タイ語を発音しながら書いてみましょう。 148

ที่บ้านมีรถ ๒ คัน

thîi bâan mii rót sɔ̌ɔŋ khan　家には車が 2 台あります。

ทำกับข้าว ๓ อย่าง

tham kàp-khâaw sǎam yàaŋ　おかずを 3 品作りました。

จะซื้อมือถือเครื่องใหม่

càʔ sɯ́ɯ mɯɯ-thɯ̌ɯ khrɯ̂aŋ mày　新しい携帯電話を買います。

จะไปเจอพี่คนนั้น

càʔ pay cəə phîi khon nán　その（年上の）人に会いに行きます。

読んでみよう

ヒントを参考にして次の文を読んで、日本語訳を書いてください。（☞ 別冊 P22） 149

★ヒント：แมว [mɛɛw] ネコ　ใหญ่ [yày] 大きい　หมวก [mùak] 帽子　สีแดง [sǐi dɛɛŋ] 赤色

① ที่ร้านแถวบ้านมีแมว ๒ ตัว

（　　　　　　　　　　　　　　　　　　　　）

② อยากซื้อทุเรียนลูกใหญ่ ๔ ลูก

（　　　　　　　　　　　　　　　　　　　　）

③ หมวกใบสีแดงของแม่สวยมาก

（　　　　　　　　　　　　　　　　　　　　）

「ひとつの～につき」「(単位) あたり」 150

「ひとつにつき～」「～あたり」は、「類別詞＋ ละ [láʔ] ～」です。「ひとつの～につき」の意味ですが、数字の「1」は使いません。

A：โดนัทชิ้นละเท่าไร　　ドーナツは 1 個あたり、いくらですか？
doo-nát chín láʔ　thâw-rày
ドーナツ　いくら

B：๓๐ บาท　　30 バーツです。
sǎam sìp bàat

ซื้อกับข้าวอย่างละ ๒ ถุง　　お惣菜を 1 種類につき、2 袋買います。
sɯ́ɯ kàp-khâaw yàaŋ láʔ sɔ̌ɔŋ thǔŋ
おかず、惣菜

ผมนอนวันละ ๗ ชั่วโมง　　僕は 1 日 7 時間寝ます。
phǒm nɔɔn wan láʔ cèt chûa-mooŋ

経験　เคย ～「～したことがある」 151

経験を表して「～したことがある」は เคย [khəəy] ～です。

ผมเคยไปอังกฤษกับจีน　　僕はイギリスと中国に行ったことがあります。
phǒm khəəy pay ʔaŋ-krìt kàp　ciin
イギリス　中国

ฉันยังไม่เคยลงเรือเที่ยวตลาดน้ำ
chán yaŋ mây khəəy　loŋ　rɯa thîaw　ta-làat náam
乗る　船　水上マーケット
私は船に乗って水上マーケット観光したことがありません。

A：เคยทำอาหารไทยไหมครับ　　タイ料理を作ったことがあります？
khəəy tham ʔaa-hǎan thay máy khráp

B：เคยค่ะ　　はい、あります。
khəəy khâʔ

B′：ไม่เคย อยากรู้วิธีทำต้มยำกุ้งค่ะ　　いいえ。トムヤムクンの作り方を知りたいです。
mây khəəy　yàak　rúu wí-thii tham tôm-yam kûŋ khâʔ
知る　方法

書いてみよう

練習 1 タイ語を発音しながら書いてみましょう。 152

เรียนภาษาไทยวันละ ๓๐ นาที

rian phaa-sǎa thay wan láʔ sǎam sìp naa-thii　1 日 30 分タイ語を勉強します。

ฉันเคยไปบ้านเขา

chán khəəy pay bâan kháw　私は彼女の家に行ったことがあります。

ไม่เคยทานทุเรียน

mây khəəy thaan thú-rian　ドリアンを食べたことがありません。

練習 2 次の日本語の内容に合うように、ことばを並び替えてタイ語の文を完成させてください。

(☞ 別冊 P22) 153

① 私はタイ語を 1 日 3 時間勉強します。

วัน / ฉัน / ละ / ๓ ชั่วโมง / ภาษาไทย / เรียน

② 私の妻はまだタイに遊びに行ったことがありません。

ผม / ของ / ยัง / เคย / ไม่ / ไป / ภรรยา / เมืองไทย / เที่ยว

③ 父は家の前で花屋をしていたことがあります。

เปิด / หน้า / พ่อ / เคย / ร้านดอกไม้ / บ้าน

完了　～แล้ว「もう～」「すでに～」 154

完了を表して「もう～」「すでに～」は、「動詞（句）＋ แล้ว [lɛ́ɛw]」の順に並べます。

ฉันดูละครเรื่องนั้นแล้ว　私はそのドラマをもう見ました。
chán duu la-khɔɔn rûaŋ nán lɛ́ɛw
（類別詞）、話

แม่ทำความสะอาดห้องแล้ว　お母さんはもう部屋を掃除しました。
mɛ̂ɛ tham khwaam-sa-ʔàat hɔ̂ŋ lɛ́ɛw
掃除する　部屋

อ่านเขียนภาษาไทยได้แล้ว　もうタイ語の読み書きができるようになりました。
ʔàan khǐan phaa-sǎa thay dâay lɛ́ɛw

接続詞　～แล้ว～「～してから～」「～したら～」 155

แล้ว [lɛ́ɛw] は、「～してから～する」という接続詞にもなります。

ปกติกินข้าวแล้ว อาบน้ำนอน　いつも、食事をしてから、シャワーをして寝ます。
pà-ka-tìʔ kin khâaw lɛ́ɛw ʔàap náam nɔɔn
シャワーを浴びる

ทำงานเสร็จแล้วจะไปออกกำลังกายที่ยิม
tham-ŋaan sèt lɛ́ɛw càʔ pay ʔɔ̀ɔk-kam-laŋ-kaay thîi yim
仕事をし終わったら、ジムに運動しに行きます。

เลี้ยวเข้าซอยนี้แล้วจะมีร้านก๋วยเตี๋ยวชื่อดัง
líaw khâw sɔɔy níi lɛ́ɛw càʔ mii ráan kǔay-tǐaw chûɯ-daŋ
曲がる　入る　有名な
曲がってこのソイに入ると、有名なクイティアオの店があります。

แล้วก็ [lɛ́ɛw-kɔ̂ɔ] という言い方もあり、順番を表して「Aして、それからBします」「AとBとC」などの意味になります。

ที่สนามบิน จะแลกเงิน ซื้อซิม แล้วก็ไปขึ้นแอร์พอร์ตลิงก์
thîi sa-nǎam-bin càʔ lɛ̂ɛk ŋən sɯ́ɯ sim lɛ́ɛw-kɔ̂ɔ pay khɯ̂n ʔɛɛ-phɔ̀ɔt-líŋ
両替する　SIM　乗る　エアポートリンク
空港では、両替して、SIMを買って、それからエアポートリンクに乗ります。

ของว่าง จะชอบกินกล้วย ช็อกโกแลต แล้วก็อัลมอนด์
khɔ̌ɔŋ-wâaŋ càʔ chɔ̂ɔp kin klûay chɔ́k-koo-lɛ́t lɛ́ɛw-kɔ̂ɔ ʔaw-mɔ̂n
おやつ　バナナ　チョコレート　アーモンド
おやつは、バナナとチョコレートと、それからアーモンドを食べるのが好きです。

書いてみよう

練習 1 タイ語を発音しながら書いてみましょう。156

ทำอาหารเสร็จแล้ว

tham ʔaa-hǎan sèt lɛ́ɛw　もう食事を作り終えました。

พ่อกลับมาบ้านแล้ว

phɔ̂ɔ klàp maa bâan lɛ́ɛw　お父さんはすでに家に帰ってきました。

ออกกำลังกายแล้วจะอาบน้ำ

ʔɔ̀ɔk-kam-laŋ-kaay lɛ́ɛw càʔ ʔàap náam　運動したら、シャワーを浴びます。

練習 2 次の文をタイ語に訳してください。(☞ 別冊 P22) 157

① もうタイ語の宿題をやり終えました。

② タイに行ったら、クイティアオを毎日食べます。

③ 仕事が終わったら、市場にお花を買いに行きます。

④ もうタイ語を 2 年間勉強しています。

接続詞　～ก็เลย…「～なので…」「～だから…」 158

「～なので…」は、理由の後に、「(主語+) ก็เลย [kɔ̂ɔ-ləəy] +結果」でいいます。ก็ [kɔ̂ɔ] を省略する場合もあります。主に話し言葉で使います。

เพื่อนมาจากต่างประเทศ ผมก็เลยไปรับที่สนามบิน
phɯ̂an maa càak tàaŋ-pra-thêet phǒm kɔ̂ɔ-ləəy pay ráp thîi sa-nǎam-bin
外国　迎える
友達が外国から来たので、僕は空港に迎えに行った。

นัดกับแฟน ๑ ทุ่ม ผมก็เลยออกจากบริษัท ๖ โมง ๔๕ นาที
nát kàp fɛɛn nɯ̀ŋ thûm phǒm kɔ̂ɔ-ləəy ʔɔ̀ɔk càak bɔɔ-ri-sàt hòk mooŋ sìi sìp hâa naa-thii
約束する
恋人と午後 7 時に約束していたので、僕は会社を 6 時 45 分に出た。

พลอยไม่เคยกินอาหารญี่ปุ่น เราเลยพาเขาไปร้านซูชิ
phlɔɔy mây khəəy kin ʔaa-hǎan yîi-pùn raw ləəy phaa kháw pay ráan suu-chíʔ
連れる　寿司
プローィが日本料理を食べたことがないので、私たちは彼女を寿司屋に連れて行きました。

接続詞　～จน…「…になるまで～した」「…になるほど～した」 159

「A なので / したので、B になるほどです」は、「A + จน [con] + B」の語順です。A の程度が顕著な場合や、あるいは継続的にある動作を行った結果、B になることを表します。

อาหารนี้เผ็ดจนเหงื่อออก
ʔaa-hǎan níi phèt con ŋɯ̀a ʔɔ̀ɔk
汗
この料理は辛くて、汗をかくほどです。

ห้างนี้ใหญ่มาก เดินจนเหนื่อย
hâaŋ níi yày mâak dəən con nɯ̀ay
疲れた
このデパートは大きくて、歩き疲れました。

ในงานเลี้ยงมีอาหารอร่อย ๆ เยอะ ทุกคนกินจนอิ่ม
nay ŋaan-líaŋ mii ʔaa-hǎan ʔa-rɔ̀y ʔa-rɔ̀y yə́ʔ thúk khon kin con ʔìm
パーティー　満腹な
パーティーではおいしい料理がたくさんあったので、みんなお腹いっぱいになるまで食べました。

書いてみよう

練習1 タイ語を発音しながら書いてみましょう。 160

แม่เมเป็นคนไทย เมก็เลยพูดภาษาไทยได้

mɛ̂ɛ mee pen khon thay mee kɔ̂ɔ-ləəy phûut phaa-sǎa thay dâay
メーのお母さんはタイ人なので、メーはタイ語を話せます。

ผมชอบเมืองไทย ก็เลยเรียนภาษาไทย

phǒm chɔ̂ɔp mɯaŋ thay kɔ̂ɔ-ləəy rian phaa-sǎa thay　僕はタイが好きなので、タイ語を勉強しています。

พี่สาวทำงานจนไม่สบาย

phîi-sǎaw tham-ŋaan con mây sa-baay　姉は体調を壊すまで働きました。

練習2 次の文をタイ語に訳してください。（☞ 別冊 P23） 161

① 私は辛い料理が好きなので、毎日タイ料理を作っています。

② 暑いので、泳ぎたいです。

③ 疲れるほど寝ました。

④ 飽きるほどタイドラマを見ました。

一日の出来事を読んでみよう！

プローィは、カーゥと、知り合ったばかりのメーとクレット島に遊びに行き、その日の出来事を日記に書きました。

◆次のプローィの日記を読んでください。（☞ 別冊 P23） 162

วันนี้ได้เจอเมแล้ว เรานัดกัน ๙ โมงหน้าอพาร์ตเมนต์
ของเม ข้าวขับรถไปรับ พาเราไปเกาะเกร็ด จากแถวบ้านเม
ไปเกาะเกร็ดใช้เวลา ๑ ชั่วโมงครึ่ง เราลงเรือข้ามแม่น้ำไปที่
เกาะ ถึงเกาะราว ๑๑ โมง แล้วไปเดินเล่น ดูร้านต่าง ๆ
ระหว่างทางเจอร้านข้าวแช่น่าอร่อย เป็นร้านข้าวแช่ของ
ชาวมอญ เมไม่เคยกิน เราก็เลยกินเที่ยงกันที่ร้านนี้ กินเสร็จ
แล้ว ข้าวชวนไปปั่นจักรยานรอบเกาะ ค่าเช่าจักรยาน คันละ
๔๐ บาท เราปั่นไปดูเจดีย์ วัด และพิพิธภัณฑ์ เหนื่อยมาก
เราก็เลยลงเรือไปเที่ยวหมู่บ้านขนมหวาน ได้เรียนวิธีทำ
ด้วย ได้ชิมด้วย ทริปนี้อิ่มอร่อย สนุกสุด ๆ

単語

เกาะ [kɔ̀ʔ] 島
ใช้ [cháy] 使う
ข้าม [khâam] 渡る
ข้าวแช่ [khâaw-chɛ̂ɛ] 冷水ご飯
ชาวมอญ [chaaw mɔɔn] モン族（タイの先住民族）
ปั่น [pàn] （自転車を）こぐ
ค่าเช่า [khâa-châw] レンタル料金
พิพิธภัณฑ์ [phí-phít-tha-phan] 博物館
ขนมหวาน [ka-nǒm-wǎan] 甘い菓子、スイーツ
สุด ๆ [sùt-sùt] 最高に、とびっきり（話し言葉）
เกาะเกร็ด [kɔ̀ʔ krèt] クレット島
ใช้เวลา [cháy wee-laa] 時間がかかる
ระหว่างทาง [rá-wàaŋ thaaŋ] 道中、道の途中で
น่าอร่อย [nâa-ʔa-rɔ̀y] おいしそうな
กินเที่ยง [kin thîaŋ] お昼を食べる
รอบ [rɔ̂ɔp] 周り
เจดีย์ [cee-dii] 仏塔
หมู่บ้าน [mùu-bâan] 村
ทริป [thríp] 旅行（＜英語の *trip*）

◆左頁のタイ語を日本語に訳してください。（☞ 別冊 P23）

書いてみよう

プローィの日記について、次の質問にタイ語で答えてください。(☞別冊 P23) 163

① プローィ、カーゥ、そしてメーの 3 人は何時に待ち合わせをしましたか？

② 3 人はどこで待ち合わせをしましたか？

③ メーの家からクレット島までどれぐらい時間かかりましたか？

④ 3 人はクレット島に何時に到着しましたか？

⑤ 到着したあと、何をしましたか？

⑥ さまざまなお店を見ていた中で、何のお店を発見しましたか？

⑦ 昼食は何を食べましたか？

⑧ なぜそれを食べましたか？

⑨ 3 人は自転車に乗ってどこに行きましたか？

⑩ お菓子の村で 3 人は何をしましたか？

日記を書いてみよう！

◆次の文章はある日の日記です。内容に合うように下線を埋めて、一日の出来事を説明してください。

（解答例 ☞ 別冊 P24 164）

【一人で過ごした日の日記】

วันนี้ ______________ ที่ ______________

ตั้งแต่ ______ ถึง ______ แล้วก็ได้ ______________

ด้วย วันนี้สนุกสุด ๆ

【誰かと過ごした日の日記】

วันนี้ได้ ______________ กับ ______________

เรานัดกัน ______________ โมงที่ ______________

จากแถว ______________ ไป ______________

ใช้เวลา ______________ เราเจอร้าน ______________

เราก็เลย ______________ เสร็จแล้ว ไป ______________

สนุกมาก

練習問題

第 6 課で学んだタイ語を復習しましょう。(☞ 別冊 P24)

๑. ①～⑤の下線にふさわしい語を次の枠内から選んで書き入れてください。それぞれの語は 1 回しか使えません。 165

แล้ว　　เคย　　ก็เลย　　จน　　ละ

① ชอบเมืองไทย ________ อยากอยู่เมืองไทย

② เสื้อตัว ________ เท่าไร

③ วันนี้เหนื่อยมาก กินข้าว ________ อยากนอน

④ ยังไม่ ________ ดูหนังไทย สนุกไหม

⑤ อยากทำงานที่เกาหลี ________ ไปเรียนที่มหาวิทยาลัยที่เกาหลี

๒. ①～⑤の下線にふさわしい語を次の枠内から選んで書き入れてください。 166

คู่　　ชิ้น　　เครื่อง　　ลูก　　ใบ

① ผมมีรองเท้า ๓ ________

② ที่บ้านมีทีวี ๒ ________

③ ทุเรียน ________ ละเท่าไร

④ เค้ก ________ ละ ๔๐ บาท

⑤ จะซื้อบัตรคอนเสิร์ต ๒ ________

๓. 下線にふさわしい語を次の枠内から選んで書き入れ、日本語に訳してください。それぞれの語は１回しか使えません。167

หลัง　　บน　　ใน　　หน้า　　ข้าง

① ＿＿＿＿＿＿ โต๊ะ มีคอมพิวเตอร์

(　　　　　　　　　　　　　　　　　　　　)

② มือถืออยู่ ＿＿＿＿＿＿ กระเป๋า

(　　　　　　　　　　　　　　　　　　　　)

③ ＿＿＿＿＿＿ บ้าน มีร้านดอกไม้

(　　　　　　　　　　　　　　　　　　　　)

④ โรงเรียนอยู่ ＿＿＿＿＿＿ วัด

(　　　　　　　　　　　　　　　　　　　　)

⑤ จักรยานอยู่ ＿＿＿＿＿＿ บ้าน

(　　　　　　　　　　　　　　　　　　　　)

第7課

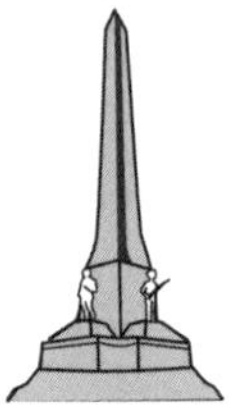

ここがふんばりどころ！　戦勝記念塔地点

人物を紹介する

周囲の人間関係を紹介する文章を読んだり、書いたりできるよう目指します。

ให้～「～を与える」「～をさせる」 168

1. ให้ [hây] には動詞「与える」の意味があり、「～に…をあげる / くれる」は「ให้＋物（…を）＋人（～に)」です。

เพื่อนคนไทยให้ของที่ระลึกผม　タイ人の友達が、僕に記念の品をくれました。
khɔ̌ɔŋ-thîi-ra-lʉ́k
記念品

2. さらに、ให้ [hây] には《使役》の機能もあり、「ให้＋人（～に）＋動詞」の語順で、「～に…させる / してもらう」の意味になります。

หลวงตาให้ผมทำความสะอาด　お坊さんが僕に掃除をさせました。
lǔaŋ-taa
お坊さん（自分の祖父くらいの歳の僧侶）

ผมให้แม่สอนทำอาหาร　僕は母に料理の作り方を教えてもらいました。
sɔ̌ɔn
教える

พ่อไม่ให้ลูกชายเล่นเกมนาน　父は息子に長い時間ゲームをさせません。
keem　naan
ゲーム　長い（時間）

書いてみよう

練習1　タイ語を発音しながら書いてみましょう。169

ลุงให้หนูสอนคอมพิวเตอร์

luŋ hây nǔu sɔ̌ɔn khɔm-phiw-tə̂ə　伯父は私にパソコンを教えさせます。

ฉันให้แฟนมารับที่สนามบิน

chán hây fɛɛn maa ráp thîi sa-nǎam-bin　私は恋人に空港に迎えに来てもらいました。

พ่อไม่ให้ลูกไปเรียนที่ต่างประเทศ

phɔ̂ɔ mây hây lûuk pay rian thîi tàaŋ-pra-thêet　父親は子供に留学に行かせません。

練習 2　次の日本語の内容に合うように、ことばを並び替えてタイ語の文を完成させてください。

(☞ 別冊 P25) 170

★ヒント：หัวหน้า [hǔa-nâa] 上司　ก๊อบปี้ [kɔ́p-pîi] コピーする　เอกสาร [ʔèek-ka-sǎan] 書類

① 先生は私たちに毎日、本を読ませます。

อ่าน / ให้/ หนังสือ / อาจารย์ / พวกเรา /ทุกวัน

② 上司が僕に書類のコピーをさせました。 ผม / หัวหน้า / เอกสาร / ให้ / ก๊อบปี้

③ 医者は私にお菓子を食べさせません。 ไม่ / หมอ / ดิฉัน / ทาน / ให้ / ขนม

親族名称　語彙力 UP ！ 171

ปู่ [pùu] 祖父（父方）	ย่า [yâa] 祖母（父方）	ตา [taa] 祖父（母方）	ยาย [yaay] 祖母（母方）
ลุง [luŋ] 伯父	ป้า [pâa] 伯母	น้า [náa] 叔父 / 叔母（母方）	อา [ʔaa] 叔父 / 叔母（父方）
สามี [sǎa-mii] 夫	ภรรยา [phan-ra-yaa] 妻	ลูกเขย [lûuk-khɤ̌əy] 娘婿	ลูกสะใภ้ [lûuk-sa-pháy] 息子の嫁
พ่อ [phɔ̂ɔ] 父	แม่ [mɛ̂ɛ] 母	ลูกชาย [lûuk-chaay] 息子	ลูกสาว [lûuk-sǎaw] 娘
ลูกคนโต [lûuk-khon-too] 長男 / 長女	ลูกคนที่ ๒ [lûuk-khon-thîi sɔ̌ɔŋ] 二番目の子	ลูกคนเล็ก [lûuk-khon-lék] 末っ子	ลูกคนเดียว [lûuk-khon-diaw] 一人っ子

พี่ชาย [phîi-chaay] 兄	พี่สาว [phîi-sǎaw] 姉	น้องชาย [nɔ́ɔŋ-chaay] 弟	น้องสาว [nɔ́ɔŋ-sǎaw] 妹
พี่น้อง [phîi-nɔ́ɔŋ] 兄弟姉妹	หลาน [lǎan] 孫／甥／姪	ลูกพี่ลูกน้อง [lûuk-phîi-lûuk-nɔ́ɔŋ] いとこ	

เวลา ～（一般的、習慣的）「～（する）ときに」 172

เวลา は「時」という名詞のほかに、「～のとき」を表す《接続詞》としても使えます。一般的、あるいは習慣的な「～とき」を意味します。

เวลาว่าง ผมชอบช่วยแม่ทำงานบ้าน　僕は時間があるとき、母の家事をよく手伝います。

chɔ̂ɔp chûay　ŋaan-bâan
手伝う　家事

เวลาไปเมืองไทย จะไปกินอาหารทะเลที่เยาวราช

càʔ　yaw-wa-râat
（習慣）　（地名）ヤワラート（中華街）

タイに行くときは、ヤワラートで海鮮料理を食べます。

เวลาไปวัด คนไทยจะไม่ใส่กางเกงขาสั้น　お寺に行くとき、タイ人は短パンをはきません。

sày　kaaŋ-keeŋ-khǎa-sân
着る、はく　短パン

ตอน ～（一時的）「～（する）ときに」 173

前項の เวลา 以外に、もうひとつの「～とき」ตอน [tɔɔn] ～があり、一時的、そのとき 1 回限定の「～とき」に使います。

ตอนเด็ก ผมขี้แย　子供のとき、僕は泣き虫でした。

khîi-yɛɛ
泣き虫な

ตอนไปเมืองไทย ท้องเสียทุกวัน　タイに行ったとき、毎日お腹を壊していました。

thɔ́ɔŋ sǐa
お腹を壊す

เมื่อเช้านี้ ตอนออกจากบ้าน ฝนยังไม่ตก
今朝、家を出たとき、まだ雨は降っていませんでした。

書いてみよう

練習1 タイ語を発音しながら書いてみましょう。 174

เวลาไม่สบาย จะนอนเยอะ ๆ

wee-laa mây sa-baay càʔ nɔɔn yə́-yə́ʔ　体調が悪いときは、たくさん寝ます。

เวลามีเรื่องเสียใจ ฉันจะไปวัด

wee-laa mii rʉ̂aŋ sǐa-cay chán càʔ pay wát　悲しいことがあったときは、私はお寺に行きます。

ตอนไปซูเปอร์เมื่อวานนี้ เจอป้านิ่ม

tɔɔn pay súp-pə̂ə mʉ̂a-waan-níi cəə pâa nîm　昨日スーパーに行ったときに、ニムおばさんに会いました。

練習2 次の日本語の内容に合うように、タイ語で作文してください。(☞ 別冊 P25) 175

★ヒント：　ช้อนส้อม [chɔ́ɔn sɔ̂m] スプーン・フォーク　　การบ้าน [kaan-bâan] 宿題

① ご飯を食べるとき、タイ人はスプーン・フォークを使います。

② 昨年タイに行ったとき、私はこの T シャツを買いました。

③ 子供のとき、僕はあまり宿題をしませんでした。

関係代名詞　ที่～　176

関係代名詞 ที่ [thîi] は、「これこれ、こういう○○」のように、「名詞」と「名詞を特定する説明のことば」を結びつけるのに使います。「名詞」＋ ที่ ＋「名詞の説明」の順番に並べます。たとえば、「姉が作ったお菓子」は、「菓子（名詞）」＋ ที่ ＋「姉が作った（名詞の説明）」の順になります。

ขนมที่พี่สาวทำอร่อยมาก　姉が作ったお菓子はおいしいです。

ผมชอบเมืองที่มีธรรมชาติสวยงาม　僕は美しい自然がある町が好きです。

mɯaŋ 町、都市　tham-ma-châat 自然　sǔay-ŋaam 美しい

บ้านที่อยู่ตอนนี้ เป็นบ้านที่ซื้อเมื่อ ๕ ปีก่อน

pii kɔ̀ɔn ～年前

今住んでいる家は、５年前に買った家です。

職業を言う　177

職業を言うときは、① เป็น～（～です）、② ทำงานเป็น～（～として勤務しています）、③ ทำงาน～（～の仕事をしています）、④ ทำ～（～をしています）、⑤ เปิด～（～を開業しています）、⑥ สอน、ขาย などの動詞を使います。

ทำงานอะไร　職業は何ですか？

-(ทำงาน)เป็นพนักงานบริษัท　会社員です。

ทำงานบริษัท　会社に勤めています。

ทำร้านอาหาร　飲食店をしています。

เปิดร้านดอกไม้　花屋を開いています。

ตำรวจ tam-rùat 警察官①②	พยาบาล pha-yaa-baan 看護師①②	ข้าราชการ khâa-râat-cha-kaan 公務員①②	พนักงานบริษัท pha-nák-ŋaan bɔɔ-ri-sàt 会社員①②
วิศวกร wít-sa-wá-kɔɔn エンジニア①②	นักเรียน nák-rian 生徒①	นักศึกษา nák-sɯ̀k-sǎa 大学生①	แม่ค้าออนไลน์ mɛ̂ɛ-kháa-ʔɔɔn-laay ネット販売業者（女性）①
ร้านขนมปัง ráan kha-nǒm-paŋ パン屋④	ธุรกิจส่วนตัว thú-rá-kìt sùan-tua 自営業④	บริษัท bɔɔ-ri-sàt 会社③	โรงพยาบาล rooŋ-pha-yaa-baan 病院③
ร้านขายของ ráan khǎay khɔ̌ɔŋ ショップ⑤	ร้านอาหาร ráan ʔaa-hǎan 飲食店⑤	ร้านตัดผม ráan tàt phǒm 理髪店⑤	โรงเรียน rooŋ-rian 学校⑤

書いてみよう

タイ語を発音しながら書いてみましょう。178

อยากซื้อบ้านที่อยู่ใกล้ ๆ ทะเล

yàak sɯ́ɯ bâan thîi yùu klây-klây tha-lee　海の近くにある家を買いたいです。

คนที่เจอเมื่อวานนี้พูดภาษาญี่ปุ่นเก่ง

khon thîi cəə mɯ̂a-waan-níi phûut phaa-sǎa yîi-pùn kèŋ　昨日会った人は日本語が上手でした。

พี่สาวทำธุรกิจส่วนตัว

phîi-sǎaw tham thú-rá-kìt sùan-tua　姉は自営業をしています。

読んでみよう

ヒントを参考にして次の文を読んで、日本語に訳してください。（☞ 別冊 P25） 179

★ヒント：ข้าวกล่อง [khâaw-klɔ̀ŋ] 弁当　ร้านสะดวกซื้อ [ráan-sa-dùak-sɯ́ɯ] コンビニ
มะม่วง [ma-mûaŋ] マンゴー　หวาน [wǎan] 甘い　ส่ง [sòŋ] 送る

① จะกินข้าวกล่องที่ซื้อมาจากร้านสะดวกซื้อ

(　　　　　　　　　　　　　　　　　　　　)

② มะม่วงที่พี่สาวซื้อมาลูกใหญ่และหวานมาก

(　　　　　　　　　　　　　　　　　　　　)

③ ฉันยังไม่ได้อ่านข้อความที่เพื่อนส่งมา

(　　　　　　　　　　　　　　　　　　　　)

ส่วน ～「一方、～の方は」 180

ส่วน [sùan] はもともと「部分」という意味ですが、《接続詞》として、二者あるいは二つの事柄のうち、「もう一方は○○だ」と説明するのにも使います。

พี่สาวคนโตเป็นพยาบาล ส่วนน้องสาวคนเล็กทำธุรกิจส่วนตัว

khon too 兄 / 姉 / 子で一番年上の　khon lék 弟 / 妹 / 子で一番年下の

いちばん上の姉は看護師で、一方、末の妹は自営業をしています。

ในอนาคตผมอยากเปิดร้านขายของออนไลน์

nay ～において　ʔa-naa-khót 将来、未来　ráan-khǎay-khɔ̌ɔŋ-ʔɔɔn-laay オンラインショップ

ส่วนแฟนอยากสอนโยคะ

yoo-kháʔ ヨガ

将来、僕はオンラインショップを開きたいです。彼女（恋人）の方は、ヨガを教えたいと思っています。

เช่น ～「たとえば」 181

เช่น [chên] は、具体的な例を挙げて「たとえば～」と言うときに使います。

แม่เคยอยู่หลายจังหวัด เช่น เชียงใหม่ นครปฐม

lǎay いくつもの　caŋ-wàt 県　ná-khɔɔn-pa-thǒm ナコンパトム（県名）

母はいくつもの県に住んだことがあります。たとえば、チェンマイ、ナコンパトムです。

อาหารไทย เช่น แกงจืด ข้าวผัด ผัดซีอิ๊ว ไม่เผ็ด

kɛɛŋ-cʉ̀ʉt 薄口スープ　khâaw-phàt チャーハン　phàt-sii-ʔíw 醤油焼きそば

タイ料理は、たとえば、薄口スープ、チャーハン、醤油焼きそばなどが辛くありません。

書いてみよう

タイ語を発音しながら書いてみましょう。 182

พี่สาววิ่งจ๊อกกิ้ง ส่วนฉันเล่นโยคะ

phîi-sǎaw wîŋ cɔ́k-kîŋ sùan chán lên yoo-kháʔ　姉はジョギングをしますが、私の方はヨガをします。

เมืองไทยผลไม้อร่อย เช่น มะม่วง ทุเรียน

mɯaŋ thay phǒn-la-máay ʔa-rɔ̀y chên ma-mûaŋ thú-rian
タイは果物がおいしいです。たとえば、マンゴー、ドリアンです。

読んでみよう

ヒントを参考にして次の文を読んで、日本語に訳してください。(☞ 別冊 P26) 183

★ヒント：ข้าวซอย [khâaw-sɔɔy] カーオソーイ（料理名） อาหารเหนือ [ʔaa-hǎan nɯ̌a] 北部料理
ข้าวยำ [khâaw-yam] カーオヤム（料理名） อาหารใต้ [ʔaa-hǎan tâay] 南部料理
สามี [sǎa-mii] 夫 ตะไคร้ [ta-khráy] レモングラス ขมิ้น [kha-mîn] ウコン

① ข้าวซอยเป็นอาหารเหนือ ส่วนข้าวยำเป็นอาหารใต้

( )

② วันอาทิตย์ฉันชอบออกกำลังกาย ส่วนสามีชอบนอน

( )

③ ที่เมืองไทยมีสมุนไพรต่าง ๆ เช่น ตะไคร้ ขมิ้น

( )

ข้าวซอย 北部郷土料理のカレーラーメン

ข้าวยำ 南部郷土料理。ハーブ、野菜などとの混ぜ合わせご飯

〜…กว่า「〜の方が…」 184

「Aの方がBより…」という《比較》は、「A＋形容詞 / 動詞句（＋副詞）＋ กว่า [kwàa] ＋ B」の形でいいます。「กว่า [kwàa] ＋ B」の部分は省略する場合もあります。

เดือนนี้งานยุ่งกว่า(เดือนที่แล้ว)　今月の方が（先月より）忙しい。

yûŋ
忙しい

ปู่ย่าชอบอยู่บ้านที่กรุงเทพฯ มากกว่าที่หัวหิน

hǔa-hǐn
（地名）

（父方の）祖父母はバンコクの家で暮らす方が、フアヒン（の家で暮らす）よりも気に入っています。

ยายผมทำอาหารเหนือเก่งกว่าอาหารอีสาน

ʔii-sǎan
東北

（母方の）祖母は北部料理の方が東北料理よりも得意です。

「AとBでは、どちらが…ですか？」という疑問文にするときは、「A กับ [kàp] B, 類別詞＋ ไหน ＋形容詞＋ กว่ากัน [kwàa kan]」あるいは「A กับ [kàp] B, 主語＋動詞＋類別詞＋ ไหน ＋副詞＋ กว่ากัน [kwàa kan]」とします。

A：เคสสมาร์ทโฟนอันนี้กับอันนั้น อันไหนน่ารักกว่ากัน

khées sa-máat-foon
ケース　スマートフォン

このスマホケースとその（スマホ）ケースでは、
どちらケースの方がかわいい？

เคส のように ส が末子音になる場合は、/s/ のまま、あるいは /t/ で発音する外来語があるぞ！

B：อันนี้น่ารักกว่า　こっちの方がかわいいよ。

AとBの部分が、別の種類の物や事柄の場合は、類別詞＋ ไหน の部分を อย่างไหน にします。また、尋ねたい内容によって อะไร, ที่ไหน, ใคร などの疑問詞を使うこともあります。

A：เบียร์กับไวน์คุณชอบอย่างไหนมากกว่ากัน

ビールとワインでは、あなたはどちらの方が好き？

B：ชอบทั้งคู่　両方とも好きです。

tháŋ-khûu
両方とも

ภูเก็ตกับเกาะสมุย ที่ไหนน่าไปกว่ากัน

nâa-pay
行った方がいい

プーケットとサムイ島では、どちらがおすすめですか？

書いてみよう

練習1 タイ語を発音しながら書いてみましょう。185

โตเกียวสะดวกกว่ากรุงเทพฯ

too-kiaw sa-dùak kwàa kruŋ-thêep　東京の方がバンコクより便利です。

ร้านนี้กับร้านที่ไปวันนั้น ร้านไหนอร่อยกว่ากัน

ráan níi kàp ráan thîi pay wan-nán ráan nǎy ʔa-rɔ̀y kwàa kan
この店とあの日に行った店では、どちらがおいしいですか？

ร้านนี้อร่อยกว่า

ráan níi ʔa-rɔ̀y kwàa　この店の方がおいしいです。

練習2 次の単語をヒントに、タイ語に訳してください。(☞ 別冊 P26) 186

★ヒント： ยาก [yâak] 難しい　　เบสบอล [bées-bɔɔn] 野球

① 英語の方が日本語より難しいです。

② 今日は東京の方がバンコクより暑いです。

③ 私は山より海に行きたいです。

④ 僕は野球よりサッカーの方が好きです。

～ที่สุด「いちばん～」「最も～」 187

「いちばん～です」は、「形容詞 / 動詞（句）（＋副詞）＋ ที่สุด [thîi-sùt]」です。比較対象の範囲を示す場合、「ใน [nay]（～の中で）＋対象範囲」を加えます。

เมืองไทยเดือนเมษาร้อนที่สุด　タイは４月がいちばん暑いです。

พี่ชายตัวสูงที่สุดในครอบครัว　兄が家族の中でいちばん背が高いです。

tua sǔuŋ　khrɔ̂ɔp-khrua

体　高い　家族

แม่เป็นคนใจดีที่สุดในโลก　母は世界でいちばん優しい人です。

lôok

世界、地球

มักจะ～「たいてい～する」 188

「มัก(จะ) [mák(càʔ)] ＋動詞」で「たいてい～する」になります。

เสาร์อาทิตย์ ผมมักจะพาแม่ไปเยี่ยมตาที่ต่างจังหวัด

yîam　tàaŋ-caŋ-wàt

訪ねる　地方、他県

土日、僕はたいてい母を連れて地方の祖父を訪ねます。

ปีใหม่ คนไทยมักจะไปทำบุญและไหว้พระที่วัด

pii mày　wâay phráʔ

新年、正月　拝む　釈迦

お正月にタイ人はたいていお寺に行って徳を積み、お参りします。

A：หลังจากเกษียณแล้ว คนญี่ปุ่นมักจะทำอะไร

ka-sǐan

定年退職する

定年後、日本人はたいてい何をしますか？

B：มักจะใช้เวลากับงานอดิเรกที่ชอบ เช่น ท่องเที่ยว เรียนภาษาต่างประเทศ

cháy wee-laa kàp　ŋaan-ʔa-di-rèek　thɔ̂ŋ-thîaw

～に時間を使う　趣味　旅行する

たいてい好きな趣味に時間を費やします。たとえば、旅行や外国語の勉強などです。

書いてみよう

練習1　タイ語を発音しながら書いてみましょう。 189

วันหยุดผมชอบอยู่บ้านที่สุด

wan-yùt phǒm chɔ̂ɔp yùu bâan thîi-sùt　休日、私は家にいるのがいちばん好きです。

น้องชายคุยเก่งที่สุดในครอบครัว

nɔ́ɔŋ-chaay khuy kèŋ thîi-sùt nay khrɔ̂ɔp-khrua　弟が家族の中でよくしゃべります。

เวลาว่าง มักจะดูยูทูป

wee-laa wâaŋ mák càʔ duu yuu-thúup　暇なとき、たいてい YouTube を見ます。

練習2　次の単語をヒントに、タイ語に訳してください。（☞ 別冊 P26） 190

★ヒント：สะดวก [sa-dùak] 都合がいい、便利な　ดึก [dùk] 夜遅くに　กลางวัน [klaaŋ-wan] 昼間

① 土日がいちばん都合がいいです。

② 母が作った料理がいちばんおいしいです。

③ 警察官だったとき、父はたいてい夜遅く帰宅しました。

④ 昼間は仕事しに行きますが、一方、夕方はたいてい家にいます。

人物紹介を読もう！

◆カーゥ  とカーゥの家族についての次の文章を読んでください。（☞ 別冊 P26） 191

ข้าวเป็นคนเชียงใหม่ หลังจากเรียนจบ ข้าวไปทำงานที่กรุงเทพฯ แต่วันเสาร์นี้ ข้าวจะไปเยี่ยมครอบครัวที่เชียงใหม่ ครอบครัวข้าวมี 4 คน มีพ่อ แม่ น้องสาว และข้าว

พ่อเคยทำงานเป็นตำรวจ แต่ตอนนี้เกษียณแล้ว ส่วนแม่เปิดร้านขายอาหารออนไลน์ ร้านแม่ขายขนมไทย เช่น ลูกชุบ ฝอยทอง แม่ยุ่งทุกวัน เพราะทำธุรกิจส่วนตัว

น้องสาวคนเล็กของข้าวชื่อ ข้าวปุ้น ตอนนี้เธอเป็นพยาบาลอยู่ที่โรงพยาบาลสวนดอก เวลาว่างเธอชอบร้องเพลง เธอร้องเพลงเก่ง ทำอาหารก็เก่ง ข้าวชอบกินไส้อั่วกับข้าวซอยที่น้องทำที่สุด ตอนเด็ก เธอมักจะไปช่วยแม่ทำอาหาร ให้แม่สอนทำอาหาร เธอชอบทำอาหารมากกว่าเป็นพยาบาล ในอนาคตเธออยากจะเปิดร้านขายอาหารเหนือ

単語

หลังจาก~ [lǎŋ-càak] ～したあと

เรียนจบ [rian còp] 卒業する

ร้านขายอาหาร [ráan khǎay ʔaa-hǎan] 食堂

ออนไลน์ [ʔɔɔn-laay] オンライン

โรงพยาบาล [rooŋ-pha-yaa-baan] 病院

สวนดอก [sǔan-dɔ̀ɔk] （固有名詞）スアン・ドーク

192

タイ菓子		北部料理	
ลูกชุบ [lûuk-chúp]	ฝอยทอง [fɔ̌y thɔɔŋ]	ไส้อั่ว [sây-ʔùa]	ข้าวซอย [khâaw-sɔɔy]
緑豆のあんを寒天で包み果物や野菜の形にしたタイ伝統菓子	卵黄を熱したシロップに通した、タイの鶏卵素麺	チェンマイ郷土料理のソーセージ	北部郷土料理のカレーラーメン

◆左頁のタイ語を日本語に訳してください。（☞ 別冊 P27）

◆カーゥとカーゥの家族について、例のように、質問をタイ語で作文し、タイ語で簡潔に答えてください。(☞ 別冊 P27) 193

例：カーゥはどこの人（出身）ですか？ ข้าวเป็นคนที่ไหน

答え： เป็นคนเชียงใหม่

① カーゥは何人家族ですか？ ____________

答え： ____________

② お父さんは以前、何の仕事をしていましたか？ ____________

答え： ____________

③ お母さんは何を売っていますか？ ____________

答え： ____________

④ 妹は何の仕事をしていますか？ ____________

答え： ____________

⑤ 暇なとき、妹は何をするのが好きですか？ ____________

答え： ____________

⑥ 妹は何をするのが得意ですか？ ____________

答え： ____________

⑦ カーゥは何を食べるのが好きですか？ ____________________

答え：____________________

⑧ 子供のとき、カーゥプンはたいてい何をしましたか？ ____________________

答え：____________________

⑨ 将来、カーゥプンは何をしたいですか？ ____________________

答え：____________________

家族や友人のことを紹介してみよう！

◆家族あるいは友人について、次の内容を含めて紹介してください。（解答例 ☞ 別冊 P28 194）

家族構成、関係、職業、趣味・特技、余暇の過ごし方など

※趣味、特技に関する単語は次頁を参考にしてください。

【家族】

ครอบครัวผมมี __________ คน มี ____________________

พ่อทำงานเป็น ____________ แม่ทำงานเป็น ____________

พ่อ __________________ เก่ง แม่ __________________ เก่ง

พ่อชอบ ________________ แม่ชอบ ____________________

เวลาว่าง มักจะ ____________________________________

【友人】

ผมมีเพื่อนสนิท ๑ คน เขาชื่อ ______________________

เป็น _________________ บ้านเขาอยู่ที่ _________________

เขาทำงานเป็น __________ รู้จักกันตั้งแต่ ______________

เขา ______________ เก่ง เขาชอบ _____________________

เวลาว่าง เขามักจะ ________________________________

趣味・特技・余暇を楽しむ　語彙力 UP ！ 195

เล่นกีฬา [lên kii-laa] スポーツをする	ออกกำลังกาย [ʔɔ̀ɔk-kam-laŋ-kaay] 運動する
ฝึกกล้ามเนื้อ [fɯ̀k klâam-nɯ́a] 筋トレする	ยืดเส้นยืดสาย [yɯ̂ɯt-sên-yɯ̂ɯt-sǎay] ストレッチする
เดินเล่น [dəən-lên] 散歩する	จ๊อกกิ้ง [cɔ́k-kîŋ] ジョギングする
ชกมวยไทย [chók muay-thay] ムエタイ（タイボクシング）をする	ดำน้ำ [dam-náam] ダイビングをする
เต้นรำ [tên-ram] ダンスする	เล่นโบว์ลิ่ง [lên booliŋ] ボーリングする
ปีนเขา [piin khǎw] 山に登る	ปั่นจักรยาน [pàn càk-kra-yaan] サイクリングする
ตั้งแคมป์ [tâŋ khɛ́m] キャンプする	ตกปลา [tòk plaa] 釣りをする
ขับรถเที่ยว [khàp-rót thîaw] ドライブする	ท่องเที่ยว [thɔ̂ŋ-thîaw] 旅行する
ทำสวน [tham sǔan] 園芸をする	เลี้ยงสัตว์ [líaŋ sàt] 動物を飼う
ดูนก [duu nók] バードウォッチングする	ดูดาว [duu daaw] 天体観測をする
ช็อปปิ้ง [chɔ́p-pîŋ] ショッピングする	ไปหอศิลป์ [pay hɔ̌ɔ-sǐn] 美術館に行く
ไปพิพิธภัณฑ์ [pay phí-phít-tha-phan] 博物館に行く	ไปดูหนัง [pay duu nǎŋ] 映画を見に行く
ดูยูทูป [duu yuu-thúup] YouTube を見る	ดูการแข่งขันกีฬา [duu kaan-khɛ̀ŋ-khǎn kii-laa] スポーツ観戦する
อ่านหนังสือ [ʔàan náŋ-sɯ̌ɯ] 読書する	เล่นเกม [lên keem] ゲームをする
ร้องเพลง [rɔ́ɔŋ phleeŋ] 歌を歌う	ฟังเพลง [faŋ phleeŋ] 音楽鑑賞する
เล่นเปียโน [lên pia-noo] ピアノをひく	เล่นกีตาร์ [lên kii-tâa] ギターをひく
วาดภาพ [wâat phâap] 絵を描く	ถ่ายรูป [thàay rûup] 写真を撮る
เล่นหมากรุก [lên màak-rúk] チェス / 将棋をする	เล่นอินเทอร์เน็ต [lên ʔin-thəə-nèt] ネットサーフィンする
ทำอาหาร [tham ʔaa-hǎan] 料理する	ปักผ้า [pàk phâa] 刺繍する

練習問題

第7課で学んだタイ語を復習しましょう。(☞ 別冊 P28)

๑. ①～⑩の下線にふさわしい語を次の枠内から選んで書き入れてください。それぞれの語は1回しか使えません。 196

เวลา	ตอน	ให้ (1)	ให้ (2)	ที่
ที่สุด	กว่า	ส่วน	มักจะ	เช่น

① พลอยชอบฟังเพลงมาก ________ ร้องเพลง

② ________ เด็ก แม่ทำข้าวซอยบ่อย

③ อาจารย์ ________ นักเรียนทำการบ้าน

④ ผมอยากมีบ้าน ________ อยู่ใกล้ทะเล

⑤ ยายทำงานเก่งและใจดี ________ ในครอบครัว

⑥ วันเสาร์เช้า ปู่ ________ ไปเล่นโบว์ลิงกับเพื่อน ๆ ที่สยาม

⑦ อาหารย่าที่ผมชอบมีเยอะ ________ ข้าวซอย ไส้อั่ว

⑧ ลุงทำขนมเก่ง ________ ป้าชอบกิน

⑨ ________ เดินเล่น พ่อจะชอบพาหมาไปด้วย

⑩ วันเกิดแม่ พ่อจะ ________ ดอกไม้ที่แม่ชอบ

๒. 次の質問に対する答えをタイ語で書いてください。 197

① ตอนเด็ก คุณเป็นเด็กยังไง

____

② เวลาไปเมืองไทย คุณชอบไปแถวไหน

____

③ คุณเป็นคนจังหวัดอะไร

____

④ ผัดไทยกับข้าวกะเพราคุณชอบกินอะไรมากกว่ากัน

____

⑤ ที่เมืองไทย คุณชอบจังหวัดอะไรที่สุด

____

⑥ อาหารไทย คุณชอบกินอะไรที่สุด

____

⑦ คุณชอบเมืองยังไง
ผม/ฉันชอบเมืองที่ ________________________________

⑧ วันหยุด คุณมักจะทำอะไร

____

第 8 課

まだまだいける！　サイアム地点

日常について読む、書く

日常生活について、ある程度まとまった文章の読み書きができるよう目指します。

ต้อง ～「～しなければならない」 198

助動詞 ต้อง [tɔ̂ŋ] ～は、≪義務≫≪必要性≫を表して、「～しなければならない」「～する必要がある」の意味で使います。

ผมต้องไปทำงานที่เวียดนาม《wîat-naam》ประมาณ《pra-maan》ปีนึง《pii nɯŋ》

ベトナム　約～　(＝หนึ่งปี)*

僕は約 1 年間ベトナムに仕事に行かなければならない。

ฉันต้องกินกาแฟทุก《thúk》เช้า《cháaw》

毎～　朝

私は毎朝コーヒーを飲まずにはいられません。

「1(หนึ่ง [nɯ̀ŋ]) ＋類別詞」は、「類別詞＋ 1」の順に言うこともあるんだ。その場合の หนึ่ง の声調は平声の [nɯŋ] になるぞ。数字の「1」は特別だ！

ไม่ต้อง ～とすると、「～しなくてよい」「～する必要はない」になります。

ที่นี่ไม่ต้องถอด《thɔ̀ɔt》รองเท้า　　ここは靴を脱がなくていいです。

脱ぐ

不定代名詞 อะไร ใคร ที่ไหน 199

疑問詞 อะไร ใคร ที่ไหน は、そのままの形で不定代名詞「何か、誰か、どこか」「何も、誰も、どこも」で使うことができます。

อยากซื้ออะไรไหม　　何か買いたい（ものはありますか）？

ไม่เคยเจอใครใจดีขนาดนี้《kha-nàat-níi》　　こんなに親切な人はこれまで誰も会ったことありません。

これほど

เสาร์อาทิตย์นี้ ไป(ที่)ไหนกันไหม　　今度の土日にどこかに行きませんか？

書いてみよう

練習 1 タイ語を発音しながら書いてみましょう。 200

กลับบ้านแล้ว ต้องพาหมาไปเดินเล่น

klàp bâan lɛ́ɛw tɔ̂ŋ phaa mǎa pay dəən-lên　家に帰ったら、犬を連れて散歩に行かなければなりません。

พรุ่งนี้วันเสาร์ไม่ต้องไปบริษัท

phrûŋ-níi wan-sǎw mây tɔ̂ŋ pay bɔɔ-ri-sàt　明日は土曜日なので、会社に行かなくていいです。

วันนี้ไม่มีอะไรที่ต้องทำ

wan-níi mây mii ʔa-ray thîi tɔ̂ŋ tham　今日はやらなければならないことは何もありません。

練習 2 次の日本語の内容に合うように、ことばを並び替えてタイ語の文を完成させてください。

（☞ 別冊 P30） 201

★ヒント： ตู้เย็น [tûu-yen] 冷蔵庫

① 明日は午前 4 時半に起きなければなりません。なぜなら、飛行機が午前 7 時半に出るからです。

ตื่น/ตี ๔ ครึ่ง/๗ โมงครึ่ง/ต้อง/ออก/พรุ่งนี้/เครื่องบิน/เพราะ

② 今、冷蔵庫の中には、何も食べるものがありません。

ใน / ไม่มี / กิน / ตอนนี้ / ตู้เย็น / อะไร

③ 休日は家にいるのが好きです。どこにも行きたくありません。

อยู่ / วันหยุด / ไป / อยาก / ไหน / ชอบ / บ้าน / ไม่

เพื่อ ～「～のために」「～するために」 202

เพื่อ [phɯ̂a] ～は利益、便宜、目的を表します。「เพื่อ ＋名詞」で「～のために」、「เพื่อ ＋動詞」で「～するために」となります。

หัวหน้าเป็นคนดีมาก พนักงานทุกคนก็เลยทำงานหนักเพื่อเขา

pha-nák-ŋaan 従業員　nàk ハードに

上司はとてもいい人なので、従業員はみんな、彼のためによく働きます。

พ่อไม่สูบบุหรี่ และออกกำลังกายเพื่อสุขภาพ

sùup 吸う　bu-rìi タバコ　sùk-kha-phâap 健康

父は健康のために、タバコを吸わず、運動をしています。

มุกลาออกจากงาน แล้วกลับบ้านต่างจังหวัดเพื่อดูแลแม่

laa ʔɔ̀ɔk càak ～を辞める　duu-lɛɛ 世話をする

ムックは仕事を辞めて、母親の世話をするために地方の実家に帰りました。

～(เกิน) ไป「～すぎる」 203

「～すぎる」は、「形容詞 / 動詞 / 副詞＋ เกินไป [kəən pay]」で言い、マイナスのニュアンスを表します。เกิน を省略することもあります。

ไม่อยากไปเมืองไทยเดือนเมษา เพราะร้อนเกินไป

４月にタイに行きたくありません。暑すぎるからです。

เรียนภาษาไทยครั้งละ ๓ ชั่วโมง นานไปนิด

１回３時間タイ語を勉強するのは、ちょっぴり長すぎます。

เมื่อคืนนี้ดื่มไวน์มากไป ปวดหัวนิดหน่อย

dɯ̀ɯm 飲む　pùat 痛む　hǔa 頭

昨夜はワインを飲みすぎて、少し頭が痛いです。

書いてみよう

練習 1 タイ語を発音しながら書いてみましょう。 204

เธอลดความอ้วนเพื่อสุขภาพ

thəə lót khwaam-ʔûan phʉ̂a sùk-kha-phâap　彼女は健康のためにダイエットしています。

ผมไปเรียนบาริสตาเพื่อเปิดร้านกาแฟที่บ้าน

phǒm pay rian baa-rís-tâa phʉ̂a pə̀ət ráan kaa-fɛɛ thîi bâan　僕は家で喫茶店を開くためにバリスタの勉強に行きます。

เมื่อวานนี้กินมากเกินไป วันนี้ก็เลยไม่หิว

mʉ̂a-waan-níi kin mâak kəən pay wan-níi kɔ̂ɔ-ləəy mây hǐw　昨日食べすぎたので、今日はお腹が空きません。

練習 2 次の日本語の内容に合うように、タイ語で作文してください。（☞ 別冊 P30） 205

★ヒント：　เก็บเงิน [kèp ŋən] お金を貯める　　ยุโรป [yú-ròop] ヨーロッパ

① 私は家族のために働きます。

② 僕はヨーロッパ旅行に行くためにお金を貯めています。

③ 彼は体調を崩しました。なぜなら仕事をしすぎたからです。

ถ้า ～ ก็…「もし～なら…」 206

《仮定》「もし～なら…」は、「ถ้า [thâa] ～，（主語＋）ก็ [kɔ̂ɔ]…」の語順で言います。ก็ は省略する場合もあります。

ถ้าสนใจเรื่องนี้ก็ต้องถามคุณยาย

sǒn-cay　thǎam

興味がある　尋ねる、質問する

もしこのことに興味があれば、おばあちゃんに聞かなければなりません。

ถ้ามาเมืองไทย ต้องติดต่อมานะ　もしタイに来るなら、連絡してこないとだめですよ。

tìt-tɔ̀ɔ

連絡する

後ろに疑問文が続く場合は、ก็ はつけません。

ถ้ามีวันหยุด ๑ เดือน คุณอยากจะทำอะไร

もし 1 カ月休みがあったら、あなたは何をしたいですか？

อย่า ～「～しないで」 207

相手に注意を促して「～しないで」と言うときは、「อย่า [yàa] ＋動詞」の順に並べます。

เรื่องนั้น อย่าลืมบอกหัวหน้านะ　その件は、リーダーに言うのを忘れないでね。

bɔ̀ɔk

言う、伝える

พ่อไม่ได้โกรธ อย่าคิดมากนะ　お父さんは怒っていないから、あまり思いつめないでね。

khít mâak

思いつめる

อย่าคุยกัน เวลาครูอธิบาย　先生が説明しているときは、おしゃべりしてはいけません。

khruu　ʔa-thí-baay

教師、先生　説明する

書いてみよう

タイ語を発音しながら書いてみましょう。 208

ถ้าวันนี้ไม่สะดวก พรุ่งนี้ก็ได้นะ

thâa wan-níi mây sa-dùak phrûŋ-níi kɔ̂ɔ dâay náʔ　今日都合がよくなければ、明日でもいいですよ。

ถ้าฝนไม่ตก พรุ่งนี้เราก็จะไปเที่ยวทะเลกัน

thâa fǒn mây tòk phrûŋ-níi raw kɔ̂ɔ càʔ pay thîaw tha-lee kan
もし雨が降らなかったら、明日、私たちは海に遊びに行きます。

อย่ากินผลไม้เยอะ จะอ้วนนะ

yàa kin phǒn-la-máay yə́ʔ càʔ ʔûan náʔ　果物をたくさん食べないで。太りますよ。

読んでみよう

ヒントを参考にして次の文を読んで、日本語に訳してください。（☞ 別冊 P30） 209

★ヒント：ลองสเตย์ [lɔɔŋ-sa-tee] ロングステイ　หงุดหงิด [ŋùt-ŋìt] いらいらする

① ถ้าไม่อยากทำ จะไม่ทำก็ได้นะ

（　　　　　　　　　　　　　　　　　　　　　　　　）

② ถ้าจะไปลองสเตย์ที่เมืองไทย ต้องทำยังไง

（　　　　　　　　　　　　　　　　　　　　　　　　）

③ อย่าหงุดหงิด เวลาเพื่อนมาสาย

（　　　　　　　　　　　　　　　　　　　　　　　　）

ควร(จะ) ～「～すべきだ」 210

ควร(จะ) [khuan (càʔ)] は、常識に照らして考えて「～すべきだ」「～した方がいい」という意味で使います。「ควร(จะ) ＋動詞」の語順で並べます。

กระเป๋าใบนี้ ชาวเขาถักมือ ควรซื้อ

chaaw-khǎw thàk mɯɯ

山岳民族 編む 手

このかばんは、山岳民族が手編みしました。買った方がいいです。

A：ที่เมืองไทย ชาวต่างชาติไม่ควรทำอะไร

chaaw-tàaŋ-châat

外国人

タイで、外国人は何をするべきではありませんか？

B：ไม่ควรใส่กระโปรงสั้นไปวัด

kra-prooŋ sân

スカート 短い

ミニスカートを履いてお寺に行くべきではありません。

ไม่ ～ เลย「全然～ない」 211

「全然～ない」は、ไม่ ～ เลย [mây～ləəy] で言います。

ส้มตำจานนี้ไม่เผ็ดเลย　このソムタムは全然辛くありません。

caan

皿、（類別詞）～皿

ช่วงนี้ไม่ได้ไปต่างประเทศเลย　最近は外国に全然行っていません。

chûaŋ-níi

最近

ประโยคนี้ยาก ไม่เข้าใจเลย　この文は難しくて、全然理解できません。

pra-yòok khâw-cay

文 理解する

書いてみよう

練習1 タイ語を発音しながら書いてみましょう。 212

ถ้าอยากซื้อบ้าน ควรจะเก็บเงิน

thâa yàak sɯ́ɯ bâan khuan càʔ kèp ŋən　もし家を買いたいなら、お金を貯めるべきです。

ถ้าง่วง ไม่ควรขับรถ

thâa ŋûaŋ mây khuan khàp rót　もし眠いなら、車を運転するべきではありません。

อาจารย์อธิบายแล้ว แต่ผมไม่เข้าใจเลย

ʔaa-caan ʔa-thí-baay lɛ́ɛw tɛ̀ɛ phǒm mây khâw-cay ləəy　先生は説明してくれましたが、僕は全然理解できません。

練習2 次の単語をヒントに、タイ語に訳してください。(☞ 別冊 P30) 213

★ヒント：
ผู้ใหญ่ [phûu-yày] 年長者、大人　　ไหว้ [wâay] 合掌する
จอด [cɔ̀ɔt]（車を）止める　　ครั้งนี้ [khráŋ-níi] 今回

① タイでは、年長者に会ったときは合掌すべきです。

② お店の前に車を止めるべきではありません。

③ 今回のタイ訪問（＝今回タイに行く）は、全然暑くありませんでした。

④ 最近、タイの友達に全然会えていません。

引用 ว่า～(1) 214

ว่า [wâa] はもともと「言う」という意味があり、言語・思考・知覚にかかわる動詞の後ろに ว่า を続けると「～と思う」「～と言う」「～と聞いた」などの「～と」のような働きをします。

คิดว่า~ ～と思う
khít wâa

บอกว่า~ ～と言う
bɔ̀ɔk wâa

ได้ยินว่า~ ～と聞いた
dây-yin wâa

คิดว่าพรุ่งนี้อากาศดี
ʔaa-kàat
天気、気候
明日は天気がいいと思います。

อาจารย์บอกว่าข้าวหอมมะลิไทยอร่อยที่สุด
khâaw-hɔ̌ɔm ma-líʔ
香り米（米の品種）
先生は、タイの香り米がいちばんおいしいと言っていました。

ผมได้ยินว่าเมืองไทยเป็นประเทศที่ชาวต่างชาติอยากไปเที่ยวที่สุด
pra-thêet
国
タイは外国人が最も旅行に行きたい国だと、僕は聞きました。

ตั้งใจ(ว่า)จะ～「～するつもりだ」 215

前項の ว่า ～を使った表現です。ตั้งใจ [tâŋ-cay] は「意図する」と言う意味があり、ตั้งใจว่า ～とすると「～するつもりだ」となります。ว่า を省略することもあります。

ปีนี้ ตั้งใจว่าจะสอบวัดระดับภาษาไทย
sɔ̀ɔp wát ra-dàp
検定試験
今年は、タイ語検定試験を受けるつもりです。

พรุ่งนี้ ตั้งใจจะไปซื้อน้ำพริกเผาร้านอร่อยที่บางลำพู
nám-phrík-phǎw　baaŋ-lam-phuu
チリペースト　バーンラムプー（地名）
明日は、バーンラムプーにあるおいしいお店のチリペーストを買いに行くつもりです。

書いてみよう

練習 1　タイ語を発音しながら書いてみましょう。 216

เขาบอกว่าไม่เคยไปสุโขทัย

kháw bɔ̀ɔk wâa mây khəəy pay sù-khǒo-thay　彼は、スコータイには行ったことがないと言っていました。

ไม่คิดเลยว่าผมจะชอบเมืองไทย

mây khít ləəy wâa phǒm càʔ chɔ̂ɔp mɯaŋ thay　僕がタイを好きになるなんて、全然思いもしなかった。

読んでみよう

ヒントを参考にして次の文を読んで、日本語に訳してください。（☞ 別冊 P31） 217

★ヒント：　รสจืด [rót cɯ̀ɯt] 味が薄い　ครั้งนี้ [khráŋ-níi] 今回
เป็นกันเอง [pen-kan-ʔeeŋ] 気安い、打ち解けた

① เพื่อนคนไทยบอกว่าอาหารญี่ปุ่นรสจืดไป

(　　　　　　　　　　　　　　　　　　　　)

② ฉันคิดว่าคนไทยมีนิสัยสนุก เป็นกันเอง คนญี่ปุ่น
ก็เลยชอบคนไทย

(　　　　　　　　　　　　　　　　　　　　)

③ เมื่อวานนี้ ตั้งใจจะไม่กินเยอะ ก็เลยไม่ทำของชอบ

(　　　　　　　　　　　　　　　　　　　　)

แค่ ～「わずか～」「たった～」、ตั้ง ～「～も…」 218

「わずか 2 個」などと数量や程度の少なさを強調するときは、「แค่ [khɛ̂ɛ] ＋数詞＋類別詞 / 名詞」（わずか～、たった～、～しか）を使います。

เครื่องบินลำนี้มีคนญี่ปุ่นแค่ ๒ คน

lam

（飛行機、船の類別詞）

この飛行機は、乗っているのは日本人がたった 2 人です。

หิวละ เพราะเมื่อเช้ากินแค่โจ๊ก　もうお腹空いた。今朝食べたのは粥だけだったから。

láʔ　mʉ̂a-cháaw　cóok

（แล้ว の省略形）　今朝　粥

反対に「10 個も」などと数量や程度の多さを強調するときは、「ตั้ง [tâŋ] ＋数詞＋類別詞」や「ตั้ง [tâŋ] ＋副詞」などを使います。

ทุเรียนลูกนี้ ราคาตั้ง ๕,๐๐๐ บาท แพงไป

phɛɛŋ

高価な

このドリアンは、値段が 5,000 バーツもします。高すぎます。

ไม่ได้เจอกันตั้งนาน　สบายดีหรือคะ

もう長いことお会いしていませんね（＝お久しぶりです）。お元気でしたか？

น่าจะ ～「たぶん～」「～はずだ」 219

น่าจะ [nâa càʔ] ～は個人的な主観に基づいて、「たぶん～（と思う）」「～はずだ」を意味します。

คุณยายคนนั้นอยู่บ้านคนเดียว น่าจะเหงา

ŋǎw

寂しい

そのおばあさんは一人暮らしをしていて、たぶん寂しいと思います。

บ้านหัวหน้าน่าจะอยู่แถวนี้　上司の家はたぶんこの辺だったと思います。

thɛ̌w-níi

この辺

เที่ยงคืนละ แม่น่าจะนอนละ　もう深夜 12 時だ。たぶんお母さんはもう寝ているよ。

書いてみよう

練習 1 タイ語を発音しながら書いてみましょう。220

ตอนนี้มีเงินแค่ ๖๐ บาท

tɔɔn-níi mii ŋən khɛ̂ɛ hòk sìp bàat 今持っているのはたった 60 バーツです。

กินข้าวตั้ง ๓ จาน

kin khâaw tâŋ sǎam caan ご飯を 3 皿も食べました。

เขาพูดไทยได้ดี น่าจะเคยอยู่เมืองไทย

kháw phûut thay dâay dii nâa càʔ khəəy yùu mɯaŋ thay
彼はタイ語をよく話せます。たぶんタイに住んでいたことがあると思います。

練習 2 次の単語をヒントに、タイ語に訳してください。（☞ 別冊 P31）221

★ヒント：กล้วย [klûay] バナナ　เล่นมือถือ [lên mɯɯ-thɯ̌ɯ] 携帯をやる
ครึ่งวัน [khrɯ̂ŋ wan] 半日

① この辺には、コンビニがわずか 2 店しかありません。

② 今朝はごはんを食べませんでした。食べたのはわずかバナナだけでした。

③ 今日は半日も携帯をいじっていました。

④ 彼は頻繁にタイに行くと聞きました。タイのことをよく知っているはずです。

น่า がつく単語 222

前項の น่า [nâa] は、「น่า +動詞」の形で「～すべき」「～に値する」「～したくなるような」の意味で使うこともあります。

น่ากิน [nâa-kin] おいしそうな	น่ารู้ [nâa-rúu] 知るに値する
น่ารัก [nâa-rák] かわいらしい	น่าเบื่อ [nâa-bùa] つまらない
น่าอยู่ [nâa-yùu] 快適な、住み心地よさそう	น่ากลัว [nâa-klua] 恐ろしい
น่าซื้อ [nâa-súɯɯ] 買うに値する	น่านับถือ [nâa-náp-thɯ̌ɯ] 尊敬すべき
น่าดู [nâa-duu]（見て）おもしろそうな	น่าสงสัย [nâa-sǒŋ-sǎy] 疑わしい
น่าอ่าน [nâa-ʔàan]（読んで）おもしろそうな	น่าสงสาร [nâa-sǒŋ-sǎan] かわいそうな
น่าฟัง [nâa-faŋ]（聞いて）おもしろそうな	น่าสนใจ [nâa-sǒn-cay] 興味深い
น่าไป [nâa-pay] 行くのによさそう	น่านอน [nâa-nɔɔn] 寝心地よさそう
น่าเดิน [nâa-dəən] 歩くのによさそう	น่าเที่ยว [nâa-thîaw] 観光によさそう

ขนมไทยร้านนี้น่ากิน　この店のタイ菓子はおいしそうです。

ตลาดเช้าที่เชียงใหม่น่าเดิน มีของขายเยอะ

チェンマイの朝市は散策によさそうです。売っている物がたくさんあります。

ที่นั่นน่าไป ทะเลสวย และมีโรงแรมดีเยอะ

thîi-nân

そこ、あそこ

そこが（行くのに）よさそうです。海がきれいでいいホテルもたくさんあります。

書いてみよう

タイ語を発音しながら書いてみましょう。223

บ้านของเพื่อนน่าอยู่มาก

bâan khɔ̌ɔŋ phɯ̂an nâa-yùu mâak　友達の家は住み心地よさそうです。

หนังสือภาษาไทยเล่มนี้น่าเรียน

náŋ-sɯ̌ɯ phaa-sǎa thay lêm níi nâa-rian　このタイ語の本は勉強するのによさそうです。

日常の事柄を語る文章を読もう！

◆プローィ  は出張で地方に来ています。現地での様子を SNS につぶやきました。内容を読んで理解しましょう。（☞ 別冊 P31） 224

【1 日目】

มาถึงเชียงรายละ ต้องอยู่ที่นี่ประมาณเดือนนึง นานไปนิด แต่เพื่อหัวหน้าที่รัก เพื่อน ๆ ถ้ามาแถวนี้ ก็อย่าลืมติดต่อมานะ คิดว่าน่าจะเหงา เพราะไม่รู้จักใครเลย

【6 日目・週末】

เสาร์แรกที่เชียงราย วันนี้ไม่ต้องเข้าออฟฟิส ไม่มีอะไรที่ต้องทำ และได้ยินว่าตลาดน่าเดินหลายแห่ง ก็เลยไปเดินเที่ยวตลาดแถว ๆ ที่พัก ชื่อ “ตลาดจริงใจ” ดีงามควรไป ตั้งใจจะไปกินแค่ข้าวเช้า แต่อยู่ตั้งครึ่งวัน

単語

หลังจาก~ [lǎŋ-càak] ～したあと

ออฟฟิส [ʔɔ́ɔf-fís] 事務所、オフィス

ที่พัก [thîi-phák] 宿

ข้าวเช้า [khâaw-cháaw] 朝ごはん

~แรก [rɛ̂ɛk] 初めての～、最初の～

แห่ง [hɛ̀ŋ] （類別詞）～箇所

ดีงาม [dii-ŋaam] 素晴らしかった！（SNS などで使う）

◆前頁のタイ語を日本語に訳してください。

【1 日目】

【6 日目・週末】

◆プローィが書いた SNS でのつぶやきについて、次の質問にタイ語で答えてください。225

① ตอนนี้ พลอยอยู่ที่ไหน

② พลอยไปทำอะไรที่นั่น

③ พลอยจะอยู่ที่นั่นกี่วัน

④ พลอยอยากอยู่ที่นั่นไหม

⑤ พลอยมีคนรู้จักที่นั่นไหม

⑥ วันเสาร์แรก พลอยต้องไปทำงานไหม

⑦ วันเสาร์ พลอยไปที่ไหน

⑧ พลอยคิดว่าที่นั่นเป็นยังไง

日常のことを SNS でつぶやいてみよう！

◆次のタイ語を読み、日頃の生活の中で想定される事柄を空欄に書き入れてください。

(解答例 ☞ 別冊 P32 226)

【週末の出来事をつぶやく】

เสาร์นี้ไม่ต้อง ______________________ และได้ยินว่า

__________________ ก็เลย __________________ ดีงาม

ควร __________________

【今日やりたいことをつぶやく】

วันนี้ตั้งใจจะ ______________________________

เพราะได้ยินว่า ______________________________

_______________ ก็เลยจะ ______________________

練習問題

第 8 課で学んだタイ語を復習しましょう。（☞ 別冊 P33）

๑. ①～⑫の下線にふさわしい語を次の枠内から選んで書き入れてください。それぞれの語は 1 回しか使えません。 227

ต้อง	เกินไป	เพื่อ	ถ้า	อย่า	ว่า
น่าจะ	ใคร	อะไร	ควร	แค่	ตั้ง

① มีเวลา __________ ๕ นาที

② มีมือถือ __________ ๑๐ เครื่อง

③ ตื่นแล้ว __________ ดื่มน้ำ

④ ผม __________ กินอาหารเช้าทุกเช้า

⑤ หน้าหนาวที่ฮอกไกโดหนาว __________

⑥ ฉันจะกินผักและผลไม้ __________ สุขภาพ

⑦ __________ ไม่ชอบ ไม่ต้องซื้อ

⑧ __________ คุย ตอนครูอธิบาย

⑨ คิด __________ คนไทยใจดีที่สุด

⑩ แม่ __________ กินเผ็ดไม่ได้

⑪ มี __________ พูดภาษาญี่ปุ่นได้ไหม

⑫ ไม่มี __________ น่าสนใจ

๒. 次の質問に対する答えをタイ語で書いてください。 228

① ก่อนนอน คุณต้องทำอะไร

② คุณเรียนภาษาไทยเพื่ออะไร

③ ถ้าได้ไปเมืองไทย คุณอยากทำอะไร

④ ที่ญี่ปุ่นนักท่องเที่ยวควรจะทำอะไร

⑤ คุณคิดว่าคนไทยเป็นยังไง

⑥ คุณคิดว่าคนญี่ปุ่นชอบอะไรที่เมืองไทย

⑦ วันเสาร์นี้ คุณตั้งใจว่าจะทำอะไร

⑧ คุณคิดว่าในญี่ปุ่นที่ไหนน่าเที่ยว

● SNS でよく使う表現 (2) 229

チュッチュ（キス） [cúp-cúp]

軽めのニュアンス（親しい人同士なら可）

ファイト！ [sûu-sûu]

応援するとき

エーンエーン（泣） [ŋɛɛ-ŋɛɛ]

悲しい気分を表す軽めのニュアンス

つまらない [seŋ]

プンプン（怒り） [príit]

軽めのニュアンス

あきれた [mɔɔŋ bon]

目だけで上を見上げる動作から

うん [câʔ]

うらやま〜 [ʔìt]

Go!（やるぞ！） [luy]

な〜に？ [ʔa-ráay]

甘えたニュアンス

第9課

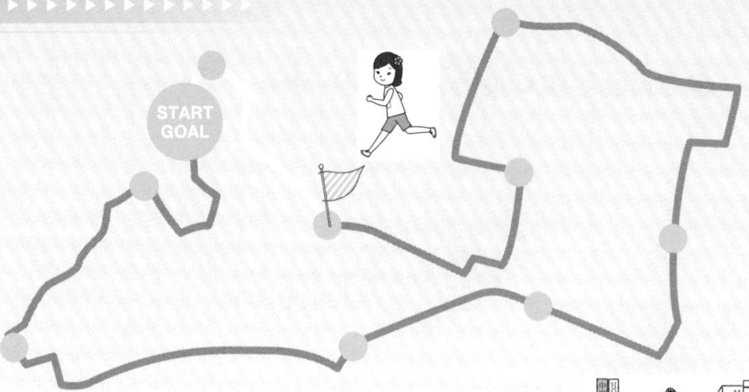

いい走りだぞ！　ヤワラート（中華街門）地点

知らないことについて、アドバイスを求める

กำลัง ～「～しているところ」 230

「今まさに～している」ことを表します。「กำลัง [kam-laŋ] ＋動詞」の語順で使います。動作や進行・継続を表す อยู่ （第３課）が後ろに続く場合もあります。

（電話で）เม　：ทำอะไรอยู่ คุยได้ไหมคะ　メー：何していますか？（今）話せますか？

พลอย：กำลังขับรถอยู่ ถึงบ้านแล้วโทร.ไปนะ

thoo pay
電話をかける

プローィ：今、車の運転中だから、家に着いたら電話するね。

ผมกำลังเตรียมเอกสาร เพราะบ่ายนี้มีประชุม

triam 準備する　bàay-níi 今日の午後　pra-chum 会議、会議する

僕は書類を準備していている最中です。今日の午後、会議があるからです。

ขนมที่แม่ค้ากำลังเรียงในถาดอยู่ คือขนมอะไรคะ น่ากินจังเลย

riaŋ 並べる　thàat お盆　caŋ とっても　lәәy 実に～

女性の店員さんがお盆に並べているお菓子は、何というお菓子ですか？　すっごくおいしそう。

ลอง ～ ดู「～してみる」 231

「ลอง [lɔɔŋ]（試す）＋動詞（句）＋ ดู [duu]（見る）」の語順で、「試しに～してみる」という意味になります。「ลอง ＋動詞」や、「動詞（句）＋ ดู」の形で使うこともあります。

อยากจะลองแต่งชุดไทยดู　タイの伝統衣装を着てみたいです。

tèŋ 着飾る　chút thay タイの伝統衣装

ไปเมืองไทยครั้งหน้า อยากลองนวดไทยดู

khráŋ-nâa 次回　nûat thay タイ式マッサージ

次回、タイに行ったら、タイ式マッサージをしてみたいです。

書いてみよう

練習1 タイ語を発音しながら書いてみましょう。 232

ฉันกำลังดูซีรีส์ไทยทางยูทูปอยู่

chán kam-laŋ duu sii-rîi thay thaaŋ yuu-thúup yùu 私はYouTubeでタイのドラマシリーズを見ているところです。

เขากำลังยุ่งเรื่องงาน

kháw kam-laŋ yûŋ rûaŋ ŋaan 彼は今、仕事のことで忙しいです。

อยากจะลองใส่กางเกงตัวนั้นดู

yàak càʔ lɔɔŋ sày kaaŋ-keeŋ tua nán duu そのズボンを試着してみたいです。

練習2 次の日本語の内容に合うように、ことばを並び替えてタイ語の文を完成させてください。

(☞ 別冊 P34) 233

★ヒント：อาหารแห้ง [ʔaa-hǎan hɛ̂ɛŋ] 乾物、保存食　ขี่ [khìi]（自転車、バイクなどにまたがって）乗る

① 母は市場で乾物を買っているところです。

ซื้อ / แม่ / อาหารแห้ง / ที่ / กำลัง / ตลาด

② 明日、私は彼と話してみます。 ฉัน / พรุ่งนี้ / ลอง / คุย / ดู / กับ / เขา / จะ

③ タイでは、僕は象に乗ってみたいです。

ลอง / ดู / ที่ / ผม / ขี่ / เมืองไทย / ช้าง / อยาก

～รึเปล่า「～ですか（ちがいますか）？」 234

หรือ [rʉ̌ʉ] は「それとも」、เปล่า [plàaw] は「いいえ、そうではない」の意味で、この二つを並べて～ หรือเปล่า [rʉ́-plàaw] とすると、「～ですか、それとも違いますか？」となります。SNS などでは会話の慣用発音にしたがって、～ รึเปล่า、～ รึป่ะ などと書くこともあります。答える場合は、名詞述語文の疑問文では ใช่（そうです）/ ไม่ใช่（違います）、動詞・形容詞・副詞・助動詞が使われている文では、それらを使って答えます。

A：เวลาเจอผู้ใหญ่ต้องยกมือไหว้หรือเปล่าคะ

yók mʉʉ
手を挙げる

年長者に会ったときは合掌しなければなりませんか？

B：ครับ ต้องครับ　　はい、しなければなりません。

否定の場合、เปล่า（いいえ）で答えることもあります。

A：ยุ่งอยู่รึเปล่า　　今、忙しい？

B：เปล่า มีอะไร　　ううん（忙しくないよ）、何だい？

～ใช่ไหม「～ですね？」「～でしょう？」 235

話し手の確信が強い場合や、同意を求める場合の疑問文「～ですね？」「～でしょう？」は、文末に ใช่ไหม [chây máy] を置きます。答えるときは、ใช่（そうです）、ไม่ใช่（違います）、あるいは使われている動詞・形容詞・副詞・助動詞などで答えます。

A：คุณเคยไปเมืองไทยใช่ไหม　　あなたはタイに行ったことがあるんですよね？

B：ใช่ค่ะ / ไม่ใช่ค่ะ　　そうです。/ ちがいます。

คนญี่ปุ่น：เวลาไปไหว้พระ ต้องมีดอกไม้ ธูป เทียนใช่ไหมคะ

thûup　thian
線香　ろうそく

日本人：お参りに行くときは、花、線香、ろうそくが必要ですよね？

คนไทย：ใช่ครับ ซื้อที่วัดได้ครับ　　タイ人：そうです。お寺で買うことができます。

ปกติตักบาตรตอนเช้าใช่ไหมคะ　　普通、（托鉢僧への）お布施は朝にするんですよね？

tàk-bàat
（托鉢僧に）喜捨する、お布施する

書いてみよう

練習1 タイ語を発音しながら書いてみましょう。 236

เป็นคนไทยรึเปล่า -ใช่/ไม่ใช่

pen khon thay rɯ́-plàaw タイ人ですか？ — chây / mây chây そうです。/ ちがいます。

คุณอยากจะไปตักบาตรหรือเปล่า

khun yàak càʔ pay tàk bàat rɯ́-plàaw あなたは（托鉢僧に）お布施しに行きたいですか？

คุณกินอาหารเผ็ดไม่ได้ใช่ไหม

khun kin ʔaa-hǎan phèt mây dâay chây máy あなたは辛い料理が食べられないのですよね？

練習2 次の日本語の内容に合うように、ことばを並び替えてタイ語の文を完成させてください。

（☞ 別冊 P34） 237

★ヒント：ตัวเอง [tua-ʔeeŋ] 自分　ข้าวสาร [khâaw-sǎan] 米

① ここは、靴を脱がなければなりませんか？ ต้อง / หรือเปล่า / ถอด / ที่นี่ / รองเท้า

② 誕生日は、タイ人はたいてい（托鉢僧に）お布施するのですよね？

คนไทย / วันเกิด / ตักบาตร / มักจะ / ใช่ไหม / ใน

③ お米がなくなったので、買いに行かないといけないですよね？

ต้อง / ข้าวสาร / ไป / หมด / ใช่ไหม / ซื้อ

ขอ ～「～をください」「～させてください」 238

1. 「(物) をください」は、「ขอ [khɔ̌ɔ] ＋物」の順番に並べます。文末に「ちょっと」の意味の หน่อย [nɔ̀y] をつけて、ニュアンスを和らげて「ちょっと～をください」と言うこともあります。

ขอทิชชูหน่อยค่ะ　ちょっとティッシュをください。
thít-chûu
ティッシュ、トイレットペーパー

ขอน้ำ ๒ แก้วครับ　お水を２杯ください。
náam　kɛ̂ɛw
(コップ)～杯

ขอข้าวสวย ๑ ที่ แล้วก็ข้าวเหนียว ๒ ที่ด้วย
khâaw-sǔay　thîi　khâaw-nǐaw
(炊いた)ご飯　(料理)～人前、～つ　もち米
ライス１つ、それからもち米も２つください。

2. 「ขอ [khɔ̌ɔ] ＋動詞」にすると、「(自分に) ～させてください」となります。

ขอสั่งอาหารหน่อยค่ะ　オーダーをお願いします（ちょっと料理を注文させてください）。
sàŋ
注文する

ขอไปห้องน้ำหน่อย　ちょっとトイレに行かせてください。
hɔ̂ŋ-náam
トイレ

ลูกค้า : ขอดูกระโปรงตัวนั้นหน่อยค่ะ　顧客：あのスカートを見せてください。
lûuk-kháa
顧客

พนักงานขาย : ได้ค่ะ　店員：分かりました（いいですよ）。
pha-nák-ŋaan khǎay
店員

書いてみよう

タイ語を発音しながら書いてみましょう。239

ขอเวลาหน่อยนะคะ

khɔ̌ɔ wee-laa nɔ̀y náʔ kháʔ　ちょっと時間をくださいね。

ขอไลน์ได้ไหมครับ

khɔ̌ɔ laay dâay máy khráp　ライン（ID）をいただけますか？

ขอถามอะไรหน่อยได้ไหมครับ

khɔ̌ɔ thǎam ʔa-ray nɔ̀y dâay máy khráp　ちょっと（何かを）聞いてもいいですか？

読んでみよう

ヒントを参考にして次の文を読んで、日本語に訳してください。（☞ 別冊 P35）240

★ヒント：น้ำส้ม [nám-sôm] オレンジジュース　น้ำแตงโม [nám-tɛɛŋ-moo] スイカジュース
นั่ง [nâŋ] 座る、（乗り物に）乗る　รอ [rɔɔ] 待つ　ปรึกษา [prɯ̀k-sǎa] 相談する

① ขอผัดไทย ๓ ที่ น้ำส้ม ๒ ที่ แล้วก็น้ำแตงโม ๑ ที่

（　　　　　　　　　　　　　　　　　　　　　）

② ขอนั่งรอที่นี่ได้ไหม

（　　　　　　　　　　　　　　　　　　　　　）

③ ขอปรึกษาเรื่องงานค่ะ

（　　　　　　　　　　　　　　　　　　　　　）

ห้าม ～「～禁止」「絶対～しないで」 241

ห้าม [hâam] は、ある行為を「禁じる」と言う動詞です。不特定の人に対する「〇〇禁止」という看板や、相手に対して「絶対～しないで」と言うときにも使います。「ห้าม ＋動詞 / 名詞」の順に並べます。

ห้ามกินเหล้าในโรงพยาบาล　病院内でお酒を飲むのは禁止です。
lâw
酒

ผู้หญิงห้ามโดนตัวพระ　女性は、僧侶の体に触れることは禁じられています。
phûu-yǐŋ　doon　tua　phráʔ
女性　触れる　体　僧侶

ห้ามบอกใครนะ　絶対、誰にも言わないでね。

ห้ามสูบบุหรี่　禁煙

タイの電車中では、飲むことも
食べることも禁止だぞ！
ห้ามดื่ม ห้ามกิน

～ เป็น「～できる（経験、習得）」 242

「動詞（句）＋ เป็น [pen]」は、経験がある、あるいはやり方を習得して、「～することができる」という可能表現のひとつです。否定は「動詞（句）＋ ไม่เป็น [mây pen]」です。

แม่ซื้อของออนไลน์ไม่เป็น
（やり方が分からないので）母はオンラインで買い物することができません。

ผมชอบดูกีฬาทุกอย่าง แต่เล่นไม่เป็น
kii-laa
スポーツ
僕は全種目のスポーツを見るのが好きですが、（経験、未習得なので）やることができません。

ไปยังไงคะ ไปไม่เป็นค่ะ　どうやって行くのですか？（行き方が分からなくて）行けません。

กินปลาร้าไม่เป็น　（食べつけてないので）プラーラーは食べられません。
plaa-ráa
プラーラー（魚を発酵させた食品）

書いてみよう

練習1 タイ語を発音しながら書いてみましょう。243

ห้องนี้ห้ามสูบบุหรี่

hɔ̂ŋ níi hâam sùup bu-rìi　この部屋は禁煙です。

ผมขับรถเป็นแต่ไม่อยากขับที่ต่างประเทศ

phǒm khàp rót pen tɛ̀ɛ mây yàak khàp thîi tàaŋ-pra-thêet
僕は車の運転はできますが、外国では運転したくありません。

読んでみよう

ヒントを参考にして次の文を読んで、日本語に訳してください。(☞ 別冊 P35) 244

★ヒント： ว่าย(น้ำ) [wâay (náam)] 泳ぐ

① ในวัดนี้ห้ามถ่ายรูป

(　　　　　　　　　　　　　　　　　　　　　　　　　　　　)

② ห้ามคุยโทรศัพท์ในรถไฟฟ้าที่ญี่ปุ่น

(　　　　　　　　　　　　　　　　　　　　　　　　　　　　)

③ แฟนผมทำอาหารไทยเป็นหลายอย่าง

(　　　　　　　　　　　　　　　　　　　　　　　　　　　　)

④ ดิฉันว่ายน้ำเป็น แต่วันนี้ไม่ว่าง ไปว่ายไม่ได้

(　　　　　　　　　　　　　　　　　　　　　　　　　　　　)

～ ทำให้ … 「～が…を引き起こす」 245

「A + ทำให้ [tham hây] + B」の形で、A という事柄が間接的に影響を与えたり、原因となり、B の状態を引き起こすという意味になります。B は好ましい状態、好ましくない状態のいずれも可能です。

ออกกำลังกายทุกวันทำให้สุขภาพแข็งแรง　毎日運動すると体が丈夫になります。

khěŋ-rɛɛŋ
丈夫な

แม่ใส่พริกมากทำให้อาหารเผ็ดมาก

sày　phrík
入れる　唐辛子

母がたくさん唐辛子を入れたので、料理がとても辛くなりました。

ผมมีเพื่อนคนไทยเยอะทำให้ผมสนใจเมืองไทย

僕はタイ人の友達がたくさんいるので、タイのことに興味を持ちました。

หัวหน้าบอกว่าจะขึ้นโบนัสทำให้ทุกคนดีใจ

khûn　boo-nát
上げる、上がる　ボーナス

上司がボーナスを上げると言ったので、みんなが喜びました。

書いてみよう

次の日本語の内容に合うように、ことばを並び替えてタイ語の文を完成させてください。

(☞ 別冊 P35) 246

★ヒント： ป่วย [pùay] 病気になる

① 恋人が怒っているので、彼女は悲しくなりました。

ทำให้ / โกรธ / แฟน / เธอ / เสียใจ

② タイの俳優に会って、幸せな気持ちになりました。

ทำให้ / เจอ / มีความสุข / ดาราไทย

③ 働き過ぎて、彼は病気になりました。

มาก / เขา / ป่วย / ทำงาน / ทำให้ / ไป

SNS のメッセージを読もう！

メーは、LINE で友人のカーゥとプローィに托鉢僧へのお布施の仕方について聞いています。

◆次のメッセージのやりとりを読んでください。（☞ 別冊 P35） 247

Read 2 15:07 พี่ ๆ คะ กำลังยุ่งรึเปล่าคะ

Khao: มีอะไรเหรอ 15:07

Read 2 15:08 เมขอถามเรื่องตักบาตรหน่อยค่ะ

Ploy: วิธีตักบาตรใช่ไหม 15:08

Read 2 15:10 ค่ะ ทำไม่เป็น อยากลองตักบาตรดูค่ะ

Khao: ก่อนอื่นเตรียมของตักบาตรนะ
เป็นอาหารสด เช่น ข้าวสวย กับข้าว
อาหารแห้ง เช่น ข้าวสาร เครื่องกระป๋อง
นมกล่อง หรือของใช้จำเป็นของพระ
เช่น ธูป เทียน จีวร ก็ได้ 15:12

Ploy: แต่ห้ามเป็นของที่ทำให้พระผิดศีลนะ
เช่น เหล้า บุหรี่ 15:14

Khao: เสร็จแล้ว เรียงของในถาด แล้วไปรอที่ที่ตักบาตร
ที่หน้าบ้านหรือที่วัดก็ได้ 15:15

Ploy: เสร็จแล้ว ถอดรองเท้า ใส่ของที่เตรียมในบาตรอย่างสำรวม
อย่าโดนบาตรพระนะ เสร็จแล้วยกมือไหว้ 15:17

Read 2 15:19 ค่ะ แล้วคนไทยตักบาตรเพื่ออะไรคะ

Ploy: เพื่อให้ทาน และสืบทอดพุทธศาสนา 15:19

Read 2 17:39 เข้าใจแล้วค่ะ เสาร์นี้เมจะลองไปตักบาตรดูค่ะ

Read 2 17:39 ขอบคุณพี่ ๆ มากเลยค่ะ

単語

ก่อนอื่น [kɔ̀ɔn ʔɯ̀ɯn] まず最初に

เครื่องกระป๋อง [khrɯ̂aŋ kra-pɔ̌ŋ] 缶詰

ของใช้จำเป็น [khɔ̌ɔŋ-cháy cam-pen] 必需品

ผิดศีล [phìt sǐin] 戒律を破る

บาตร [bàat] （托鉢用の）鉢

อย่างสำรวม [yàaŋ sǎm-ruam] 慎み深く

สืบทอด [sɯ̀ɯp-thɔ̂ɔt] 継承する、受け継ぐ

อาหารสด [ʔaa-hǎan sòt] 新鮮な食品、できたての食べ物

นมกล่อง [nom klɔ̀ŋ] （長期保存できる）パック入り牛乳

จีวร [cii-wɔɔn] （僧侶の）袈裟

ที่ [thîi] 場所

ที่ตักบาตร [thîi-tàk-bàat] （托鉢僧に）お布施する場所

ให้ทาน [hây thaan] 施す

พุทธศาสนา [phút-tha-sàat-sa-nǎa] 仏教

◆前頁のタイ語を日本語に訳してください。

メー　（　　　　　　　　　　　　　　　　）

カーゥ　（　　　　　　　　　　　　　　　　）

メー　（　　　　　　　　　　　　　　　　）

プローィ　（　　　　　　　　　　　　　　　　）

メー　（　　　　　　　　　　　　　　　　）

カーゥ　（

　　　　　　　　　　　　　　　　）

プローィ　（　　　　　　　　　　　　　　　　）

カーゥ　（

　　　　　　　　　　　　　　　　）

プローィ　（　　　　　　　　　　　　　　　　）

メー　（　　　　　　　　　　　　　　　　）

プローィ　（　　　　　　　　　　　　　　　　）

メー　（　　　　　　　　　　　　　　　　）

メー　（　　　　　　　　　　　　　　　　）

◆ 3 人の SNS の内容について、次の質問にタイ語で簡潔に答えてください。 248

例：メーは何について質問しましたか？

答え：　วิธีตักบาตร

① カーゥとプローィはまず何をするようにアドバイスしましたか？

答え：＿＿＿＿＿＿＿＿＿＿＿＿＿＿＿＿＿＿＿＿

② อาหารสด は、たとえば、どのようなものですか？

答え：＿＿＿＿＿＿＿＿＿＿＿＿＿＿＿＿＿＿＿＿

③ อาหารแห้ง は、たとえば、どのようなものですか？

答え：＿＿＿＿＿＿＿＿＿＿＿＿＿＿＿＿＿＿＿＿

④ 僧侶の必需品とは、たとえば、どのようなものですか？

答え：＿＿＿＿＿＿＿＿＿＿＿＿＿＿＿＿＿＿＿＿

⑤ 托鉢僧へのお布施はどのような所でできますか？

答え：＿＿＿＿＿＿＿＿＿＿＿＿＿＿＿＿＿＿＿＿

⑥ 托鉢僧にお布施してはいけないものは、どのようなものですか？

答え：＿＿＿＿＿＿＿＿＿＿＿＿＿＿＿＿＿＿＿＿

⑦ 托鉢僧にお布施するとき、何をしなければなりませんか？

答え：＿＿＿＿＿＿＿＿＿＿＿＿＿＿＿＿＿＿＿＿

⑧ お布施し終わったら、何をしなければなりませんか？

答え：＿＿＿＿＿＿＿＿＿＿＿＿＿＿＿＿＿＿＿＿

練習問題

第 9 課で学んだタイ語を復習しましょう。（☞ 別冊 P37）

๑. ①～⑧の下線にふさわしい語を次の枠内から選んで書き入れてください。それぞれの語は 1 回しか使えません。 249

กำลัง　รึเปล่า　ขอ　ใช่ไหม
เป็น　ลอง　ห้าม　ทำให้

① ซูชิเป็นอาหารญี่ปุ่น ________

② เรียนภาษาไทย ________ อยากไปเที่ยวเมืองไทย

③ ไปเมืองไทยครั้งหน้าจะ ________ ไปนวดไทยดู

④ ในรถไฟฟ้าที่ญี่ปุ่น ________ คุยโทรศัพท์

⑤ ตอนนี้ ผม ________ เรียนภาษาไทย

⑥ มีคนที่พูดภาษาญี่ปุ่นได้ ________

⑦ ________ ถ่ายรูปได้ไหม

⑧ ฉันทำอาหารไทยไม่ ________

๒. 次の質問に対する答えをタイ語で書いてください。 250

① คุณเคยตักบาตรหรือเปล่า

② คนญี่ปุ่นตักบาตรหรือเปล่า

③ คุณกำลังทำอะไรอยู่

④ คุณอยากลองทำอะไรที่เมืองไทย

⑤ คุณมีเพื่อนคนไทยใช่ไหม

⑥ คุณเขียนภาษาไทยเป็นไหม

⑦ คุณทำอะไรไม่เป็น

⑧ อะไรทำให้คุณสนใจเรียนภาษาไทย

第10課

もう少しでゴールだ！　カオサン通り地点

心配ごとを相談するメッセージを読む

～ บ้าง「いくらか～」「多少～」「～も」 251

1. 英語の *some* のように「いくらか」「多少」の意味があり、「動詞（句）＋ บ้าง [bâaŋ]」の語順で使います。

A：พูดไทยได้ไหม　タイ語を話せますか？
B：พูดได้บ้างค่ะ　多少話せませす。

คุณทำงานมากไป ต้องพักผ่อนบ้างนะ
phák-phɔ̀n
休む、休養をとる
君は働きすぎだから、ちょっとは休まないといけないよ。

บ้าง は、文脈によっては「私や、他の人にも～」の意味になることがあります。

กินอะไรเหรอ ฉันขอบ้าง　何食べているの？　私にもちょうだい。

2. 疑問詞の อะไร、ที่ไหน、ใคร、เมื่อไร、ยังไง、ไหน と一緒に使うと、「いくつか挙げられると思うけど、どんな～？」と複数を予想した疑問文になります。บ้าง は文末に置きます。

A：ช่วงนี้เป็นยังไงบ้าง　（いろいろあると思うけど）最近どう？
B：เรื่อย ๆ ครับ　ぼちぼちです。
rûay-rûay
相変わらず、まあまあ

A：ที่เมืองไทย เคยไปเที่ยวที่ไหนบ้าง
タイでは、どことどこに（複数）行ったことがある？
B：ไปหลายที่ เช่น ตลาดน้ำ วัดพระแก้ว เกาะเกร็ด
wát-phrá-kɛ̂ɛw
エメラルド寺院
何か所も行きました。たとえば、水上マーケット、エメラルド寺院、クレット島です。

書いてみよう

練習1 タイ語を発音しながら書いてみましょう。 252

ขอชิมบ้าง

khɔ̌ɔ chim bâaŋ　（私にも）味見させてください。

นักร้องคนไทย รู้จักใครบ้าง

nák-rɔ́ɔŋ khon thay rúu-càk khray bâaŋ　タイ人の歌手は、誰と誰（複数）を知っていますか？

ไปตลาด ซื้ออะไรมาบ้าง

pay ta-làat sɯ́ɯ ʔa-ray maa bâaŋ　市場に行って、何と何（複数）を買って来ましたか？

練習2 次の日本語の内容に合うように、ことばを並び替えてタイ語の文を完成させてください。

（☞ 別冊 P38） 253

① 彼は日本語をいくらか勉強してきました。

มา / เคย / เขา / ภาษาญี่ปุ่น / บ้าง / เรียน

② いつも、あなたはどの日（複数）が空いていますか？

ปกติ / ไหน / คุณ / วัน / บ้าง / ว่าง

③ 昨日、あなたは何（複数）を食べましたか？ คุณ / บ้าง / กิน / อะไร / เมื่อวาน

กำลังจะ ～「(これから) ～するところ」 254

これから何らかの動作に取りかかったり、ある状態になることを表します。「กำลังจะ [kam-laŋ càʔ] ＋動詞」の語順で使います。第９課で学習した กำลัง「今まさに～している」と形が似ていますが、意味が異なりますので注意が必要です。

กำลังจะโทร.ไปหาพอดี　　ちょうど今から電話かけるところでした。

thoo pay hǎa　phɔɔ-dii
（人）に電話をかける　ちょうど

ฉันกำลังจะออกไปกินข้าว ไปด้วยกันไหม

ʔɔ̀ɔk pay
出かける

これから食事に出かけるところですが、一緒に行きませんか？

A：ตอนนี้คุณอยู่ที่ไหนแล้วคะ　　（電話で）今、（もう）どこにいますか？

B：กำลังจะถึงแล้วครับ รอสักครู่ครับ　　もう着くところです。少しお待ちください。

sák-khrûu
少しの間、しばらく

พยายาม ～「～するように努める」「がんばる」 255

พยายาม [pha-yaa-yaam] は「努める」「努力する」という動詞です。「พยายาม ＋動詞」で「～するよう努める」「がんばって～する」の意味になります。

A：เรียนภาษาไทยเยอะ ๆ นะคะ　　タイ語をたくさん勉強してくださいね。

B：จะพยายามครับ　　努力します。

ผมจะพยายามหาข้อมูลในอินเทอร์เน็ตเพื่อเขียนรายงาน

hǎa　khɔ̂ɔ-muun
探す　情報、データ、資料

僕はレポートを書くために、インターネットで情報をがんばって探します。

ในห้องเรียนเราพูดภาษาไทยนะ พยายามไม่พูดภาษาญี่ปุ่นกัน

hɔ̂ŋ-rian
教室

教室の中では、私たちはタイ語を話そうね。日本語を話さないようにしよう。

書いてみよう

練習 1 タイ語を発音しながら書いてみましょう。 256

ผมกำลังจะออกจากบ้าน

phǒm kam-laŋ càʔ ʔɔ̀ɔk càak bâan　今から家を出るところです。

กำลังจะไปหาคุณพอดี

kam-laŋ càʔ pay hǎa khun phɔɔ-dii　ちょうどあなたに会いに行くところでした。

พี่พยายามอธิบายแล้วแต่แม่ไม่เข้าใจ

phîi pha-yaa-yaam ʔa-thí-baay lɛ́ɛw tɛ̀ɛ mɛ̂ɛ mây khâw-cay

私は努めて説明したけど、お母さんは分かってくれない。(พี่ は年上の人が年下の相手に使う一人称の「私」)

練習 2 次の日本語の内容に合うように、ことばを並び替えてタイ語の文を完成させてください。

(☞ 別冊 P38) 257

★ヒント： ข้างนอก [khâŋ-nɔ̂ɔk] 外

① 彼はこれから外に出かけるところです。 กำลังจะ / ข้างนอก / ไป / เขา / ออก

② 僕は帰って来たばかりで、これからシャワーを浴びるところです。

อาบน้ำ / กลับมา / เพิ่ง / กำลังจะ / ผม

③ 私はがんばってタイ語を勉強します。 ผม / พยายาม / จะ / ภาษาไทย / เรียน

อาจจะ ～「～かもしれない」 258

推量、可能性を表す助動詞です。客観性は高く、可能性、確信度は低いです。「อาจ(จะ) [ʔàat (cà)] ＋動詞 / 形容詞 / 副詞」の順番に並べます。

เขายังไม่มา อาจจะตื่นสาย 彼はまだ来ません。寝坊したのかもしれません。

sǎay 遅れる

วันนี้คุณลุงอาจจะไม่อยู่บ้าน 今日、伯父さんは家にいないかもしれません。

เรียนจบแล้วผมอาจจะไปทำงานที่ต่างประเทศ

rian còp 卒業する

卒業したら、僕は外国に仕事に行くかもしれません。

คง(จะ) ～「～だろう」 259

คง(จะ) [khoŋ (cà)] は、前項同様、推量を表す助動詞です。อาจ(จะ) よりは客観性が低く、確信度は高いです。「คง(จะ) ＋動詞 / 形容詞 / 副詞」の順番に並べます。

เมื่อวานแกไม่มา แกคงลืมนัด 昨日彼は来ませんでした。約束を忘れたのでしょう。

kɛɛ （親しみをこめた）彼、彼女

พรุ่งนี้ ฝนคงไม่ตก 明日は、雨が降らないでしょう。

กินยา พักผ่อนแล้ว คงจะหาย 薬を飲んで、休んだら、治るでしょう。

yaa 薬　phák-phɔ̀n 休養をとる　hǎay 治る

ถ้าแม่คิดถึง แม่ก็คงจะโทร. มา お母さんが（私を）恋しくなったら、電話してくるでしょう。

khít thʉ̌ŋ 恋しい、～のことを想う

書いてみよう

タイ語を発音しながら書いてみましょう。 260

พรุ่งนี้ฝนอาจจะตก

phrûŋ-níi fǒn ʔàat càʔ tòk　明日は、雨が降るかもしれません。

ตอนเย็นผมอาจจะไม่สะดวก

tɔɔn-yen phǒm ʔàat càʔ mây sa-dùak　夕方、僕は都合が悪いかもしれません。

เขาคงไม่เคยซื้อของออนไลน์

kháw khoŋ mây khəəy sɯ́ɯ khɔ̌ɔŋ ʔɔɔn-laay　彼女はオンラインで買い物したことがないでしょう。

読んでみよう

ヒントを参考にして次の文を読んで、日本語に訳してください。(☞ 別冊 P38) 261

★ヒント：ข้อสอบ [khɔ̂ɔ-sɔ̀ɔp] 試験問題　　ทัน [than] 間に合う

① ข้อสอบอาจจะยากมาก

(　　　　　　　　　　　　　　　　　　　　　　　　　　　　)

② รถติดมาก อาจจะไม่ทัน

(　　　　　　　　　　　　　　　　　　　　　　　　　　　　)

③ ตอนบ่ายคงจะร้อน อยู่บ้านดีกว่า

(　　　　　　　　　　　　　　　　　　　　　　　　　　　　)

～ขึ้น、～ลง「(変化) ～になる」 262

変化を表す表現です。程度や数値の増大、好ましい方向への変化を表して「～になる」は、「形容詞 / 副詞 / 動詞（句）+ **ขึ้น** [khûn]（上がる）」、反対に程度や数値の減少や好ましくない方向への変化は、「形容詞 / 副詞 / 動詞（句）+ **ลง** [loŋ]（下がる）」を使います。

เขาพยายาม ก็เลยอ่านเขียนภาษาไทยเก่งขึ้นมาก
彼は努力したので、タイ語の読み書きがとても上手になりました。

ช่วงฤดูใบไม้ร่วง ผมจะอ้วนขึ้น　秋の時期、僕は太ります。
chûaŋ rúdu-duu-bay-máy-rûaŋ
時期　秋

ทำความสะอาดแล้ว ห้องสะอาดขึ้น　掃除をしたら、部屋が清潔になりました。
sa-ʔàat
清潔な

เข้าหน้าฝนแล้ว อากาศจะเย็นลง　雨季に入ると、気候が涼しくなります。
khâw　nâa-fǒn　yen
入る　雨季　涼しい

เมื่อวาน ไข้สูงขึ้น แต่วันนี้ลดลง　昨日は熱が高くなりましたが、今日は下がりました。
khây　lót
熱　下がる、減る、減らす

ที่ญี่ปุ่น เด็กเกิดน้อยลง ทำให้ปัญหาเพิ่มขึ้น
nɔ́ɔy　pan-hǎa　phə̂əm
少ない　問題　増える、増やす
日本では子供の出生が少なくなり、それで問題が増えています。

หนาว「寒い」は、寒さの程度が増すと หนาวขึ้น、温度が下がって寒いと หนาวลง と言うときがあるぞ。状況や、その人のイメージによって、ขึ้น と ลง の両方が使われる単語もあるんだ。

書いてみよう

タイ語を発音しながら書いてみましょう。263

รถไฟฟ้าที่กรุงเทพฯ สะดวกขึ้น

rót-fay-fáa thîi kruŋ-thêep sa-dùak khûn　バンコクの電車は便利になりました。

อ้วนขึ้นมากก็เลยต้องกินน้อยลง

ʔûan khûn mâak kɔ̂ɔ-ləəy tɔ̂ŋ kin nɔ́ɔy loŋ　とても太ったので、食べる量を少なくしなければなりません。

読んでみよう

次の内容に合うように下線に ขึ้น または ลง を書き入れ、日本語に訳してください。

(☞ 別冊 P39) 264

★ヒント：เงินเยน [ŋən-yen] 日本円　　ผอม [phɔ̌ɔm] やせている

① ใส่น้ำปลาแล้ว อร่อย ＿＿＿＿＿＿

(　　　　　　　　　　　　　　　　　　　　)

② ช่วงนี้เงินเยนถูก ＿＿＿＿＿＿

(　　　　　　　　　　　　　　　　　　　　)

③ ออกกำลังกายแล้วผอม ＿＿＿＿＿＿

(　　　　　　　　　　　　　　　　　　　　)

④ ของทุกอย่างแพง ＿＿＿＿＿＿ กว่าปีที่แล้ว

(　　　　　　　　　　　　　　　　　　　　)

…, จะได้ ～「～できるように…する」 265

望んでいる結果を実現させるために、ある行動をすることを表します。「行動を表す文節＋実現させたい内容を表す文節（จะได้ ＋動詞）」の順に並べて、「～できる（実現する）ように…する」となります。

ผมจะพยายามฝึกภาษาไทย จะได้คุยกับเพื่อนคนไทยได้

タイ人の友達と話せるように、僕はタイ語の練習をがんばります。

อยากไปฮอกไกโดหน้าหนาว จะได้เล่นสกี

lên sa-kii

（スポーツを）する スキー

スキーができるように、冬に北海道に行きたいです。

ฉันจองร้านแล้ว จะได้ไม่ต้องรอ

cɔɔŋ

予約する

待たないですむように、私はすでに店を予約してあります。

ออกจากบ้านตั้งแต่เช้า จะได้ไม่สาย　遅れないように、朝早くから家を出ます。

cháaw

朝早く

อยากให้ ～「～して欲しい」 266

อยาก（したい）と使役 ให้（させる）が組み合わさった表現です。「อยากให้ ＋人（～に）＋動詞」で「～に…させたい / して欲しい」となります。

เพื่อนอยากให้ฉันสอนภาษาญี่ปุ่น　友達は私に日本語を教えてもらいたがっています。

พ่ออยากให้ผมเป็นตำรวจ　父は僕を警察官にさせたがっています。

pen

なる

ผมไม่อยากให้รัฐบาลขึ้นภาษี　僕は政府に税金を上げて欲しくないです。

rát-tha-baan phaa-sǐi

政府 税金

書いてみよう

タイ語を発音しながら書いてみましょう。 267

ออกกำลังกายทุกวัน จะได้แข็งแรง

ʔɔ̀ɔk kam-laŋ-kaay thúk wan càʔ dây khěŋ-rɛɛŋ　丈夫になるように、毎日運動します。

พ่อแม่อยากให้ผมไปเรียนที่ต่างประเทศ

phɔ̂ɔ-mɛ̂ɛ yàak hây phǒm pay rian thîi tàaŋ-pra-thêet　両親は僕に外国に留学させたがっています。

読んでみよう

ヒントを参考にして次の文を読んで、日本語に訳してください。(☞ 別冊 P39) 268

★ヒント：ผัก [phàk] 野菜　โค้ก [khóok] コーラ　พ็อปคอร์น [póp-khɔɔn] ポップコーン
เงินเดือน [ŋən-dɯan] 月給

① กินผักเยอะ ๆ จะได้ไม่อ้วน

(　　　　　　　　　　　　　　　　　　　　　　　　　　　　)

② จะซื้อโค้กกับพ็อปคอร์น จะได้กินตอนดูหนัง

(　　　　　　　　　　　　　　　　　　　　　　　　　　　　)

③ ทุกคนอยากให้บริษัทขึ้นเงินเดือน

(　　　　　　　　　　　　　　　　　　　　　　　　　　　　)

④ พ่อแม่อยากให้ลูกมีความสุข

(　　　　　　　　　　　　　　　　　　　　　　　　　　　　)

形容詞＋ ดี「～でよい」 269

好ましい状況のときに形容詞、副詞の後ろに ดี をつけることがよくあります。

อร่อยดี おいしくてよい　สนุกดี 楽しくてよい　สวยดี きれいでよい　น่ารักดี かわいくてよい

หนังเรื่องนี้สนุกดี　この映画は楽しくていいです。

เขาพูดไทยชัดดี　彼はタイ語（の発音）がはっきりしていていいです。

chát
明瞭な、はっきりした

疑問詞＋ ดี「～したらいい？」 270

ดี を疑問詞の後ろに置くと、「～したらいい？」と相談する文になります。

ของขวัญวันเกิด ให้อะไรคุณแม่ดี　誕生日プレゼントは、何をお母さんにあげればいい？

khɔ̌ɔŋ-khwǎn
プレゼント

วันหยุดหน้าร้อน ไปเที่ยวที่ไหนดี　夏休みは、どこに遊びに行けばいいでしょうか？

～เหมือนกัน「同じ」 271

「A กับ [kàp] B, ～เหมือนกัน [mɯ̌an kan]」で「AとBは、（内容が）同じです / 同じように～です」を意味します。

ที่ทำงานเก่ากับที่ทำงานใหม่ งานเหมือนกัน

thîi-tham-ŋaan　kàw
職場　前の、古い

前の職場と新しい職場は、仕事が同じです。

พ่อกับแม่ชอบไม่เหมือนกัน　父と母は好みが同じではありません。

「Aは、Bと（内容が）同じです / 同じように～です」というときは、「A ～เหมือนกับ B」とします。กับ は省略することがあります。

พี่สาวหน้าตาเหมือน(กับ)แม่ แต่นิสัยเหมือน(กับ)พ่อ

nâa-taa　ní-sǎy
顔つき　性格

姉は、顔つきが母親と同じですが、性格は父親と同じです。

書いてみよう

練習1 タイ語を発音しながら書いてみましょう。 272

วันนี้กินอะไรดี

wan-níi kin ʔa-ray dii　今日は何を食べたらいいでしょうか？

เขาโกรธมาก ทำยังไงดี

kháw kròot mâak tham yaŋ-ŋay dii　彼はとても怒っています。どうしたらいいでしょうか？

พี่กับน้องนิสัยไม่เหมือนกัน

phîi kàp nɔ́ɔŋ ní-sǎy mây mʉ̌an-kan　兄弟は性格が同じではありません。

練習2 次の日本語の内容に合うように、ことばを並び替えてタイ語の文を完成させてください。

(☞ 別冊 P39) 273

① 私たちはいつ会ったらいいでしょうか？ เจอ / เรา / เมื่อไร / กัน / ดี

② この件は、誰に相談したらいいでしょうか？ ปรึกษา / ดี / เรื่องนี้ / ใคร

③ 彼女は私と同じようにタイドラマが好きです。

ละครไทย / เหมือน / ฉัน / ชอบ / เขา

引用 ว่า～ (2) 274

第８課で学習した引用の表現をさらに覚えましょう。

รู้ว่า～ ～と知っている、分かる
rúu wâa

ถามว่า～ ～と尋ねる
thǎam wâa

ตอบว่า～ ～と答える
tɔ̀ɔp wâa

กลัวว่า～ ～と恐れる、心配する
klua wâa

ตัดสินใจว่า～ ～と決める、決心する
tàt-sǐn cay wâa

ฉันไม่รู้ว่าเขาจะมากี่โมง 私は、彼が何時に来るのか分かりません。

เพื่อนร่วมงานถามผมว่าผมเป็นคนที่ไหน
phɯ̂am-rûam-ŋaan
同僚
同僚は、僕にどこの出身かと尋ねました。

ผมตอบว่าผมเป็นคนนาโกย่า 僕は名古屋出身だと答えました。

ผมกลัวว่าคนไทยจะไม่เข้าใจภาษาไทยของผม
僕は、タイ人が自分のタイ語が分からないのではないかと、心配しました。

ผมตัดสินใจว่าจะเป็นทนายความ 僕は弁護士になろうと決心しました。
tha-naay-khwaam
弁護士

書いてみよう

練習１ タイ語を発音しながら書いてみましょう。275

บริษัทรู้ว่าทุกคนพยายามทำงานเพื่อบริษัท
bɔɔ-ri-sàt rúu wâa thúk-khon pha-yaa-yaam tham-ŋaan phɯ̂a bɔɔ-ri-sàt
会社は、みんなが会社のためにがんばって働いていることを知っています。

เพื่อนกลัวว่าจะเหงา หลังจากเกษียณ
phɯ̂an klua wâa càʔ ŋǎw lǎŋ-càak ka-sǐan 友達は、定年後にさびしくなることを心配しています。

練習2 次の日本語の内容に合うように、ことばを並び替えてタイ語の文を完成させてください。

(☞別冊P39) 276

★ヒント：แต่งงาน [tὲŋ-ŋaan] 結婚する　ผู้ชาย [phûu-chaay] 男性　สอบ [sɔ̀ɔp] 試験する
อายุมาก [ʔaa-yúʔ mâak] 歳をとる

① ダー（女性の名）はこの男性と結婚しようと決心しました。

จะ / ตัดสินใจว่า / แต่งงาน / ผู้ชายคนนี้ / กับ / ดา

② どこに遊びに行けばいいか、まだ分かりません。

จะ / ยัง / ไปเที่ยว / ดี / ที่ไหน / ไม่ / รู้ว่า

③ 生徒は先生に何時に試験をするかと尋ねました。

ครู / นักเรียน / สอบ / กี่โมง / ถาม / ว่า

④ 父は、歳をとったら旅行に行けないのではと心配しています。

อายุมาก / พ่อ / แล้ว / กลัวว่า / ไม่ / ไปเที่ยว / ได้ / จะ

SNSのメッセージを読もう！

メーは、日本に住む母親にLINEでタイでの生活について話し、今後のことを相談します。

◆次のメッセージのやりとりを読んでください。（☞ 別冊 P39） 277

แม่คะ สบายดีรึเปล่า แม่เป็นไงบ้าง ช่วงนี้เมสนุกมากทุกวันค่ะ เพราะเมมีเพื่อนใหม่ เป็นพี่คนไทยที่เจอที่งานคอนเสิร์ต 2 คน พี่ ๆ น่ารักมากค่ะ เราชอบไปดูคอนเสิร์ตเหมือนกัน วันเสาร์นี้ก็จะได้เจออีกค่ะ พี่ ๆ จะพาเมไปตักบาตรที่วัดค่ะ ส่วนเรื่องงานเรื่อย ๆ ค่ะ

แต่แม่คะ งานเมตอนนี้กำลังจะหมดสัญญา บริษัทคงอยากให้ต่อสัญญา เมื่อวานหัวหน้าถามว่าจะต่อสัญญาไหม แม่คิดว่าเมควรทำไงดี งานตอนนี้สนุกดีค่ะ เพื่อนร่วมงานก็ดีค่ะ เพื่อน ๆ พี่ ๆ หัวหน้าใจดีมาก พี่ ๆ บอกว่าอยากให้เมต่อสัญญาด้วยค่ะ หรือเมควรลองทำงานอื่นดูบ้าง จะได้เก่งขึ้น แต่อาจไม่ดีเหมือนที่นี่ เมกลัวว่าเพื่อนร่วมงานจะไม่ดี เมคิดมากไปรึเปล่า

ยังไงเมจะลองปรึกษาพี่ ๆ คนไทยดูด้วย และจะพยายามหาข้อมูลเพิ่ม จะได้รู้ว่าควรตัดสินใจยังไง แต่เมคิดว่าจะยังไม่กลับญี่ปุ่นนะคะ ถ้าแม่คิดถึงเม แม่ก็มาอยู่กับเมที่เมืองไทยได้นะ 555

単語

งาน [ŋaan] イベント、行事、仕事、儀式、パーティー

สัญญา [sǎn-yaa] 契約、約束

ต่อ [tɔ̀ɔ] 続ける、更新する

ทำไง [tham ŋay] = ทำยังไง

งานคอนเสิร์ต [ŋaan khɔn-sə̀ət] コンサートイベント

หมดสัญญา [mòt sǎn-yaa] 契約が切れる

ต่อสัญญา [tɔ̀ɔ sǎn-yaa] 契約を更新する

ยังไง [yaŋ-ŋay] （文頭に置いて）いずれにしても

◆左頁のタイ語を日本語に訳してください。

◆メーが母に宛てたメッセージの内容について、次の質問にタイ語で簡潔に答えてください。 278

① メーが毎日楽しい理由は何ですか？

答え：＿＿＿＿＿＿＿＿＿＿＿＿＿＿＿＿＿＿＿＿＿＿＿＿＿＿＿＿

② メーの新しい友達は何人いますか？

答え：＿＿＿＿＿＿＿＿＿＿＿＿＿＿＿＿＿＿＿＿＿＿＿＿＿＿＿＿

③ メーはその友達とどこで会いましたか？

答え：＿＿＿＿＿＿＿＿＿＿＿＿＿＿＿＿＿＿＿＿＿＿＿＿＿＿＿＿

④ メーと友達が共通して好きなことは何ですか？

答え：＿＿＿＿＿＿＿＿＿＿＿＿＿＿＿＿＿＿＿＿＿＿＿＿＿＿＿＿

⑤ 友達とは、次はいつ会いますか？

答え：＿＿＿＿＿＿＿＿＿＿＿＿＿＿＿＿＿＿＿＿＿＿＿＿＿＿＿＿

⑥ 友達はメーをどこに連れて行く予定ですか？

答え：＿＿＿＿＿＿＿＿＿＿＿＿＿＿＿＿＿＿＿＿＿＿＿＿＿＿＿＿

⑦ メーはなぜ今の仕事を気に入っていますか？

答え：＿＿＿＿＿＿＿＿＿＿＿＿＿＿＿＿＿＿＿＿＿＿＿＿＿＿＿＿

⑧ なぜメーは、ほかの仕事にチャレンジした方がいいと思っていますか？

答え：＿＿＿＿＿＿＿＿＿＿＿＿＿＿＿＿＿＿＿＿＿＿＿＿＿＿＿＿

⑨ メーは転職について、何を心配していますか？

答え：＿＿＿＿＿＿＿＿＿＿＿＿＿＿＿＿＿＿＿＿＿＿＿＿＿＿＿＿

⑩ メーは日本に帰国しますか、それともまだタイにいる予定ですか？

答え：＿＿＿＿＿＿＿＿＿＿＿＿＿＿＿＿＿＿＿＿＿＿＿＿＿＿＿＿

練習問題

第 10 課で学んだタイ語を復習しましょう。(☞ 別冊 P41)

๑. ①～⑩の下線にふさわしい語を次の枠内から選んで書き入れてください。それぞれの語は 1 回しか使えません。279

บ้าง　พยายาม　อาจจะ　คงจะ　ขึ้น
ลง　จะได้　อยากให้　รู้ว่า　กลัวว่า

① ผม ______ เพื่อนคนไทยพาไปเที่ยว

② อยู่กับแม่ ______ ไม่ต้องทำอาหาร

③ อาทิตย์นี้ คุณทำอะไร ______

④ อาทิตย์หน้าผม ______ มาเรียนไม่ได้

⑤ แม่ ______ เหงา ถ้าผมไม่อยู่บ้าน

⑥ หนูจะ ______ อ่านภาษาไทยเยอะ ๆ

⑦ ช่วงนี้ข้าวสารราคาแพง ______

⑧ ผมไม่ ______ ในรถไฟที่กรุงเทพฯ กินอาหารไม่ได้

⑨ ช่วงนี้ ยุ่งมาก ไม่ค่อยได้กิน ก็เลย ผอม ______

⑩ ผม ______ เรียนจบแล้ว จะหางานไม่ได้

๒. 次の質問に対する答えをタイ語で書いてください。 280

① คุณมีเพื่อนชาวต่างชาติไหม

② เขาเป็นคนอย่างไร

③ เขาเป็นคนที่ไหน

④ คุณจะได้เจอเขาอีกเมื่อไร

⑤ คุณเคยไปวัดที่เมืองไทยไหม

⑥ คุณเคยไปเที่ยวต่างจังหวัดที่เมืองไทยไหม

⑦ ถ้าเคยไป เคยไปที่ไหน / ถ้าไม่เคย อยากไปที่ไหน

⑧ คุณชอบทำอะไรที่เมืองไทย

⑨ คุณคิดว่าทำอะไร จะทำให้ภาษาไทยเก่งขึ้น

⑩ คุณอยากลองทำงานที่เมืองไทยไหม

完走、おめでとうございます！
「タイ語マラソン」を見事完走した皆さんは、これまでに学習してきたタイ語・タイ文字の知識を、実際のコミュニケーションに活かすための基礎脚力が身についたのではないかと思います。
インターネットやSNSなどを通したデジタル・コミュニケーションの急速な拡大によって、一昔前には予想できなかったより多様なタイ人との出会い・交流も拡がっています。そういった中で、テキスト（文字）によるコミュニケーション方法の新たなニーズも高まっており、「タイ語マラソン」がタイ人との新しいコミュニケーションの世界に飛び込んでいくための後押しになるようであればうれしいです。
スマートフォンやパソコンでのタイ語のタイピングスキルも磨きつつ、デジタル・コミュニケーションも通して、「ゴールのないマラソン」でもあるタイ語の世界を日々走り続けましょう。

281

著 者

スニサー・ウィッタヤーパンヤーノン（สุนิสา วิทยาปัญญานนท์ Sunisa Wittayapanyanon）
東京外国語大学特任教授

著書
『パッと使えるタイ語の日常単語帳 4500』（KADOKAWA）
『表現を身につける初級タイ語』（三修社）
『表現を広げる中級へのタイ語』（三修社）
『タイ語駅伝らくらく文字マスター』（三修社〈共著〉）

上原みどりこ（うえはら みどりこ）
東京外国語大学、国士舘大学非常勤講師

著書
『キクタン タイ語』（アルク）
『CD を聞くだけでタイ語が覚えられる本』（KADOKAWA）
『タイ語駅伝らくらく文字マスター』（三修社〈共著〉）

●音声ダウンロード・ストリーミング

1. PC・スマートフォンで本書の音声ページにアクセスします。
https://www.sanshusha.co.jp/np/onsei/isbn/9784384060874/
2. シリアルコード「06087」を入力。
3. 音声ダウンロード・ストリーミングをご利用いただけます。

タイ語《ご》マラソン らくらく初級《しょきゅう》マスター

2024年7月30日　第1刷発行

著　者　スニサー・ウィッタヤーパンヤーノン
上原みどりこ
発行者　前田俊秀
発行所　株式会社　三修社
〒150-0001　東京都渋谷区神宮前 2-2-22
TEL　03-3405-4511
FAX　03-3405-4522
振替 00190-9-72758
https://www.sanshusha.co.jp
編集担当　菊池　暁
印刷製本　広研印刷株式会社

DTP　株式会社 欧友社
音声制作　STUDIO GLAD
カバーデザイン　SAIWAI Design（山内宏一郎）
イラスト　梶原由加利
本文写真　shutterstock/com
p.103 polaris50d, pojvistaimage
p.109 Nawaphan Millinthonsuwan, aiarto11, me2724, polaris50d

ISBN978-4-384-06087-4 C1087

タイ語
マラソン
らくらく初級マスター

- 解答
- タイ語・日本語索引
- 日本語・タイ語索引

SANSHUSHA

【解　答】

※自分自身のことについて答える問題の解答は、解答例となっています。

Warm Up

P10　子音字

①中子音　9字		ก k/-k	จ c/-t	ด d/-t	ต t/-t	บ b/-p	ป p/-p	อ ʔ/-
				ฎ d/-t	ฏ t/-t			
②高子音　10字		ข khˇ/-k	ฉ chˇ/-t	ถ thˇ/-t	ผ phˇ/-p	ฝ fˇ/-p	ส sˇ/-t	ห hˇ/-
				ฐ thˇ/-t			ศ sˇ/-t	
							ษ sˇ/-t	
③低子音　23字	a. 対応字　13字	ค kh/-k	ช ch/-t	ท th/-t	พ ph/-p	ฟ f/-p	ซ s/-t	ฮ h/-
		ฆ kh/-k	ฌ ch/-	ธ th/-t	ภ ph/-p			
				ฑ th/-t				
				ฒ th/-t				
	b. 単独字　10字	ง ŋ/-ŋ	น n/-n	ม m/-m	ย y/-y	ร r/-n	ล l/-n	ว w/-w
			ณ n/-n		ญ y/-n		ฬ l/-n	

P11 母音字

【短母音・長母音】　　◌=頭子音字　⬚=末子音字

短母音			長母音		
発音記号	末子音字		発音記号	末子音字	
	無	有		無	有
a	◌ะ	◌ั⬚	aa	◌า	◌า⬚
i	◌ิ	◌ิ⬚	ii	◌ี	◌ี⬚
ɯ	◌ึ	◌ึ⬚	ɯɯ	◌ือ	◌ื⬚
u	◌ุ	◌ุ⬚	uu	◌ู	◌ู⬚
e	เ◌ะ	เ◌็⬚ เ◌⬚	ee	เ◌	เ◌⬚
ɛ	แ◌ะ	แ◌็⬚ แ◌⬚	ɛɛ	แ◌	แ◌⬚
ɔ	เ◌าะ	◌็อ⬚ ◌อ⬚	ɔɔ	◌อ	◌อ⬚
o	โ◌ะ	◌⬚	oo	โ◌	โ◌⬚
ə	เ◌อะ	เ◌ิ⬚	əə	เ◌อ	เ◌ิ⬚ เ◌ย

P12

【二重母音】

短母音	長母音	
末子音字　無	末子音字　無	末子音字　有
◌iaʔ　เ◌ียะ	◌ia　เ◌ีย	◌ia⬚　เ◌ีย⬚
◌ɯaʔ　เ◌ือะ	◌ɯa　เ◌ือ	◌ɯa⬚　เ◌ือ⬚
◌uaʔ　◌ัวะ	◌ua　◌ัว	◌ua⬚　◌ว⬚

【余剰母音】

◌ay　ไ◌	◌ay　ใ◌
◌am　◌ำ	◌aw　เ◌า

P12 声調規則

<table>
<tr><td rowspan="3"></td><td colspan="3">声調記号なし</td><td rowspan="3">่</td><td rowspan="3">้</td><td rowspan="3">๊</td><td rowspan="3">๋</td></tr>
<tr><td colspan="2">促音節</td><td>平音節</td></tr>
<tr><td colspan="2">-k, -t, -p, -ʔ</td><td>-ŋ, -n, -m, -w, -y,
- 長母音 / 二重母音</td></tr>
<tr><td>中子音</td><td colspan="2">低声
(ˋ)</td><td>平声
(　)</td><td>低声
(ˋ)</td><td>下声
(ˆ)</td><td>高声
(ˊ)</td><td>上声
(ˇ)</td></tr>
<tr><td>高子音</td><td colspan="2">低声
(ˋ)</td><td>上声
(ˇ)</td><td>低声
(ˋ)</td><td>下声
(ˆ)</td><td></td><td></td></tr>
<tr><td rowspan="2">低子音</td><td>短母音</td><td>長母音 / 二重母音</td><td rowspan="2">平声
(　)</td><td rowspan="2">下声
(ˆ)</td><td rowspan="2">高声
(ˊ)</td><td rowspan="2"></td><td rowspan="2"></td></tr>
<tr><td>高声
(ˊ)</td><td>下声
(ˆ)</td></tr>
</table>

P20 読んでみよう

① khiw-chuu 九州　② chí-suu-ʔoo-kàʔ 静岡　③ sáp-poo-roo 札幌

④ kin-sâa 銀座　⑤ too-kiaw 東京　⑥ kiaw-too 京都

⑦ hɔ́k-kay-doo 北海道　⑧ choo-hee ʔoo-taa-níʔ 大谷翔平

⑨ naa-ʔoo-míʔ waa-taa-naa-bèʔ 渡辺直美　⑩ thaa-kuu-yáʔ khíʔ-muu-ráʔ 木村拓哉

P23 バンコクマラソンの参加申込書を書こう！ 012

bay-sa-màk khâw-rûam kaan-khɛ̀ŋ-khǎn
kruŋ-thêep maa-raa-thɔɔn pii 2025

chɯ̂ɯ ______________________

naam sa-kun ______________________

phêet □ chaay □ yǐŋ □ ʔɯɯn ʔɯ̀ɯn

ʔaa-yúʔ ________ pii

lêek thîi nǎŋ-sɯ̌ɯ dəən-thaaŋ ____JP0123456____

mǎay-lêek thoo-ra-sàp ______________________

thîi-yùu lêek thîi 10/11 sɔɔy 41 tha-nǒn sùʔ-khǔm-wít
khwɛ̌ɛŋ khlɔɔŋ-tan nɯ̌a khèet wát-tha-naa
kruŋ-thêep 10110

※「/（スラッシュ）」は [tháp] と読みます。

2025年バンコクマラソン
大会参加申込書

名前	＿＿＿＿＿＿＿＿＿＿
名字	＿＿＿＿＿＿＿＿＿＿
性別	□男性　□女性　□その他
年齢	＿＿＿＿歳
パスポート番号	JP0123456
電話番号	＿＿＿＿＿＿＿＿＿＿
住所	(郵便番号) 10110　バンコク ワッタナー区　クローンタンヌーア小区 スクムビット通り　ソイ 41　10/11 番地

第1課

P28 読んでみよう 018

① kum-phaa (phan) 2月　② mee-sǎa (yon) 4月　③ mí-thù-naa (yon) 6月
④ sǐŋ-hǎa (khom) 8月　⑤ than-waa (khom) 12月

P34 イベント情報を入手しよう！ 025

BOY CONCERT	
– khɔn-sə̀ət dûay rák bɔɔy pha-naa-kɔɔn –	―コンサート 愛をこめて ボーイ・パナーコーン―
10 mii-naa-khom 2568	仏暦 2568年3月10日
náʔ ʔim-phɛ̀k ʔaa-rii-nâa mɯaŋ-thɔɔŋ-thaa-nii	於　インパクト・アリーナ・ムアントーンターニー
wee-laa 18 naa-li-kaa	時間　18:00
raa-khaa bàt 2,500 bàat	チケット料金　2,500バーツ
cam-nàay bàt 1 kum-phaa-phan 10 naa-li-kaa	チケット販売　2月1日 10:00
SIAMTICKET.COM thoo. 02-345-6789	SIAMTICKET.COM　TEL. 02-345-6789

P35

① コンサートの日にち 仏暦 2568 (西暦 2025) 年　3月 10日	๑๐ มีนาคม ๒๕๖๘ sìp mii-naa-khom sɔ̌ɔŋ hâa hòk pɛ̀ɛt
② 開演時間 18時 00分	๑๘.๐๐ น. sìp pɛ̀ɛt naa-li-kaa
③ 場所 於 インパクト・アリーナ・ムアントーンターニー	อิมแพ็ค อารีน่า เมืองทองธานี ʔim-phɛ̀k ʔaa-rii-nâa mɯaŋ-thɔɔŋ-thaa-nii

④ チケット販売の日時 ２月１日10時00分	๑ กุมภาพันธ์ ๑๐.๐๐ น. nùŋ kum-phaa-phan, sìp naa-li-kaa
⑤ チケットの値段 (ก.) สองพันห้าร้อยบาท 2,500 バーツ	sɔ̌ɔŋ phan hâa rɔ́ɔy bàat
ข. สามพันห้าร้อยบาท 3,500 バーツ	sǎam phan hâa rɔ́ɔy bàat
ค. สองพันสองร้อยบาท 2,200 バーツ	sɔ̌ɔŋ phan sɔ̌ɔŋ rɔ́ɔy bàat
ง. สามพันสองร้อยบาท 3,200 バーツ	sǎam phan sɔ̌ɔŋ rɔ́ɔy bàat

P36 練習問題

๑. 026

① วันอาทิตย์ wan ʔaa-thít ② วันจันทร์ wan can ③ วันอังคาร wan ʔaŋ-khaan
④ วันพุธ wan phút ⑤ วันพฤหัส wan phá-rɯ́-hàt
⑥ วันศุกร์ wan sùk ⑦ วันเสาร์ wan sǎw

๒. 027

① เดือนมีนาคม dɯan mii-naa-khom ３月
② เดือนธันวาคม dɯan than-waa-khom １２月
③ เดือนเมษายน dɯan mee-sǎa-yon ４月
④ เดือนกุมภาพันธ์ dɯan kum-phaa-phan ２月
⑤（解答例：１１月生まれの場合）เดือนพฤศจิกายน dɯan phrɯ́t-sa-cì-caa-yon

๓. 028

① ๑๕.๐๐ น. sìp hâa naa-li-kaa 15:00
② ๐๘.๐๐ น. pɛ̀ɛt naa-li-kaa 08:00
③ ๒๐.๑๐ น. yîi sìp naa-li-kaa sìp naa-thii 20:10
④ ๐๕.๓๐ น. hâa naa-li-kaa sǎam sìp naa-thii 05:30
⑤ ๑๑.๐๕ น. sìp ʔèt naa-li-kaa hâa naa-thii 11:05

๔. 029

① ราคา raa-khaa ② เวลา wee-laa ③ เปิด pə̀ət
④ บาท bàat ⑤ วันเกิด wan kə̀ət

第2課

P43 書いてみよう 練習2 038

① เขาเป็นคนไทย	kháw pen khon thay
② มีนาเป็นเพื่อนของฉัน	mii-naa pen phɯ̂an khɔ̌ɔŋ chán
③ เขาสวย	kháw sǔay
④ อาหารไทยเผ็ด	ʔaa-hǎan thay phèt

P45 書いてみよう 練習2 041

① เขาเรียนภาษาไทยทุกวัน	kháw rian phaa-sǎa thay thúk wan
② ผมชอบเมืองไทยมาก	phǒm chɔ̂ɔp mɯaŋ thay mâak
③ เขาวิ่งบ่อย	kháw wîŋ bɔ̀y
④ แม่ทำอาหารอร่อย	mɛ̂ɛ tham ʔaa-hǎan ʔa-rɔ̀y

P47 読んでみよう 044

① khun chɔ̂ɔp mɯaŋ thay máy	あなたはタイが好きですか？
② wan sǎw wâaŋ máy	土曜日は空いていますか？
③ khun wîŋ bɔ̀y máy	あなたはひんぱんに走りますか？

P49 書いてみよう 練習2 048

① เรียนภาษาไทยที่กรุงเทพฯ	rian phaa-sǎa thay thîi kruŋ-thêep
② แฟนคุณเป็นคนไทยเหรอ	fɛɛn khun pen khon thay rə̌ə
③ เขาอยู่ที่ภูเก็ตเหรอ	kháw yùu thîi phuu-kèt rə̌ə

P51 書いてみよう 練習2 051

① แม่ทำอาหารเกาหลีได้	mɛ̂ɛ tham ʔaa-hǎan kaw-lǐi dâay
② วันเสาร์ว่าง ไปได้	wan sǎw wâaŋ pay dâay
③ พูดภาษาไทยได้นิดหน่อย	phûut phaa-sǎa thay dâay nít-nɔ̀y

P52 書いてみよう 053

①（ค）ฉันเรียนภาษาไทยทุกวัน　เพราะชอบเมืองไทย
chán rian phaa-sǎa thay thúk wan phrɔ́ʔ chɔ̂ɔp mɯaŋ thay
私は毎日タイ語を勉強します。タイが好きだからです。

②（ ข ） เขาอ้วน　เพราะชอบขนม
khǎw ʔûan　phrɔ́ʔ chɔ̂ɔp kha-nǒm
彼は太っています。菓子が好きだからです。

③（ ก ） น้องชายไม่ทานอาหารไทย　เพราะทานอาหารเผ็ดไม่ได้
nɔ́ɔŋ-chaay mây thaan ʔaa-hǎan thay　phrɔ́ʔ thaan ʔaa-hǎan phèt mây dâay
弟はタイ料理を食べません。辛い料理が食べられないからです。

P55 練習問題

๑. 055

① ผม　phǒm
② ดิฉัน　di-chán
③ คุณ　khun
④ เขา　kháw
⑤ (พวก)เรา　(phûak) raw
⑥ พวกคุณ　phûak khun
⑦ พวกเขา　phûak kháw
⑧ พี่　phîi
⑨ คุณวิน　khun win
⑩ ป้า　pâa

๒. 056

① ขนมไทย　kha-nǒm thay
② คนน่ารัก　khon nâa-rák
③ อาหารเผ็ด　ʔaa-hǎan phèt
④ ละครไทย　la-khɔɔn thay
⑤ ร้องเพลงญี่ปุ่น　rɔ́ɔŋ phleeŋ yîi-pùn

๓.（質問＋解答例）057

① khun pen khon yîi-pùn rə̌ə
あなたは日本人なの？
— ใช่　chây
そうです。

② khun rian phaa-sǎa thay thúk wan máy
あなたはタイ語を毎日勉強していますか？
— เรียนทุกวัน　rian thúk wan
はい、毎日勉強しています。

③ khun chɔ̂ɔp mɯaŋ thay máy
あなたはタイが好きですか？
— ชอบ　chɔ̂ɔp
はい、好きです。

④ ʔaa-hǎan yîi-pùn ʔa-rɔ̀y máy
日本料理はおいしいですか？
— อร่อย　ʔa-rɔ̀y
はい、おいしいです。

๔. 058

（解答例）自分ができる場合は ได้ dâay（できる）、できない場合は ไม่ได้ mây dâay（できない）を書き入れる。

① ทำอาหารได้　tham ʔaa-hǎan dâay　料理を作ることができます。
② พูดภาษาไทยได้　phûut phaa-sǎa thay dâay　タイ語を話すことができます。
③ ทานอาหารเผ็ดได้　thaan ʔaa-hǎan phèt dâay　辛い料理を食べることができます。
④ ทานผักชีไม่ได้　thaan phàk-chii mây dâay　パクチーを食べることができません。
⑤ ร้องเพลงไทยไม่ได้　rɔ́ɔŋ phleeŋ thay mây dâay　タイの歌を歌うことができません。

第3課

P59 書いてみよう 練習2（解答例） 061

ผมชื่อฮิโรชิ ไซโต   ชื่อเล่นชื่อฮิโร   อายุ ๓๐ ปี

phǒm chûɯɯ hí-roo-chíʔ say-too   chûɯɯ lên chûɯɯ hí-roo   ʔaa-yúʔ sǎam sìp pii

僕は、名前はサイトウ ヒロシです。ニックネームはヒロです。年齢は30歳です。

P 61 読んでみよう 064

① phǒm càʔ thaan ʔaa-hǎan thay	私はタイ料理を食べます。
② phɯ̂an càʔ maa too-kiaw	友達が東京に来ます。
③ wan ʔaa-thít khun càʔ tham ʔa-ray	日曜日、あなたは何をしますか？
④ daa-raa thay càʔ maa yîi-pùn	タイの俳優が日本に来ます。

P63 書いてみよう 練習2 067

① เราไปเมืองไทยอาทิตย์ที่แล้ว	raw pay mɯaŋ thay ʔaa-thít-thîi-lɛ́ɛw
② อาทิตย์ที่แล้ว ร้อนมาก	ʔaa-thít-thîi-lɛ́ɛw rɔ́ɔn mâak
③ เมื่อวานนี้ ฉันเรียนภาษาไทย ๕ ชั่วโมง	mɯ̂a-waan-níi chán rian phaa-sǎa thay hâa chûa-mooŋ
④ เมื่อเช้านี้ ที่กรุงเทพฯ ฝนตก	mɯ̂a-cháaw-níi thîi kruŋ-thêep fǒn tòk

P65 書いてみよう 練習2 071

① แม่ทำอะไรอยู่	mɛ̂ɛ tham ʔa-ray yùu
② ตอนนี้ฉันดูละครทีวีอยู่	tɔɔn-níi chán duu la-khɔɔn thii-wii yùu
③ ฉันซื้อเสื้อและนาฬิกาที่ห้าง	chán sɯ́ɯ sɯ̂a lɛ́ʔ naa-li-kaa thîi hâaŋ
④ พ่อไม่สบายแต่ไปบริษัท	phɔ̂ɔ mây sa-baay tɛ̀ɛ pay bɔɔ-ri-sàt

P67 読んでみよう 074

① thîi-nîi mii kha-nǒm yə́ʔ	ここにはお菓子がたくさんあります。
② wan-níi mây mii wee-laa	今日は時間がありません。
③ mii khɔn-sə̀ət sìp sìi naa-li-kaa	14時にコンサートがあります。
④ kháw mii fɛɛn máy	彼／彼女には恋人はいますか？

P69 書いてみよう 練習 2 077

① ป้าชอบดูทีวี　pâa chɔ̂ɔp duu thii-wii
② คุณมาซื้ออะไร　khun maa sɯ́ɯ ʔa-ray
③ หนูฝึกพูดภาษาไทยทุกวัน　nǔu fɯ̀k phûut phaa-sǎa thay thúk wan
④ พรุ่งนี้ฉันจะไปทานอาหารไทย　phrûŋ-níi chán càʔ pay thaan ʔaa-hǎan thay

P71 書いてみよう 練習 2 080

①（ง）คุณอยากทานอะไร
khun yàak thaan ʔa-ray
あなたは何を食べたいですか？
— อยากทานกาแฟกับขนมปัง
yàak thaan kaa-fɛɛ kàp kha-nǒm-paŋ
コーヒーとパンが食べたいです。

②（ค）คุณอยากทำงานที่ไหน
khun yàak tham-ŋaan thîi-nǎy
あなたはどこで働きたいですか？
— อยากทำงานที่บริษัทรถยนต์
yàak tham-ŋaan thîi bɔɔ-ri-sàt rót-yon
自動車会社で働きたいです。

③（ก）คุณอยากไปเที่ยวที่ไหน
khun yàak pay thîaw thîi-nǎy
あなたはどこに遊びに行きたいですか？
— อยากไปเที่ยวทะเล
yàak pay thîaw tha-lee
海に遊びに行きたいです。

④（ข）คุณอยากทำอะไร
khun yàak tham ʔa-ray
あなたは何をしたいですか？
— อยากอ่านหนังสือ
yàak ʔàan náŋ-sɯ̌ɯ
本を読みたいです

P72 自己紹介文を書こう！ 081

di-chán chɯ̂ɯ saa-ku-ráʔ　naam-sa-kun ʔuu-sɯ̀-kìʔ　pen khon yîi-pùn　ʔaa-yúʔ yîi-sìp-sìi pii pen khon chí-bàʔ　chí-bàʔ mii tha-lee　mii dís-nîi-lɛɛn　di-chán chɯ̂ɯ-lên chɯ̂ɯ mee　phrɔ́ʔ kə̀ət dɯan mee-sǎa-yon　tɔɔn-níi tham-ŋaan yùu thîi kruŋ-thêep　chɔ̂ɔp duu la-khɔɔn thay　phrɔ́ʔ la-khɔɔn thay sa-nùk　lɛ́ʔ nák-sa-dɛɛŋ lɔ̀ɔ mâak　mee phûut phaa-sǎa thay dâay　tɛ̀ɛ ʔàan khǐan mây kèŋ　mee yàak càʔ khǐan khɔ̂ɔ-khwaam thɯ̌ŋ nák-sa-dɛɛŋ khon thay　mee càʔ fɯ̀k khǐan phaa-sǎa thay thúk wan

私は名前がサクラ、名字が卯月といいます。日本人です。年齢は 24 歳で、千葉出身です。千葉には海があり、ディズニーランドがあります。私のニックネームはメーといいます。なぜかというと４月（メーサーヨン）に生まれたからです。今、バンコクで働いています。タイのドラマを見るのが好きです。タイのドラマはおもしろくて、俳優がとてもハンサムだからです。私はタイ語が話せますが、読み書きは上手ではありません。私はタイの俳優宛にメッセージを書きたいです。私は毎日タイ語を書く練習をするつもりです。

P73 書いてみよう 082

① ซากุระ อูสึกิ　saa-ku-ráʔ ʔuu-sɯ̀-kìʔ　卯月サクラ
② ญี่ปุ่น　yîi-pùn　日本

③ 24 ปี	yîi sìp sìi pii	24歳
④ ชิบะ	chí-bàʔ	千葉
⑤ เม	mee	メー
⑥ กรุงเทพฯ	kruŋ-thêep	バンコク
⑦ ชอบดูละครไทย	chɔ̂ɔp duu la-khɔɔn thay	タイのドラマを見るのが好きです。
⑧ พูดภาษาไทยได้	phûut phaa-sǎa thay dâay	タイ語が話せます。

⑨ อ่านเขียนภาษาไทยไม่เก่ง
ʔàan khǐan phaa-sǎa thay mây kèŋ　タイ語の読み書きが苦手です。

⑩ จะฝึกเขียนภาษาไทยทุกวัน
càʔ fùk khǐan phaa-sǎa thay thúk wan　毎日タイ語を書く練習をするつもりです。

P74 書いてみよう（解答例） 083

① ผมชื่อฮิโรชิ ไซโต	phǒm chɯ̂ɯ hí-roo-chíʔ say-too	僕は名前が斉藤ひろしです。
② เป็นคนญี่ปุ่น	pen khon yîi-pùn	日本人です。
③ อายุ 30 ปี	ʔaa-yúʔ 30 pii	年齢は 30 歳です。
④ เป็นคนโตเกียว	pen khon too-kiaw	東京出身です。
⑤ ชื่อเล่นชื่อ ฮิโร	chɯ̂ɯ-lên chɯ̂ɯ hí-roo	ニックネームはヒロです。
⑥ ผมทำงานอยู่ที่โตเกียว	phǒm tham-ŋaan yùu thîi too-kiaw	東京で働いています。
⑦ ผมชอบฟังเพลงไทย	phǒm chɔ̂ɔp faŋ phleeŋ thay	僕はタイの歌を聞くのが好きです。
⑧ ผมร้องเพลงไทยได้	phǒm rɔ́ɔŋ phleeŋ thay dâay	僕はタイの歌を歌うことができます。

⑨ ผมอยากเป็นนักแสดงที่เมืองไทย
phǒm yàak pen nák-sa-dɛɛŋ thîi mɯaŋ thay　僕はタイで俳優になりたいです。

P75（解答例）

ผมชื่อฮิโรชิ ไซโต เป็นคนญี่ปุ่น อายุ 30 ปี เป็นคนโตเกียว ชื่อเล่นชื่อ ฮิโร ทำงานอยู่ที่โตเกียว ผมชอบฟังเพลงไทย ผมร้องเพลงไทยได้ และอยากเป็นนักแสดงที่เมืองไทย

P76 練習問題

๑. 084

① ผมจะกินข้าวผัด　僕はチャーハンを食べます。
phǒm càʔ kin khâaw phàt

② พี่จะมาจากญี่ปุ่น　兄 / 姉は日本から来ます。
phîi càʔ maa càak yîi-pùn

③ ผมจะเรียนทางออนไลน์　僕はオンラインで勉強します。
phǒm càʔ rian thaaŋ ʔɔɔn-laay

④ ลูกสาวไม่อยากกินผัก　娘は野菜を食べたがりません。
lûuk-săaw mây yàak kin phàk

⑤ กินขนมปังกับกาแฟ　パンとコーヒーを飲みます。
kin kha-nŏm-paŋ kàp kaa-fɛɛ

⑥ เมื่อเช้านี้กินอะไร　今朝、何を食べましたか？
mûa-cháaw-níi kin ʔa-ray

⑦ พี่ทำอะไรอยู่　お兄さん / お姉さんは何をしていますか？
phîi tham ʔa-ray yùu

⑧ แม่ใจดีและ สวย　お母さんは優しくてきれいです。
mɛ̂ɛ cay-dii lɛ́ʔ sŭay

⑨ พ่อหล่อแต่ไม่มีเงิน　父はハンサムですが、お金がありません。
phɔ̂ɔ lɔ̀ɔ tɛ̀ɛ mây mii ŋən

⑩ โตเกียวมีร้านอาหารไทยเยอะ　東京はタイ料理店がいっぱいあります。
too-kiaw mii ráan ʔaa-hăan thay yə́ʔ

๒.（質問＋解答例） 085

① khun chɔɔp ʔa-ray
あなたは何が好きですか？
— ชอบผักชี　chɔ̂ɔp phàk-chii　パクチーが好きです。

② khun mây chɔ̂ɔp ʔa-ray
あなたは何が好きではありませんか？
— ไม่ชอบอาหารเผ็ด　mây chɔ̂ɔp ʔaa-hăan phèt　辛い料理が好きではありません。

③ khun chɔ̂ɔp tham ʔa-ray
あなたは何をするのが好きですか？
— ชอบดูละครเกาหลี　chɔ̂ɔp duu la-khɔɔn kaw-lĭi　韓国ドラマを見るのが好きです。

④ khun mây chɔ̂ɔp tham ʔa-ray
あなたは何をするのが好きではありませんか？
— ไม่ชอบเรียน　mây chɔ̂ɔp rian　勉強するのが好きではありません。

⑤ khun tham ʔa-ray thúk wan
あなたは毎日何をしますか？
— เรียนภาษาไทย　rian phaa-săa thay　タイ語を勉強します。

⑥ phrûŋ-níi khun càʔ tham ʔa-ray
明日あなたは何をしますか？
— จะไปทะเล　càʔ pay tha-lee　海に行きます。

⑦ wan-săw thîi-lɛ́ɛw khun tham ʔa-ray
先週の土曜日、あなたは何をしましたか？
— ไปทำอาหารไทยที่บ้านเพื่อน　pay tham ʔaa-hăan thay thîi bâan phûan
友達の家にタイ料理を作りに行きました。

⑧ khun yàak càʔ pay tham ʔa-ray thîi mɯaŋ thay
あなたはタイに何をしに行きたいですか？
— อยากจะไปเรียนภาษาไทย yàak càʔ pay rian phaa-sǎa thay　タイ語を勉強しに行きたいです。

⑨ khun yàak yùu thîi mɯaŋ thay máy
あなたはタイに住みたいですか？
— อยากอยู่ yàak yùu　住みたいです。

⑩ thîi mɯaŋ thay khun yàak pay thîaw thîi-nǎy
タイであなたはどこに遊びに行きたいですか？
— อยากไปเที่ยวภูเก็ต yàak pay thîaw phuu-kèt　プーケットに遊びに行きたいです。

第4課

P81 書いてみよう 練習2 090

① มือถือของฉัน　mɯɯ-thɯ̌ɯ khɔ̌ɔŋ chán
② กระเป๋าสตางค์ของแม่　kra-pǎw sa-taaŋ khɔ̌ɔŋ mɛ̂ɛ
③ แฟนของพี่ชาย　fɛɛn khɔ̌ɔŋ phîi-chaay
④ เสื้อของใคร　sɯ̂a khɔ̌ɔŋ khray

P83 書いてみよう 練習2 093

① ซื้อขนมมา　sɯ́ɯ kha-nǒm maa
② ฉันซื้อของมา　chán sɯ́ɯ khɔ̌ɔŋ maa
③ คุณไปไหนมา　khun pay nǎy maa
④ เพื่อนจะมากินข้าวที่บ้าน　phɯ̂an càʔ maa kin khâaw thîi bâan

P88 読んでみよう 100

① wan-níi dây cəə daa-raa thay dii-cay lɛ́ʔ mii khwaam-sùk
今日はタイの俳優に会いました。うれしくて幸せでした。

② phǒm pay mɯaŋ thay tὲɛ mây sa-baay mây dây pay thîaw sǐa-daay mâak
僕はタイに行きましたが、具合が悪くなりました。遊びに行けなくて、とても残念でした。

③ phrûŋ-níi càʔ pay duu khɔn-sə̀ət thîi ʔim-phɛ̀k ʔaa-rii-nâa tùɯn-tên mâak
明日はインパクト・アリーナにコンサートを見に行くので、とてもドキドキしています。

④ mɯ̂a-waan-níi phǒm duu fút-bɔɔn thaaŋ thii-wii tὲɛ thiim yîi-pùn phɛ́ɛ bɛ̀a mâak
昨日、僕はテレビでサッカーを見ましたが、日本チームが負けて、すっごくつまらなかったです。

P89 書いてみよう（解答例） 101

วันนี้ ได้เจอเพื่อนคนไทย ดีใจมาก
wan-níi dây cəə phɯ̂an khon thay dii-cay mâak
今日、タイの友達に会えてとてもうれしかったです。

พรุ่งนี้จะไปทะเล ตื่นเต้นมาก
phrûŋ-níi càʔ pay tha-lee tɯ̀ɯn-tên mâak
明日、海に行くので、とてもワクワクしています。

เมื่อวานนี้ไปไหว้พระที่วัดไทย มีความสุขมาก
mɯ̂a-waan-níi pay wâay phráʔ thîi wát thay mii khwaam-sùk mâak
昨日、タイのお寺にお参りに行きました。とても幸せでした。

ได้ทานขนมไทย ประทับใจมาก
dây thaan kha-nǒm thay pra-tháp-cay mâak
タイのお菓子が食べられて、とても感動しました。

P90 SNS のコメントを読もう！（コメントの発音と試訳は「書いてみよう」を参照）

ส้ม @ Orange0123 · 15/3/2025
sôm ʔɛ́t ʔɔɔ-rén sǔun nɯ̀ŋ sɔ̌ɔŋ sǎam wan thîi sìp hâa mii-naa-khom sɔ̌ɔŋ sǔun sɔ̌ɔŋ hâa

#พี่บอย
héch-thèk phîi bɔɔy

#คอนเสิร์ต
héch-thèk khɔn-sə̀ət

#อิมแพคอารีน่า
héch-thèk ʔim-phèk ʔaa-rii-nâa

P91 書いてみよう

วันนี้ไปดูคอนเสิร์ตของพี่บอยที่อิมแพคอารีน่ามา
wan-níi pay duu khɔn-sə̀ət khɔ̌ɔŋ phîi bɔɔy thîi ʔim-phèk ʔaa-rii-nâa maa
今日はインパクト・アリーナにボーイ（兄さん）のコンサートを見に行って来ました。

ไปคอนเสิร์ตของพี่บอยครั้งแรก
pay khɔn-sə̀ət khɔ̌ɔŋ phîi bɔɔy khráŋ rɛ̂ɛk
ボーイ（兄）のコンサートに初めて行きました。

บัตรขายหมดทันที
bàt khǎay mòt than-thii
チケットはすぐに売り切れて、

และแฟนไปกันเยอะมาก ราว 10,000 คน
lɛ́ʔ fɛɛn pay kan yə́ʔ mâak raaw nɯ̀ŋ mɯ̀ɯn khon
ファンがかなりたくさん行きました。だいたい１万人ぐらいです。

คอนเสิร์ต 4 ชั่วโมงนิด ๆ
khɔn-sə̀ət sìi chûa-mooŋ nít-nít
コンサートは４時間ちょっとでした。

ประทับใจมาก เพราะได้เห็นพี่บอยชัดมาก
pra-tháp-cay mâak phrɔ́ʔ dây hěn phîi bɔɔy chát mâak
ボーイ（兄）が結構はっきり見えて、とっても感動しました。

เพลงก็เพราะสุด ๆ
phleeŋ kɔ̂ɔ phrɔ́ʔ sùt-sùt
歌もすごくよかったです。

แถมได้ซื้อเสื้อยืดพี่บอยด้วย น่าร๊าก
thɛ̌ɛm dây sɯ́ɯ sɯ̂a-yɯ̂ɯt phîi bɔɔy dûay nâa-ráak
おまけにボーイ（兄）のＴシャツを買うことができました。かわいいです。

วันนี้มีความสุข และสนุกมาก
wan-níi mii khwaam-sùk lɛ́ʔ sa-nùk mâak
今日はハッピーでとても楽しかったです。

P92 **練習問題**

๑. (103)

① ดีใจมาก เพราะได้มาเมืองไทยอีก
dii-cay mâak phrɔ́ʔ dây maa mɯaŋ thay ʔìik

② เสียใจมาก เพราะตั๋วขายหมด
sǐa-cay mâak phrɔ́ʔ tǔa khǎay mòt

③ ขำ เพราะเขาพูดตลก
khǎm phrɔ́ʔ kháw phûut ta-lòk

④ เป็นห่วง เพราะเขาไม่สบาย
pen hùaŋ phrɔ́ʔ kháw mây sa-baay

⑤ กลัว เพราะไปคนเดียว
klua phrɔ́ʔ pay khon diaw

⑥ ประทับใจมาก เพราะทะเลสวยมาก
pra-tháp-cay mâak phrɔ́ʔ tha-lee sǔay mâak

⑦ น่าเสียดาย เพราะปีนี้จะไปเมืองไทยไม่ได้
nâa-sǐa-daay phrɔ́ʔ pii níi càʔ pay mɯaŋ thay mây dâay

⑧ มีความสุข เพราะได้ทานอาหารอร่อยทุกวัน
mii khwaam-sùk phrɔ́ʔ dây thaan ʔaa-hǎan ʔa-rɔ̀y thúk wan

๒. （解答例） (104)

① วันนี้ไปทะเลมา　　今日は海に行って来ました。
wan-níi pay tha-lee maa

② ไปทะเลครั้งแรก　　初めて海に行きました。
pay tha-lee khráŋ rɛ̂ɛk

③ ประทับใจมาก เพราะทะเลสวย　　海はきれいで、感動しました。
pra-tháp-cay mâak phrɔ́ʔ tha-lee sǔay

④ ที่พักก็ดี　　宿も素晴らしかったし、
thîi-phák kɔ̂ɔ dii

แถมอาหารทะเลอร่อยด้วย　　おまけにシーフードもおいしかったです。
thɛ̌ɛm ʔaa-hǎan tha-lee ʔa-rɔ̀y dûay

⑤ วันนี้สนุกมาก　　今日はとても楽しかったです。
wan-níi sa-nùk mâak

◆キーワード 105

①② 行き先	③④ 気に入っている点
tha-lee 海	tha-lee sǔay　ʔaa-hǎan tha-lee ʔa-rɔ̀y　thîi-phák dii 海がきれい　シーフードがおいしい　宿が素晴らしい
wát thay タイの寺	wát thay sǔay　khon thay cay dii　rúu-sùk dii タイの寺はきれい　タイ人はやさしい　気分がいい
ta-làat thay タイの市場	khɔ̌ɔŋ thùuk　kha-nǒm thay ʔa-rɔ̀y　khɔ̌ɔŋ yə́ʔ 物が安い　タイの菓子はおいしい　物が多い
bâan phɯ̂an khon thay タイ人の友達の家	bâan khon thay sa-baay　nɔ́ɔŋ phɯ̂an nâa-rák タイ人の家は快適　友達の弟 / 妹はかわいい ʔaa-hǎan mɛ̂ɛ phɯ̂an ʔa-rɔ̀y 友達のお母さんの料理はおいしい
khɔn-sə̀ət コンサート	nák-rɔ́ɔŋ lɔ̀ɔ　phleeŋ phrɔ́ʔ 歌手がハンサム　歌がきれい
⑤ 感想	
sa-nùk mâak　mii khwaam-sùk mâak　rúu-sùk dii mâak　pra-tháp-cay mâak とても楽しい　とても幸せ　とても気分がいい　とても感動した	

๓. 106

① แม่ทำอาหารอยู่　　お母さんは料理を作っているところです。
mɛ̂ɛ tham ʔaa-hǎan yùu

② เขาอยู่ที่เมืองไทยแต่พูดภาษาไทยไม่ได้
kháw yùu thîi mɯaŋ thay tɛ̀ɛ phûut phaa-sǎa thay mây dâay
彼 / 彼女はタイに住んでいるが、タイ語を話すことができない。

③ ฉันไม่อยากกลับญี่ปุ่น เพราะเมืองไทยสนุก
chán mây yàak klàp yîi-pùn phrɔ́ʔ mɯaŋ thay sa-nùk
私は日本に帰りたくありません。タイが楽しいからです。

④ เราทานกาแฟและขนม　私たちはコーヒーとお菓子を食べます。
raw thaan kaa-fɛɛ lɛʔ kha-nŏm

⑤ อยากกินผลไม้ และขนมไทยด้วย　果物と、さらにタイのお菓子も食べたい。
yàak kin phŏn-la-máay lɛ́ʔ kha-nŏm thay dûay

⑥ เมื่อวานได้ไปวัดไทยครั้งแรก　昨日、初めてタイの寺に行きました。
mɯ̂a-waan dây pay wát thay khráŋ rɛ̂ɛk

⑦ เมืองไทย คนใจดี อาหารก็อร่อย　タイは、人がやさしく、料理もおいしい。
mɯaŋ thay khon cay dii ʔaa-hăan kɔ̂ɔ ʔa-rɔ̀y

⑧ เพื่อนคนไทยของผมชอบกินอาหารญี่ปุ่น
phɯ̂an khon thay khɔ̆ɔŋ phŏm chɔ̂ɔp kin ʔaa-hăan yîi-pùn
僕のタイ人の友達は日本料理を食べるのが好きです。

第 5 課

P97 書いてみよう 練習2 111

① แม่กับพี่สาวไปซื้อของด้วยกัน　mɛ̂ɛ kàp phîi-săaw pay sɯ́ɯ khɔ̆ɔŋ dûay kan
② ไปดูหนังด้วยกันไหม　pay duu năŋ dûay kan máy
③ ผมไม่ค่อยอยากไป　phŏm mây khɔ̂y yàak pay

P99 書いてみよう 練習2 115

① คุณชอบกาแฟหรือชาฝรั่ง　khun chɔ̂ɔp kaa-fɛɛ rɯ̆ɯ chaa fá-ràŋ
② ฟุตบอล คุณชอบดูหรือชอบเล่น　fút-bɔɔn khun chɔ̂ɔp duu rɯ̆ɯ chɔ̂ɔp lên
③ เวลาว่าง ฉันจะฟังเพลงหรือ(ไม่ก็)ดูละคร
wee-laa wâaŋ chán càʔ faŋ phleeŋ rɯ̆ɯ (mây kɔ̂ɔ) duu la-khɔɔn

④ ตอนเย็น ผมอยากกินต้มยำกุ้ง หรือ(ไม่ก็)แกงเขียวหวาน
tɔɔn-yen phŏm yàak kin tôm-yam kûŋ rɯ̆ɯ (mây kɔ̂ɔ) kɛɛŋ-khĭaw-wăan

P101 読んでみよう 118

① fɛɛn khun pen khon yaŋ-ŋay cay-dii máy
あなたの恋人はどんな人ですか？　やさしいですか？

② phɯ̂an càʔ maa too-kiaw ʔìik mɯ̂a-rày
友達はまたいつ東京に来ますか？

③ sŭan lum-phi-nii pay yaŋ-ŋay dəən pay dâay máy
ルンピニー公園はどうやって行きますか？　歩いて行けますか？

P103 書いてみよう 練習2 122

① คุณจะอยู่กรุงเทพฯถึงเมื่อไร　khun càʔ yùu kruŋ-thêep thʉ̌ŋ mʉ̂a-rày

② ปกติผมอ่านหนังสือก่อนนอน　pà-ka-tìʔ phǒm ʔàan náŋ-sʉ̌ʉ kɔ̀ɔn nɔɔn

③ ฉันจะไปเมืองไทยตั้งแต่วันที่ ๖ มิถุนายน
chán càʔ pay mʉaŋ thay tâŋ-tɛ̀ɛ wan thîi hòk mí-thù-naa-yon

P105 書いてみよう 練習2 126

① ฝนยังตกอยู่　fǒn yaŋ tòk yùu

② ฉันยังไม่ได้ซื้อมือถือ　chán yaŋ mây dây sʉ́ʉ mʉʉ-thʉ̌ʉ

③ แม่เพิ่งทำอาหารเสร็จ　mɛ̂ɛ phɤ̂ŋ tham ʔaa-hǎan sèt

④ เพิ่งกินขนม ยังไม่อยากกินข้าว　phɤ̂ŋ kin kha-nǒm yaŋ mây yàak kin khâaw

P106 書いてみよう 128

① (ข) ผมเสียใจที่เพื่อนโกรธผม　僕は、友だちが僕のことを怒っているのが悲しいです。
phǒm sǐa-cay thîi phʉ̂an kròot phǒm

② (ก) พ่อแม่เป็นห่วงที่ฉันอยู่บ้านคนเดียว　両親は、私が一人暮らししているのを心配しています。
phɔ̂ɔ-mɛ̂ɛ pen hùaŋ thîi chán yùu bâan khon diaw

③ (ค) ฉันดีใจที่พูดภาษาไทยกับคนไทยได้　私は、タイ人とタイ語で話せるのがうれしいです。
chán dii-cay thîi phûut phaa-sǎa thay kàp khon thay dâay

P109 書いてみよう 練習2 133

① พรุ่งนี้จะไม่มาก็ได้นะ　phrûŋ-níi càʔ mây maa kɔ̂ɔ dâay náʔ

② เพลงนี้เพราะนะคะ　phleeŋ níi phrɔ́ʔ náʔ kháʔ

③ คุณพูดภาษาไทยก็ได้นะ　khun phûut phaa-sǎa thay kɔ̂ɔ dâay náʔ

P110 SNSのメッセージを読もう！ 134

メー：　phîi khâaw phîi phlɔɔy
khuy dâay máy

カーウ：　dâay sìʔ

プローイ：　mee pen-ŋay bâaŋ sa-baay dii náʔ

メー：　phîi-phîi wan khɔn-sɜ̀ɜt khɔ̀ɔp-khun mâak náʔ kháʔ thîi thák mee
mee dii-cay mâak thîi dây cəə phîi-phîi wan nán
mee phɤ̂ŋ maa mʉaŋ thay mây naan yaŋ mây khɤ̂y mii phʉ̂an khon thay
dây khuy kàp phîi-phîi sa-mùk mâak khâʔ
mee yàak cəə phîi-phîi ʔìik
phîi phîi mii wee-laa máy kháʔ

カーゥ：　mii sìʔ wâaŋ mâak hâa hâa hâa ...
phîi kɔ̂ɔ dii-cay thîi dây rúu-càk mee

プローィ：wâaŋ mɯ̂a-rày
pay kin khâaw dûay kan

メー：　mee tham-ŋaan tâŋ-tɛ̀ɛ can thɯ̌ŋ sùk lə̂ək hâa mooŋ khâʔ
wan tham-ma-daa lǎŋ hâa mooŋ rɯ̌ɯ sǎw ʔaa-thít kɔ̂ɔ dâay khâʔ
wâaŋ ta-lɔ̀ɔt

P111

メー：　カーゥ兄さん、プローィ姉さん
（今）話せますか？

カーゥ：　（もちろん）いいよ

プローィ：メー、どう？　元気だよね。

メー：　（お兄さん、お姉さん、）コンサートの日は私に声をかけてくれてありがとうございました。
あの日、（あなた方お兄さんお姉さんに）お会いできてとてもうれしかったです。
私（メー）はタイに来て間もないので、タイ人の友達があまりいないんです。
（お兄さん、お姉さんと）お話ができてとても楽しかったです。
（お兄さん、お姉さんと）またお会いしたいです。
（お兄さん、お姉さんは）お時間はありますか？

カーゥ：　（もちろん）あるよ。とても暇だよ。笑
僕もメーと会えて知り合えてうれしかったよ。

プローィ：いつ空いてる？
一緒に食事しに行こう。

メー：　私（メー）は月曜日から金曜日まで仕事で、午後５時に（仕事が）終わります。
平日５時以降か、土日でもOKです。
ずっと空いています。

P112 SNSのメッセージを書いてみよう！

【１】（解答例） 135

พี่ข้าว วันเสาร์ ขอบคุณมากนะคะที่ ชวนไปกินข้าว ア
เมดีใจมากที่ได้ ไปกินข้าว イ
ได้ ไปคุย ウ กับพี่ สนุก エ มากค่ะ
เมอยาก เจอพี่อีก オ

phîi khâaw wan sǎw khɔ̀ɔp-khun mâak náʔ kháʔ thîi chuan pay kin khâaw ア
mee dii-cay mâak thîi dây pay kin khâaw イ
dây pay khuy ウ kàp phîi sa-nùk エ mâak khâʔ
mee yàak cəə phîi ʔìik オ

カーゥ（兄）さん、土曜日は食事に誘ってくれてどうもありがとうございました。

カーゥさんと食事に行ったり、おしゃべりしたりして、私（メー）はとてもうれしかったです。
とても楽しかったです。カーゥさんにまたお会いしたいです。

136

（ア）	chuan pay kin khâaw / 食事に誘う	phaa pay wát / 寺に連れて行く	phaa pay duu nǎŋ 映画を見に連れて行く	
（イ）（ウ）	pay kin khâaw / 食事に行く	pay tham bun / 徳を積みに行く	pay khuy / おしゃべりしに行く	pay duu nǎŋ sa-nùk sa-nùk おもしろい映画を見に行く
（エ）	ʔa-rɔ̀y / おいしい	sa-nùk / 楽しい	mii khwaam-sùk / 幸せ	rúu-sùk dii 気分がいい
（オ）	cəə phîi ʔìik / （お兄さん、お姉さんと）また会う	pay kin khâaw kàp phîi / また食事しに行く	pay thîaw kàp phîi また遊びに行く	

【2】（解答例） 137

A ไปกิน ผัดไทย$_a$ ด้วยกันไหม
B ไปสิ ที่ไหน
A ที่ ประตูผี$_b$
B ได้ ร้านนี้ชอบ เมื่อไรดี
A พรุ่งนี้หลังเลิกงาน$_c$ ว่างไหมคะ
B ได้สิ พรุ่งนี้หลังเลิกงาน$_c$ เจอกันนะ

A pay kin phàt thay$_a$ dûay kan máy
B pay sìʔ thîi nǎy
A thîi pra-tuu-phǐi$_b$
B dâay ráan níi chɔ̂ɔp mʉ̂a-rày dii
A phrûŋ-níi lǎŋ lə̂ək ŋaan$_c$ wâaŋ máy khá
B dâay sìʔ phrûŋ-níi lǎŋ lə̂ək ŋaan$_c$ cəə kan náʔ

A 一緒にパッタイを食べに行かない？
B 行く！ どこで？
A プラトゥーピーで。
B いいよ。その店は好きだし。いつがいい？
A 明日、仕事が終わったあとは空いてる？
B いいよ。じゃあ明日、仕事が終わったあとに会おうね。

P114 練習問題

๑. 138

① ผมจะไปทำงานที่เมืองไทยตั้งแต่เดือนหน้า
phǒm càʔ pay tham-ŋaan thîi mɯaŋ thay tâŋ-tɛ̀ɛ dɯan nâa
僕は来月からタイに働きに行きます。

② วันธรรมดาไม่ค่อยว่าง
wan tham-ma-daa mây khɔ̂y wâaŋ
平日はあまり空いていません。

③ ฉันเพิ่งกินข้าวเมื่อกี้
chán phə̂ŋ kin khâaw mɯ̂a-kíi
私はさっきご飯を食べたばかりです。

④ ไปดูคอนเสิร์ตด้วยกันไหม
pay duu khɔn-sə̀ət dûay kan máy
一緒にコンサートを見に行きませんか？

⑤ อยากมีบ้านที่พัทยาหรือไม่ก็หัวหิน
yàak mii bâan thîi phát-tha-yaa rɯ̌ɯ mây kɔ̂ɔ hǔa hǐn
パタヤか、あるいはフアヒンに家を持ちたい。

⑥ จะไปเรียนที่เกาหลีเมื่อไร
càʔ pay rian thîi kaw-lǐi mɯ̂a-rày
いつ韓国に留学しますか？

⑦ คนไทยเป็นคนยังไง
khon thay pen khon yaŋ-ŋay
タイ人はどんな人たちですか？

⑧ ปกติ ฉันจะฟังเพลงก่อนนอน
pà-ka-tìʔ chán càʔ faŋ phleeŋ kɔ̀ɔn nɔɔn
普段、私は寝る前に歌を聞きます。

⑨ วันนี้หลังเลิกงาน ว่างไหม
wan-níi lǎŋ lə̂ək ŋaan wâaŋ máy
今日、仕事のあと、空いていますか？

⑩ ไปไม่ได้ เพราะยังไม่ได้ทำการบ้าน
pay mây dâay phrɔ́ʔ yaŋ mây dây tham kaan-bâan
まだ宿題をしていないので、行くことができません。

⑪ วันนี้ก็ได้ พรุ่งนี้ก็ได้ ว่างทุกวัน
wan-níi kɔ̂ɔ dâay phrûŋ-níi kɔ̂ɔ dâay wâaŋ thúk wan
今日でもいいし、明日でもいいです。毎日空いています。

⑫ ไม่เป็นไรนะ
mây-pen-ray náʔ
大丈夫ですね？

๒. 139

① ขอบคุณที่ชวนไปซื้อของ
khɔ̀ɔp-khun thîi chuan pay sɯ́ɯ khɔ̌ɔŋ
買い物に誘ってくれてありがとう。

② เสียดายที่ไม่ได้เจอเขาเมื่อวาน

sǐa-daay thîi mây dây cəə kháw mûa-waan

昨日彼に会えなくて残念でした。

③ ตื่นเต้นที่จะได้ไปงานแฟนมีตติ้งของดาราไทย

tùuun-tên thîi càʔ dây pay ŋaan fɛɛn míit-tîŋ khɔ̌ɔŋ daa-raa thay

タイの俳優のファンミーティング・イベントに行けるのでドキドキしています。

④ พ่อเป็นห่วงที่ลูกสาวอยู่บ้านคนเดียว

phɔ̂ɔ pen hùaŋ thîi lûuk-sǎaw yùu bâan khon diaw

お父さんは、娘が 1 人暮らししているのを心配している。

⑤ ดีใจที่จะได้เจอเพื่อนคนไทย

dii-cay thîi càʔ dây cəə phûan khon thay

タイ人の友達と会えるのがうれしいです。

๓.（質問＋解答例） 140

① khun rə̂əm rian phaa-sǎa thay tâŋ-tɛ̀ɛ mûa-rày

あなたはいつからタイ語の勉強を始めましたか？

— ฉันเริ่มเรียนภาษาไทยตั้งแต่ปีที่แล้ว

chán rə̂əm rian phaa-sǎa thay tâŋ-tɛ̀ɛ pii-thîi-lɛ́ɛw

私は昨年からタイ語の勉強を始めました。

② khon yîi-pùn pen khon yaŋ-ŋay

日本人はどんな人たちですか？

— คนญี่ปุ่นเป็นคนใจดี

khon yîi-pùn pen khon cay-dii

日本人は親切な人たちです。

③ wan yùt khun chɔ̂ɔp yùu bâan rɯ̌ɯ pay thîaw

休日、あなたは家にいるのが好きですか、それとも遊びに行くのが好きですか？

— วันหยุดชอบอยู่บ้าน

wan yùt chɔ̂ɔp yùu bâan

休日は家にいるのが好きです。

④ pà-ka-tìʔ lǎŋ lə̂ək ŋaan khun tham ʔa-ray

普段、仕事が終わったあと、あなたは何をしますか？

— ปกติหลังเลิกงาน จะออกกำลังกาย

pà-ka-tìʔ lǎŋ lə̂ək ŋaan càʔ ʔɔ̀ɔk kam-laŋ-kaay

普段、仕事が終わったあと、運動をします。

第 6 課

P117 書いてみよう 練習 2 143

① ฉันกับเพื่อนเจอกันวันเสาร์ ๑๐ โมง　chán kàp phɯ̂an cəə kan wan sǎw sìp mooŋ

② แม่ไปซื้อของบ่ายโมง　mɛ̂ɛ pay sɯ́ɯ khɔ̌ɔŋ bàay mooŋ

③ พรุ่งนี้ เรียนภาษาไทยกับอาจารย์คนไทยราว ๆ ๕ โมงครึ่ง

phrûŋ-níi rian phaa-sǎa thay kàp ʔaa-caan khon thay raaw-raaw hâa mooŋ khrɯ̂ŋ

P119 書いてみよう 練習 2 146

① หน้าบ้านมีต้นซากุระ　nâa bâan mii tôn saa-ku-ráʔ

② บนโต๊ะมีขนม　bon tóʔ mii kha-nǒm

③ หอพักอยู่ในมหาวิทยาลัย　hɔ̌ɔ-phák yùu nay ma-hǎa-wít-tha-yaa-lay

④ ใต้สะพานมีร้านก๋วยเตี๋ยวอร่อย　tâay sa-phaan mii ráan kǔay-thǐaw ʔa-rɔ̀y

P121 読んでみよう 149

① thîi ráan thɛ̌w bâan mii mɛɛw sɔ̌ɔŋ tua

家の辺りの店に、ネコが２匹います。

② yàak sɯ́ɯ thú-rian lûuk yày sìi lûuk

大きいドリアンを４個買いたいです。

③ mùak bay sǐi dɛɛŋ khɔ̌ɔŋ mɛ̂ɛ sǔay mâak

母の赤い帽子はとてもきれいです。

P123 書いてみよう 練習 2 153

① ฉันเรียนภาษาไทยวันละ ๓ ชั่วโมง　chán rian phaa-sǎa thay wan láʔ sǎam chûa-mooŋ

② ภรรยาของผมยังไม่เคยไปเที่ยวเมืองไทย

phan-ra-yaa khɔ̌ɔŋ phǒm yaŋ mây khəəy pay thîaw mɯaŋ thay

③ พ่อเคยเปิดร้านดอกไม้หน้าบ้าน　phɔ̂ɔ khəəy pəət ráan dɔ̀ɔk-máay nâa bâan

P125 書いてみよう 練習 2 157

① ทำการบ้านภาษาไทยเสร็จแล้ว　tham kaan-bâan phaa-sǎa thay sèt lɛ́ɛw

② ไปเมืองไทยแล้ว จะกินก๋วยเตี๋ยวทุกวัน

pay mɯaŋ thay lɛ́ɛw càʔ kin kǔay-thǐaw thúk-wan

③ ทำงานเสร็จแล้ว จะไปซื้อดอกไม้ที่ตลาด

tham-ŋaan sèt lɛ́ɛw càʔ pay sɯ́ɯ dɔ̀ɔk-máay thîi ta-làat

④ เรียนภาษาไทย ๒ ปีแล้ว　rian phaa-sǎa thay sɔ̌ɔŋ pii lɛ́ɛw

P127 書いてみよう 練習2 161

① ฉันชอบอาหารเผ็ด ก็เลยทำอาหารไทยทุกวัน
chán chɔ̂ɔp ʔaa-hǎan phèt kɔ̂ɔ-ləəy tham ʔaa-hǎan thay thúk-wan

② ร้อน ก็เลยอยากว่ายน้ำ　rɔ́ɔn kɔ̂ɔ-ləəy yàak wâay-náam

③ นอนจนเหนื่อย　nɔɔn con nɯ̀ay

④ ดูละครไทยจนเบื่อ　duu la-khɔɔn thay con bɯ̀a

P128 一日の出来事を読んでみよう！ 162

wan-níi dây cəə mee lɛ́ɛw raw nát kan kâaw mooŋ nâa ʔa-pháat-mén khɔ̌ɔŋ mee khâaw khàp rót pay ráp phaa raw pay kɔ̀ʔ krèt càak thɛ̌w bâan mee pay kɔ̀ʔ krèt cháy wee-laa nɯ̀ŋ chûa-mooŋ khrɯ̂ŋ raw loŋ rɯa khâam mɛ̂ɛ-náam pay thîi kɔ̀ʔ thɯ̌ŋ kɔ̀ʔ raaw sìp ʔèt mooŋ lɛ́ɛw pay dəən-lên duu ráan tàaŋ-tàaŋ rá-wàaŋ thaaŋ cəə ráan khâaw-chɛ̂ɛ nâa-ʔa-rɔ̀y pen ráan khâaw-chɛ̂ɛ khɔ̌ɔŋ chaaw mɔɔn mee mây khəəy kin raw kɔ̂ɔ-ləəy kin thîaŋ kan thîi ráan níi kin sèt lɛ́ɛw khâaw chuan pay pàn càk-kra-yaan rɔ̂ɔp kɔ̀ʔ khâa-châw càk-kra-yaan khan láʔ sìi sìp bâat raw pàn pay duu cee-dii wát lɛ́ʔ phí-phít-tha-phan nɯ̀ay mâak raw kɔ̂ɔ-ləəy loŋ rɯa pay thîaw mùu-bâan kha-nǒm-wǎan dây rian wí-thii tham dûay dây chim dûay thríp níi ʔìm ʔa-rɔ̀y sa-nùk sùt-sùt

P129

今日、やっとメーに会うことができました。私たちはメーのアパートの前で9時に待ち合わせをしました。カーゥが車を運転して迎えに行き、私たちをクレット島に連れて行ってくれました。メーの家の辺りからクレット島までは1時間半かかりました。私たちは船に乗り、川を渡って島まで行きました。11時頃に島に着き、それから、散策したり、いろいろなお店を見ました。途中で、おいしそうなカーオチェー（冷水ご飯）のお店を見つけました。モン族のカオチェーのお店です。メーが食べたことがなかったので、私たちはこの店で昼食を食べました。食事を終えると、カーゥが、自転車に乗って島めぐりをしようと誘いました。自転車のレンタル料金は1台40バーツでした。私たちは自転車をこいで仏塔と寺と博物館を見に行きました。とても疲れたので、私たちは船に乗ってお菓子の村に遊びに行きました。作り方を学ぶことができ、試食もできました。今回の旅行はお腹がいっぱいで、おいしくて、最高に楽しかったです。

P130 書いてみよう 163

① ๙ โมง	kâaw mooŋ	9時
② ที่หน้าอพาร์ตเมนต์ของเม	thîi nâa ʔa-pháat-mén khɔ̌ɔŋ mee	メーのアパートの前
③ ๑ ชั่วโมงครึ่ง	nɯ̀ŋ chûa-mooŋ khrɯ̂ŋ	1時間半
④ ราว ๑๑ โมง	raaw sìp ʔèt mooŋ	11時ころ
⑤ ไปเดินเล่น	pay dəən-lên	散策した
⑥ ร้านข้าวแช่	ráan khâaw-chɛ̂ɛ	カオチェー（冷水ご飯）のお店
⑦ ข้าวแช่ของชาวมอญ	khâaw-chɛ̂ɛ khɔ̌ɔŋ chaaw mɔɔn	モン族のカオチェー
⑧ เพราะเมไม่เคยกิน	phrɔ́ʔ mee mây khəəy kin	メーが食べたことがなかったから。
⑨ เจดีย์ วัด และพิพิธภัณฑ์	cee-dii wát lɛ́ʔ phí-phít-tha-phan	仏塔と寺と博物館

⑩ เรียนวิธีทำขนม และชิมขนม
rian wí-thii tham kha-nŏm lɛ́ʔ chim kha-nŏm　お菓子の作り方を学び、お菓子を試食した。

P131 日記を書いてみよう！（解答例） 164

【一人で過ごした日の日記】

วันนี้ ได้ไปดูคอนเสิร์ตที่ MBK Center ตั้งแต่บ่ายโมงถึง ๕ โมงเย็น แล้วก็ได้เจอเพื่อนด้วย วันนี้สนุกสุด ๆ

wan-níi dây pay duu khɔn-sə̀ət thîi ʔem-bii-khee sen-tə̂ə tâŋ-tɛ̀ɛ bàay mooŋ thɯ̌ŋ hâa mooŋ yen lɛ́ɛw-kɔ̂ɔ dây cəə phɯ̂an dûay wan-níi sa-nùk sùt-sùt

今日は午後１時から５時までMBK Centerにコンサートを見に行きました。それから友達にも会いました。今日は最高に楽しかったです。

【誰かと過ごした日の日記】

วันนี้ได้ไปกินอาหารไทยกับอาจารย์ เรานัดกัน ๑๑ โมงที่ชินจูกุ จากแถวบ้านไปชินจูกุ ใช้เวลา ๔๕ นาที เราเจอร้านอาหารไทยน่าอร่อย เราก็เลยกินที่ร้านนั้น เสร็จแล้วไปกินขนม สนุกมาก

wan-níi dây pay kin ʔaa-hăan thay kàp ʔaa-caan raw nát kan sìp ʔèt mooŋ thîi chin-cuu-kùʔ càak thɛ̌w bâan pay chin-cuu-kùʔ cháy wee-laa sìi sìp hâa naa-thii raw cəə ráan ʔaa-hăan thay nâa ʔa-rɔ̀y raw kɔ̂ɔ-ləəy kin thîi ráan nán sèt lɛ́ɛw pay kin kha-nŏm sa-nùk mâak

今日は先生とタイ料理を食べに行きました。私たちは新宿で11時に待ち合わせをしました。家の辺りから新宿に行くには45分かかります。おいしそうなタイ料理のお店を見つけたので、私たちはその店で食べました。（食事が）終わると、お菓子を食べに行きました。楽しかったです。

P132 練習問題

๑. 165

① ชอบเมืองไทยจนอยากอยู่เมืองไทย
chɔ̂ɔp mɯaŋ thay con yàak yùu mɯaŋ thay
タイに住みたいと思うほど、タイが好きです。

② เสื้อตัวละเท่าไร
sɯ̂a tua láʔ thâw-rày
シャツは１着当たりいくらですか？

③ วันนี้เหนื่อยมาก กินข้าวแล้วอยากนอน
wan-níi nɯ̀ay mâak kin khâaw lɛ́ɛw yàak nɔɔn
今日はとても疲れました。ご飯を食べたら、寝たいです。

④ ยังไม่เคยดูหนังไทย สนุกไหม
yaŋ mây khəəy duu năŋ thay sa-nùk máy
まだタイ映画を見たことがありません。おもしろいですか？

⑤ อยากทำงานที่เกาหลี ก็เลยไปเรียนที่มหาวิทยาลัยที่เกาหลี
yàak tham-ŋaan thîi kaw-lǐi kɔ̂ɔ-ləəy pay rian thîi ma-hǎa-wít-tha-yaa-lay thîi kaw-lǐi
韓国で働きたいので、韓国の大学に留学します。

๒. 166

① ผมมีรองเท้า ๓ คู่ phǒm mii rɔɔŋ-tháaw sǎam khûu 僕は靴を３足持っています。
② ที่บ้านมีทีวี ๒ เครื่อง thîi bâan mii thii-wii sɔ̌ɔŋ khrʉ̂aŋ 家にはテレビが２台あります。
③ ทุเรียนลูกละเท่าไร thú-rian lûuk láʔ thaw-rày ドリアンは１個いくらですか？
④ เค้กชิ้นละ ๔๐ บาท khéek chín láʔ sìi sìp bàat ケーキは１切れ40バーツです。
⑤ จะซื้อบัตรคอนเสิร์ต ๒ ใบ
càʔ sʉ́ʉ bàt khɔn-sə̀ət sɔ̌ɔŋ bay コンサートのチケットを２枚買います。

๓.（解答例）167

① บนโต๊ะ มีคอมพิวเตอร์ bon tóʔ mii khɔm-phiw-tə̂ə 机の上には、コンピュータがあります。
② มือถืออยู่ในกระเป๋า mʉʉ-thʉ̌ʉ yùu nay kra-pǎw 携帯がカバンの中にあります。
③ หน้าบ้าน มีร้านดอกไม้ nâa bâan mii ráan dɔ̀ɔk-máay 家の前には、花屋があります。
④ โรงเรียนอยู่ข้างวัด rooŋ-rian yùu khâaŋ wát 学校がお寺の隣にあります。
⑤ จักรยานอยู่หลังบ้าน càk-kra-yaan yùu lǎŋ bâan 自転車が家の裏にあります。

第7課

P135 書いてみよう 練習2 170

① อาจารย์ให้พวกเราอ่านหนังสือทุกวัน ʔaa-caan hây phûak-raw ʔàan náŋ-sʉ̌ʉ thúk-wan
② หัวหน้าให้ผมก๊อบปี้เอกสาร hǔa-nâa hây phǒm kɔ́p-pîi ʔèek-ka-sǎan
③ หมอไม่ให้ดิฉันทานขนม mɔ̌ɔ mây hây di-chán thaan kha-nǒm

P137 書いてみよう 練習2 175

① เวลากินข้าว คนไทยจะใช้ช้อนส้อม wee-laa kin khâaw khon thay càʔ cháy chɔ́ɔn sɔ̂m
② ฉันซื้อเสื้อยืดตัวนี้ ตอนไปเมืองไทยเมื่อปีที่แล้ว
chán sʉ́ʉ sʉ̂a-yʉ̂ʉt tua níi tɔɔn pay mʉaŋ thay mʉ̂a pii thîi-lɛ́ɛw
③ ตอนเด็ก ผมไม่ค่อยทำการบ้าน tɔɔn dèk phǒm mây khɔ̂y tham kaan-bâan

P139 読んでみよう 179

① càʔ kin khâaw-klɔ̀ŋ thîi sʉ́ʉ maa càak ráan sa-dùak-sʉ́ʉ
コンビニで買って来た弁当を食べます。

② ma-mûaŋ thîi phîi săaw sɯ́ɯ maa lûuk yày lɛ́ʔ wăan mâak

姉が買って来たマンゴーは、実が大きくて、とても甘いです。

③ chán yaŋ mây dây ʔàan khɔ̂ɔ-khwaam thîi phɯ̂an sòŋ maa

私は、友達が送ってきたメッセージをまだ読んでいません。

P141 読んでみよう 183

① khâaw-sɔɔy pen ʔaa-hăan nɯ̆a sùan khâaw-yam pen ʔaa-hăan tâay

カーオソーイは北部料理ですが、（一方で）カーオヤムは南部料理です。

② wan ʔaa-thít chán chɔ̂ɔp ʔɔ̀ɔk-kam-laŋ-kaay sùan săa-mii chɔ̂ɔp nɔɔn

日曜日は、私は運動するのが好きですが、（一方で）夫は寝るのが好きです。

③ thîi mɯaŋ thay mii sa-mŭn-phray tàaŋ-tàaŋ chên ta-khráy kha-mîn

タイにはさまざまな薬草があります。たとえば、レモングラス、ウコンです。

P143 書いてみよう 練習 2 186

① ภาษาอังกฤษยากกว่าภาษาญี่ปุ่น　phaa-săa ʔaŋ-krìt yâak kwàa phaa-săa yîi-pùn

② วันนี้ โตเกียวร้อนกว่ากรุงเทพฯ　wan-níi too-kiaw rɔ́ɔn kwàa kruŋ-thêep

③ ฉันอยากไปทะเลมากกว่าภูเขา　chán yàak pay tha-lee mâak kwàa phuu-khăw

④ ผมชอบเบสบอลมากกว่าฟุตบอล　phŏm chɔ̂ɔp bées-bɔɔn mâak kwàa fút-bɔɔn

P145 書いてみよう 練習 2 190

① เสาร์อาทิตย์สะดวกที่สุด　săw ʔaa-thít sa-dùak thîi-sùt

② อาหารที่แม่ทำอร่อยที่สุด　ʔaa-hăan thîi mɛ̂ɛ tham ʔa-rɔ̀y thîi sùt

③ ตอนเป็นตำรวจ พ่อมักจะกลับบ้านดึก　tɔɔn pen tam-rùat phɔ̂ɔ mák càʔ klàp bâan dɯ̀k

④ กลางวันไปทำงาน ส่วนตอนเย็นมักจะอยู่บ้าน
klaaŋ-wan pay tham-ŋaan sùan tɔɔn-yen mák càʔ yùu bâan

P146 人物紹介を読もう！ 191

khâaw pen khon chiaŋ-mày lăŋ-càak rian còp khâaw pay tham-ŋaan thîi kruŋ-thêep tɛ̀ɛ wan-săw-níi khâaw càʔ pay yîam khrɔ̂ɔp-khrua thîi chiaŋ-mày khrɔ̂ɔp-khrua khâaw mii sìi khon mii phɔ̂ɔ mɛ̂ɛ nɔ́ɔŋ-săaw lɛ́ʔ khâaw

phɔ̂ɔ khəəy tham-ŋaan pen tam-rùat tɛ̀ɛ tɔɔn-níi ka-sĭan lɛ́ɛw sùan mɛ̂ɛ pə̀ət ráan khăay ʔaa-hăan ʔɔɔn-laay ráan mɛ̂ɛ khăay kha-nŏm thay chên lûuk-chúp fɔ̌ɔy-thɔɔŋ mɛ̂ɛ yûŋ thúk-wan phrɔ́ʔ tham thú-rá-kìt sùan-tua

nɔ́ɔŋ-săaw khon-lék khɔ̌ɔŋ khâaw chɯ̂ɯ khâaw-pûn tɔɔn-níi thəə pen pha-yaa-baan yùu thîi rooŋ-pha-yaa-baan sŭan-dɔ̀ɔk wee-laa wâaŋ thəə chɔ̂ɔp rɔ́ɔŋ phleeŋ thəə rɔ́ɔŋ phleeŋ kèŋ tham ʔaa-hăan kɔ̂ɔ kèŋ khâaw chɔ̂ɔp kin sây-ʔùa kàp khâaw-sɔɔy thîi nɔ́ɔŋ tham thîi-sùt tɔɔn dèk thəə mák càʔ pay chûay mɛ̂ɛ tham ʔaa-hǎan hây mɛ̂ɛ sɔ̌ɔn tham ʔaa-hǎan thəə chɔ̂ɔp tham ʔaa-hǎan mâak kwàa pen pha-yaa-baan nay ʔa-naa-khót thəə yàak càʔ pə̀ət ráan khǎay ʔaa-hǎan nʉ̌a

P147

カーゥはチェンマイ出身です。（学校を）卒業したあと、バンコクで勤務していますが、今週の土曜日、カーゥはチェンマイの家族を訪ねる予定です。カーゥは４人家族で父、母、妹、カーゥがいます。

父は以前、警察官として働いていましたが、今はもう定年退職しています。一方、母はオンラインで料理店を開いています。母の店ではタイ伝統菓子を売っています。たとえば、ルークチュップ、フォイトーンです。母は自営業をしているので、毎日忙しくしています。

カーゥの（一番下の）妹は名前がカーゥプンといいます。今、彼女はスアン・ドーク病院の看護師をしています。暇なとき、彼女は歌を歌うのが好きです。彼女は歌が得意で、料理を作るのも得意です。カーゥは、妹が作ったサイウアとカーオソーイを食べるのが一番好きです。子供の頃、彼女はよくお母さんが料理を作るのを手伝い、お母さんに料理の作り方を教えてもらいました。彼女は看護師でいるよりも料理を作る方が好きです。将来、彼女は北部料理のお店を開きたいと思っています。

P148 193

例：khâaw pen khon thîi-nǎy

答え：pen khon chiaŋ-mày　チェンマイの人

① ครอบครัวข้าวมีกี่คน　khrɔ̂ɔp-khrua khâaw mii kìi khon

答え：๔ คน　sìi khon　４人

② คุณพ่อเคยทำงานอะไร　khun phɔ̂ɔ khəəy tham-ŋaan ʔa-ray

答え：ตำรวจ　tam-rùat　警察官

③ คุณแม่ขายอะไร　khun mɛ̂ɛ khǎay ʔa-ray

答え：อาหารและขนม　ʔaa-hǎan lɛ́ʔ kha-nǒm　料理とお菓子

④ น้องสาวทำงานอะไร　nɔ́ɔŋ-sǎaw tham ŋaan ʔa-ray

答え：พยาบาล　pha-yaa-baan　看護師

⑤ เวลาว่าง น้องสาวชอบทำอะไร　wee-laa wâaŋ nɔ́ɔŋ-sǎaw chɔ̂ɔp tham ʔa-ray

答え：ร้องเพลง　rɔ́ɔŋ phleeŋ　歌を歌う（のが好きです）。

⑥ น้องสาวทำอะไรเก่ง　nɔ́ɔŋ-sǎaw tham ʔa-ray kèŋ

答え：ร้องเพลงและทำอาหารเก่ง　rɔ́ɔŋ phleeŋ lɛ́ʔ tham ʔaa-hǎan kèŋ

歌を歌うのと、料理を作るのが得意です。

⑦ ข้าวชอบกินอะไร　khâaw chɔ̂ɔp kin ʔa-ray

答え：ไส้อั่วกับข้าวซอยที่น้องสาวทำ　sây-ʔùa kàp khâaw-sɔɔy thîi nɔ́ɔŋ-sǎaw tham

妹が作ったサイウアとカオソーイ

⑧ ตอนเด็ก ข้าวปุ้นมักจะทำอะไร　tɔɔn dèk khâaw-pùn mâk càʔ tham ʔa-ray

答え：ช่วยแม่ทำอาหาร　chûay mɛ̂ɛ tham ʔaa-hǎan　お母さんが料理をするのを手伝いました。

⑨ ในอนาคต ข้าวปุ้นอยากจะทำอะไร　nay ʔa-naa-khót khâaw-pûn yàak càʔ tham ʔa-ray

答え：เปิดร้านขายอาหารเหนือ　pə̀ət ráan khǎay ʔaa-hǎan nʉ̌a　北部料理のお店を開くこと

P150 家族や友人のことを紹介してみよう！（解答例） 194

【家族】

ครอบครัวผมมี ๓ คน มีพ่อแม่และผม พ่อทำงานเป็นหมอ แม่ทำงานเป็นพยาบาล พ่อเล่นเปียโนเก่ง แม่ทำขนมเก่ง พ่อชอบกินขนมที่แม่ทำ แม่ชอบฟังเปียโนที่พ่อเล่น เวลาว่าง มักจะไปดูคอนเสิร์ตกัน

khrɔ̂ɔp-khrua phǒm mii sǎam khon mii phɔ̂ɔ mɛ̂ɛ lɛ́ʔ phǒm phɔ̂ɔ tham-ŋaan pen mɔ̌ɔ mɛ̂ɛ tham-ŋaan pen pha-yaa-baan phɔ̂ɔ lên pia-noo kèŋ mɛ̂ɛ tham kha-nǒm kèŋ phɔ̂ɔ chɔ̂ɔp kin kha-nǒm thîi mɛ̂ɛ tham mɛ̂ɛ chɔ̂ɔp faŋ pia-noo thîi phɔ̂ɔ lên wee-laa wâaŋ mák càʔ pay duu khɔn-səət kan

僕の家族は３人います。父、母、そして僕です。父は医者として働いています。母は看護師として働いています。父はピアノをひくのが得意で、母はお菓子を作るのが得意です。父は母が作ったお菓子を食べるのが好きで、母は父がひくピアノを聞くのが好きです。暇なとき、たいてい一緒にコンサートを見に行きます。

【友人】

ผมมีเพื่อนสนิท ๑ คน เขาชื่อต้น เป็นคนไทย บ้านเขาอยู่ที่ดินแดง เขาทำงานเป็นล่าม รู้จักกันตั้งแต่มหาวิทยาลัย เขาพูดภาษาญี่ปุ่นเก่ง เขาชอบญี่ปุ่น เวลาว่างเขามักจะไปเที่ยวญี่ปุ่น

phǒm mii phɯ̂an sa-nìt nɯ̀ŋ khon kháw chɯ̂ɯ tôn pen khon thay bâan kháw yùu thîi din-dɛɛŋ kháw tham-ŋaan pen lâam rúu-càk kan tâŋ-tɛ̀ɛ ma-hǎa-wít-tha-yaa-lay kháw phûut phaa-sǎa yîi-pùn kèŋ kháw chɔ̂ɔp yîi-pùn wee-laa wâaŋ kháw mák càʔ pay thîaw yîi-pùn

僕には親友が１人います。彼は名前がトンといいます。タイ人です。彼の家はディンデーンにあります。彼は通訳として働いています。大学の頃からの知り合いです。彼は日本語を話すのが得意です。彼は日本が好きです。暇なとき、彼はたいてい日本に遊びに行きます。

P152 練習問題

๑. 196

① พลอยชอบฟังเพลงมากกว่า ร้องเพลง
phlɔɔy chɔ̂ɔp faŋ phleeŋ mâak kwàa rɔ́ɔŋ phleeŋ
プローィは歌を歌うより歌を聞く方が好きです。

② ตอนเด็ก แม่ทำข้าวซอยบ่อย
tɔɔn dèk mɛ̂ɛ tham khâaw-sɔɔy bɔ̀y
子供のとき、母はカオソーイをよく作りました。

③ อาจารย์ให้นักเรียนทำการบ้าน
ʔaa-caan hây nák-rian tham kaan-bâan
先生は生徒に宿題をさせます。

④ ผมอยากมีบ้านที่อยู่ใกล้ทะเล
phǒm yàak mii bâan thîi yùu klây tha-lee
僕は海の近くにある家を持ちたいです。

⑤ ยายทำงานเก่งและใจดีที่สุดในครอบครัว
yaay tham-ŋaan kèŋ lɛ́ʔ cay-dii thîi-sùt nay khrɔ̂ɔp-khrua
（母方の）祖母は働き者で、家族の中で一番優しいです。

⑥ วันเสาร์เช้าปู่มักจะไปเล่นโบว์ลิงกับเพื่อน ๆ ที่สยาม
wan sǎw cháaw pùu mák càʔ pay lên boo-lîŋ kàp phɯ̂an-phɯ̂an thîi sa-yǎam
土曜日の朝、祖父はサイアムに友達とボーリングをしに行きます。

⑦ อาหารย่าที่ผมชอบมีเยอะ เช่น ข้าวซอย ไส้อั่ว
ʔaa-hǎan yâa thîi phǒm chɔ̂ɔp mii yə́ʔ chên khâaw-sɔɔy sây-ʔùa
僕の好きな（父方の）祖母の料理はたくさんあります。たとえば、カオソーイやサイウアです。

⑧ ลุงทำขนมเก่ง ส่วนป้าชอบกิน
luŋ tham kha-nǒm kèŋ sùan pâa chɔ̂ɔp kin
伯父はお菓子作りが得意で、伯母の方は食べるのが好きです。

⑨ เวลาเดินเล่น พ่อจะชอบพาหมาไปด้วย
wee-laa dəən-lên phɔ̂ɔ càʔ chɔ̂ɔp phaa mǎa pay dûay
散歩するとき、父はよく犬も連れて行きます。

⑩ วันเกิดแม่ พ่อจะให้ดอกไม้ที่แม่ชอบ
wan kə̀ət mɛ̂ɛ phɔ̂ɔ càʔ hây dɔ̀ɔk-máay thîi mɛ̂ɛ chɔ̂ɔp
母の誕生日は、父は母の好きな花をあげます。

๒.（質問＋解答例） 197

① tɔɔn dèk khun pen dèk yaŋ-ŋay
子供のとき、あなたはどんな子供でしたか？

— เป็นเด็กที่ชอบอ่านหนังสือ　pen dèk thîi chɔ̂ɔp ʔàan náŋ-sɯ̌ɯ
本を読むのが好きな子どもでした。

② wee-laa pay mɯaŋ thay khun chɔ̂ɔp pay thɛ̌w nǎy
タイに行くとき、あなたはどの辺に行くのが好きですか？

— แถวเยาวราช　thɛ̌w yaw-wa-râat　ヤオワラートの辺り

③ khun pen khon caŋ-wàt ʔa-ray
あなたは何県の人（出身）ですか？

— จังหวัดคานากาวะ　caŋ-wàt khaa-naa-kaa-wáʔ　神奈川県

④ phàt-thay kàp khâaw ka-phraw khun chɔ̂ɔp kin ʔa-ray mâak kwàa kan
パッタイとガパオライスでは、あなたはどちらの方が好きですか？

— ผัดไทย　phàt-thay　パッタイ

⑤ thîi mɯaŋ thay khun chɔ̂ɔp caŋ-wàt ʔa-ray thîi-sùt
タイでは、あなたは何県が一番好きですか？

— จังหวัดเชียงราย　caŋ-wàt chiaŋ-raay　チェンライ県

⑥ ʔaa-hǎan thay khun chɔ̂ɔp kin ʔa-ray thîi-sùt
タイ料理は、あなたは何が一番好きですか？

— ข้าวซอย khâaw-sɔɔy カオソーイ

⑦ khun chɔ̂ɔp mɯaŋ yaŋ-ŋay
あなたはどんな町が好きですか？

— ผม / ฉันชอบเมืองที่มีวัดเยอะ phǒm / chán chɔ̂ɔp mɯaŋ thîi mii wát yə́ʔ
僕 / 私はお寺がたくさんある町が好きです。

⑧ wan yùt khun mák càʔ tham ʔa-ray
休日、あなたはたいてい何をしますか？

— ออกกำลังกาย ʔɔ̀ɔk-kam-laŋ-kaay 運動します。

第 8 課

P155 書いてみよう 練習2 201

① พรุ่งนี้ต้องตื่นตี ๔ ครึ่ง เพราะเครื่องบินออก ๗ โมงครึ่ง
phrûŋ-níi tɔ̂ŋ tɯ̀ɯn tii sìi khrɯ̂ŋ phrɔ́ʔ khrɯ̂aŋ-bin ʔɔ̀ɔk cèt mooŋ khrɯ̂ŋ

② ตอนนี้ในตู้เย็นไม่มีอะไรกิน tɔɔn-níi nay tûu-yen mây mii ʔa-ray kin

③ วันหยุดชอบอยู่บ้าน ไม่อยากไปไหน wan yùt chɔ̂ɔp yùu bâan mây yàak pay nǎy

P157 書いてみよう 練習2 205

① ฉันทำงานเพื่อครอบครัว chán tham ŋaan phɯ̂a khrɔ̂ɔp-khrua

② ผมเก็บเงินเพื่อไปเที่ยวยุโรป phǒm kèp ŋən phɯ̂a pay thîaw yú-ròop

③ เขาไม่สบาย เพราะทำงานมากเกินไป kháw mây sa-baay phrɔ́ʔ tham ŋaan mâak kəən pay

P159 読んでみよう 209

① thâa mây yàak tham càʔ mây tham kɔ̂ɔ dâay náʔ
もしやりたくなければ、やらなくてもいいですよ。

② thâa càʔ pay lɔɔŋ-sa-tee thîi mɯaŋ thay tɔ̂ŋ tham yaŋ-ŋay
もしタイにロングステイしに行きたければ、どうしなければなりませんか？

③ yàa ŋùt-ŋìt wee-laa phɯ̂an maa sǎay
友達が遅刻したとき、イライラしてはいけません。

P161 書いてみよう 練習2 213

① ที่เมืองไทย เวลาเจอผู้ใหญ่ควรจะไหว้
thîi mɯaŋ thay wee-laa cəə phûu-yày khuan càʔ wâay

② ไม่ควรจอดรถหน้าร้าน   mây khuan cɔ̀ɔt rót nâa ráan

③ ไปเมืองไทยครั้งนี้ ไม่ร้อนเลย   pay mɯaŋ thay khráŋ-níi mây rɔ́ɔn ləəy

④ ช่วงนี้ไม่ได้เจอเพื่อนคนไทยเลย   chûaŋ-níi mây dây cəə phɯ̂an khon thay ləəy

P163 読んでみよう 217

① phɯ̂an khon thay bɔ̀ɔk wâa ʔaa-hǎan yîi-pùn rót cɯ̀ɯt pay

タイの友達は、日本料理は味が薄すぎると言っていました。

② chán khít wâa khon thay mii ní-sǎy sa-nùk pen-kan-eeŋ khon yîi-pùn kɔ̂ɔ-ləəy chɔ̂ɔp khon thay

タイ人は性格が楽しく、気安いので、日本人はタイ人が好きなのだと私は思います。

③ mɯ̂a-waan-níi tâŋ-cay càʔ mây kin yə́ʔ kɔ̂ɔ-ləəy mây tham khɔ̌ɔŋ-chɔ̂ɔp

昨日はたくさん食べないつもりだったので、好きな物を作りませんでした。

P165 書いてみよう 練習2 221

① แถวนี้มีร้านสะดวกซื้อแค่ ๒ ร้าน   thɛ̌w-níi mii ráan-sa-dùak-sɯ́ɯ khɛ̂ɛ sɔ̌ɔŋ ráan

② เมื่อเช้าไม่ได้กินข้าว กินแค่กล้วย   mɯ̂a-cháaw mây dây kin khâaw kin khɛ̂ɛ klûay

③ วันนี้เล่นมือถือตั้งครึ่งวัน   wan-níi lên mɯɯ-thɯ̌ɯ tâŋ khrɯ̂ŋ-wan

④ ได้ยินว่าเขาไปเมืองไทยบ่อย น่าจะรู้จักเมืองไทยดี

dây-yin wâa kháw pay mɯaŋ thay bɔ̀y nâa càʔ rúu-càk mɯaŋ thay dii

P167 日常の事柄を語る文章を読もう！ 224

【1日目】

maa thɯ̌ŋ chiaŋ-raay láʔ tɔ̂ŋ yùu thîi-nîi pra-maan dɯan nɯŋ naan pay nít tɛ̀ɛ phûa hǔa-nâa thîi-rák phɯ̂an-phɯ̂an thâa maa thɛ̌w-níi kɔ̂ɔ yàa lɯɯm tìt-tɔ̀ɔ maa náʔ khít wâa nâa càʔ ŋǎw phrɔ́ʔ mây rúu-càk khray ləəy

チェンライに到着しました。ここには1カ月程いなくてはなりません。ちょっぴり長いけど、でもこれも大好きな上司のため。友達のみなさん、もしこの辺に来るようなことがあれば、連絡するのを忘れないでね。誰も知っている人がいないから、寂しくなりそうなの。

【6日目・週末】

sǎw-rɛ̂ɛk thîi chiaŋ-raay wan-níi mây tɔ̂ŋ khâw ʔɔ́ɔf-fís mây mii ʔa-ray thîi tɔ̂ŋ tham lɛ́ʔ dây-yin wâa ta-làat nâa dəən lǎay-hɛ̀ŋ kɔ̂ɔ-ləəy pay dəən thîaw ta-làat thɛ̌w-thɛ̌w thîi-phák chɯ̂ɯ “ ta-làat ciŋ-cay” dii-ŋaam khuan pay taŋ-cay càʔ pay kin khɛ̂ɛ khâaw-cháaw tɛ̀ɛ yùu tâŋ khrɯ̂ŋ wan

チェンライでの初めての土曜日。今日はオフィスに行く必要がない。しなければならないことは何もないし、散策に良い市場が何か所もあると聞いたので、宿泊先の近くにある「チンチャイ市場」という市場に散策に行きました。素晴らしかった！　ここは行くべき！　朝食だけ食べに行くつもりが、半日も（市場に）いました。

P169 (225)

① tɔɔn-níi phlɔɔy yùu thîi-nǎy	今、プローィはどこにいますか？
— เชียงราย	chiaŋ-raay　チェンライ
② phlɔɔy pay tham ʔa-ray thîi-nân	プローィはそこに何をしに行きましたか？
— ทำงาน	tham-ŋaan　仕事
③ phlɔɔy càʔ yùu thîi-nân kìi wan	プローィはそこに何日間いますか？
— ประมาณ ๑ เดือน	pra-maan nùŋ dɯan　1カ月くらい
④ phlɔɔy yàak yùu thîi-nân máy	プローィはそこにいたいと思っていますか？
— ไม่อยาก	mây yàak　いたくありません。
⑤ phlɔɔy mii khon-rúu-càk thîi-nân máy	プローィには、そこに知り合いがいますか？
— ไม่มี	mây mii　いません。
⑥ wan sǎw-rɛ̂ɛk phlɔɔy tɔ̂ŋ pay tham-ŋaan máy	最初の土曜日、プローィは仕事をしなければなりませんか？
— ไม่ต้อง	mây tɔ̂ŋ　する必要はありません。
⑦ wan sǎw phlɔɔy pay thîi-nǎy	土曜日、プローィはどこに行きましたか？
— ไปตลาด	pay ta-làat　市場に行きました。
⑧ phlɔɔy khít wâa thîi-nân pen yaŋ-ŋay	プローィはそこをどのように思っていますか？
— ดีงาม	dii-ŋaam　素晴らしいと思っています。

P170 日常のことをSNSでつぶやいてみよう！（解答例）(226)

【週末の出来事をつぶやく】

เสาร์นี้ไม่ต้องทำงาน และได้ยินว่า ห้างเปิดใหม่ของน่าซื้อเยอะ ก็เลย ไปเดินดู ดีงาม ควร ไป

sǎw-níi mây tɔ̂ŋ tham-ŋaan　lɛ́ʔ dây-yin wâa　hâaŋ pə̀ət mày khɔ̌ɔŋ nâa-sɯ́ɯ yə́ʔ　kɔ̂ɔ-ləəy　pay dəən duu　dii-ŋaam　khuan pay

土曜日は仕事をする必要がない。それに、新しくオープンしたデパートは買いたくなるようなものがいっぱいあると聞いたので、ウィンドウショッピングに行った。素晴らしい。行った方がいい。

【今日やりたいことををつぶやく】

วันนี้ตั้งใจ จะไปร้านหนังสือแถวบ้าน　เพราะได้ยินว่า กำลังลดราคา หนังสือร้านนั้นน่าอ่านเยอะ ก็เลยจะ ไปบ่ายนี้

wan-níi tâŋ-cay càʔ pay ráan náŋ-sɯ̌ɯ thɛ̌w bâan　phrɔ́ʔ dây-yin wâa kam-laŋ lót raa-khaa náŋ-sɯ̌ɯ ráan nán nâa-ʔàan yə́ʔ　kɔ̂ɔ-ləəy càʔ　pay bàay-níi

今日は、家の辺りの本屋に行こうと思う。なぜかというと、値下げしていて、おもしろそうな本がたくさんあると聞いたから。だから、今日の午後に行くつもり。

P171 練習問題

๑. 227

① มีเวลาแค่ ๕ นาที
mii wee-laa khɛ̂ɛ hâa naa-thii
時間がたった５分しかありません。

② มีมือถือตั้ง ๑๐ เครื่อง
mii mɯɯ-thɯ̌ɯ tâŋ sìp khrɯ̂aŋ
携帯が 10 台もあります。

③ ตื่นแล้วควรดื่มน้ำ
tɯ̀ɯn lɛ́ɛw khuan dɯ̀ɯm náam
起きたら、水を飲むべきです。

④ ผมต้องกินอาหารเช้าทุกเช้า
phǒm tɔ̂ŋ kin ʔaa-hǎan cháaw thúk-cháaw
僕は毎朝、朝ごはんを食べないといけません。

⑤ หน้าหนาวที่ฮอกไกโดหนาวเกินไป
nâa-nǎaw thîi hɔ́k-kay-doo nǎaw kəən pay
北海道の冬は寒すぎます。

⑥ ฉันจะกินผัก และผลไม้เพื่อสุขภาพ
chán càʔ kin phàk lɛ́ʔ phǒn-la-máay phɯ̂a sùk-kha-phâap
私は健康のために野菜と果物を食べます。

⑦ ถ้าไม่ชอบ ไม่ต้องซื้อ
thâa mây chɔ̂ɔp mây tɔ̂ŋ sɯ́ɯ
もし好きでなければ、買う必要はありません。

⑧ อย่าคุย ตอนครูอธิบาย
yàa khuy tɔɔn khruu ʔa-thí-baay
先生が説明しているとき、おしゃべりしないでください。

⑨ คิดว่าคนไทยใจดีที่สุด
khít wâa khon thay cay-dii thîi-sùt
タイ人が一番優しいと思います。

⑩ แม่น่าจะกินเผ็ดไม่ได้
mɛ̂ɛ nâa càʔ kin phèt mây dâay
母はたぶん辛いのが食べられないと思います。

⑪ มีใครพูดภาษาญี่ปุ่นได้ไหม
mii khray phûut phaa-sǎa yîi-pùn dâay máy
誰か日本語を話せる人はいますか？

⑫ ไม่มีอะไรน่าสนใจ
mây mii ʔa-ray nâa-sǒn-cay
おもしろそうなものは何もありません。

๒.（解答例） 228

① kɔ̀ɔn nɔɔn khun tɔ̂ŋ tham ʔa-ray
寝る前、あなたは何をしなければなりませんか？

— อ่านหนังสือ　ʔàan náŋ-sɯ̌ɯ　本を読みます。

② khun rian phaa-sǎa thay phɯ̂a ʔa-ray
あなたは何のためにタイ語を勉強していますか？

— คุยกับคนไทย　khuy kàp khon thay　タイ人と話すため

③ thâa dây pay mɯaŋ thay khun yàak tham ʔa-ray
もしタイに行けたら、あなたは何をしたいですか？

— ไปเรียนทำอาหาร　pay rian tham ʔaa-hǎan　料理を習いに行きます。

④ thîi yîi-pùn nák-thɔ̂ŋ-thîaw khuan càʔ tham ʔa-ray
日本では、観光客は何をすべきですか？

— กินอาหารญี่ปุ่น　kin ʔaa-hǎan yîi-pùn　日本料理を食べるべきです。

⑤ khun khít wâa khon thay pen yaŋ-ŋay
あなたはタイ人はどうだと思いますか？

— ใจดี　cay-dii　優しいです。

⑥ khun khít wâa khon yîi-pùn chɔ̂ɔp ʔa-ray thîi mɯaŋ thay
あなたは、日本人はタイの何が好きだと思いますか？

— ชอบคนไทย　chɔ̂ɔp khon thay　タイ人が好きです。

⑦ wan-sǎw-níi khun tâŋ-cay wâa càʔ tham ʔa-ray
今度の土曜日、あなたは何をするつもりですか？

— ตั้งใจจะไปไหว้พระ　tâŋ-cay càʔ pay wâay phráʔ　お参りに行くつもりです。

⑧ khun khít wâa nay yîi-pùn thîi-nǎy nâa-pay thîaw
あなたは、日本の中でどこが観光するのによさそうだと思いますか？

— ตลาดน่าเที่ยว　ta-làat nâa-thîaw　市場が観光するのによさそうです。

第9課

P175 書いてみよう 練習2 233

① แม่กำลังซื้ออาหารแห้งที่ตลาด　mɛ̂ɛ kam-laŋ sɯ́ɯ ʔaa-hǎan hɛ̂ɛŋ thîi ta-làat
② พรุ่งนี้ฉันจะลองคุยกับเขาดู　phrûŋ-níi chán càʔ lɔɔŋ khuy kàp kháw duu
③ ที่เมืองไทยผมอยากลองขี่ช้างดู　thîi mɯaŋ thay phǒm yàak lɔɔŋ khìi cháaŋ duu

P177 書いてみよう 練習2 237

① ที่นี่ต้องถอดรองเท้าหรือเปล่า　thîi-nîi tɔ̂ŋ thɔ̀ɔt rɔɔŋ-tháaw rɯ́-plàaw
② ในวันเกิดคนไทยมักจะตักบาตรใช่ไหม　nay wan kə̀ət khon thay mák càʔ tàk-bàat chây máy

③ ข้าวสารหมด ต้องไปซื้อใช่ไหม khâaw-sǎan mòt tɔ̂ŋ pay sɯ́ɯ chây máy

P179 読んでみよう 240

① khɔ̌ɔ phàt-thay sǎam thîi nám-sôm sɔ̌ɔŋ thîi lɛ́ɛw-kɔ̂ɔ nám-tɛɛŋ-moo nɯ̀ŋ thîi

パッタイを３人前、オレンジジュースを２つ、それからスイカジュースを１つください。

② khɔ̌ɔ nâŋ rɔɔ thîi-nîi dâay máy

ここに座って待ってもいいでしょうか？

③ khɔ̌ɔ prùk-sǎa rɯ̂aŋ ŋaan khâʔ

仕事のことで話をさせてください。

P181 読んでみよう 244

① nay wát níi hâam thàay rûup

このお寺の中は撮影禁止です。

② hâam khuy thoo-ra-sàp nay rót fay-fáa thîi yîi-pùn

日本の電車の中で電話で話してはいけません。

③ fɛɛn phǒm tham ʔaa-hǎan thay pen lǎay-yàaŋ

僕の恋人は何種類もタイ料理が作れます。

④ di-chán wâay-náam pen tɛ̀ɛ wan-níi mây wâaŋ pay wâay mây dâay

私は泳げますが、でも今日は空いていないので、泳ぎに行くことができません。

P182 書いてみよう 246

① แฟนโกรธ ทำให้เธอเสียใจ fɛɛn kròot tham hây thəə sǐa-cay
② เจอดาราไทย ทำให้มีความสุข cəə daa-raa thay tham hây mii khwaam-sùk
③ ทำงานมากไป ทำให้เขาป่วย tham-ŋaan mâak pay tham hây kháw pùay

P183 SNS のメッセージを読もう！ 247

メー： phîi-phîi kháʔ kam-laŋ yûŋ rɯ́-plàaw kháʔ

カーゥ： mii ʔa-ray rɔ̌ə

メー： mee khɔ̌ɔ thǎam rɯ̂aŋ tàk-bàat nɔ̀y khâʔ

プローィ： wí-thii tàk-bàat chây máy

メー： khâʔ tham mây pen yàak lɔɔŋ tàk bàat duu khâʔ

カーゥ： kɔ̀ɔn-ʔɯ̀ɯn triam khɔ̌ɔŋ tàk-bàat náʔ pen ʔaa-hǎan-sòt chên khâaw-sǔay kàp-khâaw ʔaa-hǎan-hɛ̂ɛŋ chên khâaw-sǎan khrɯ̂aŋ-kra-pɔ̌ŋ nom-klɔ̀ŋ rɯ̌ɯ khɔ̌ɔŋ-cháy cam-pen khɔ̌ɔŋ phráʔ chên thûup thian cii-wɔɔn kɔ̂ɔ-dâay

プローィ： tɛ̀ɛ hâam pen khɔ̌ɔŋ thîi tham-hây phráʔ phìt sǐin náʔ chên lâw bu-rìi

カーゥ： sèt lɛ́ɛw riaŋ khɔ̌ɔŋ nay thàat lɛ́ɛw pay rɔɔ thîi thîi-tàk-bàat thîi nâa bâan rɯ̌ɯ thîi wát kɔ̂ɔ-dâay

プローィ： sèt lɛ́ɛw thɔ̀ɔt rɔɔŋ-tháaw sày khɔ̌ɔŋ thîi triam nay bàat yàaŋ sǎm-ruam yàa doon bàat phráʔ náʔ sèt lɛ́ɛw yók mɯɯ wâay

メー： khâʔ lɛ́ɛw khon thay tàk-bàat phɯ̂a ʔa-ray kháʔ

プローィ： phɯ̂a hây thaan lɛ́ʔ sɯ̀ɯp-thɔ̂ɔt phút-tha-sàat-sa-nǎa

メー： khâw-cay lɛ́ɛw khâʔ sǎw-níi mee càʔ lɔɔŋ pay tàk-bàat duu khâʔ

メー： khɔ̀ɔp-khun phîi-phîi mâak ləəy khâʔ

P184

メー： カーゥさん、プローィさん（お兄さん、お姉さん方）、今忙しいですか？

カーゥ： 何かある？

メー： 私（メー）は（托鉢僧への）お布施についてちょっとお聞きしたいのですが。

プローィ： お布施のやり方ってことでしょ？

メー： はい。（やり方が分からなくて）できないんですけど、お布施してみたくて。

カーゥ： まず、お布施する物を用意するんだよ。たとえば、炊いたご飯やお惣菜などの作り立ての食べ物や、米、缶詰、パック入りの牛乳などの保存食、あるいは線香、ろうそく、僧衣などの僧侶の必需品でもいいよ。

プローィ： でも、僧侶が戒律に反してしまうものは禁止よ。たとえば、酒、たばこなどね。

カーゥ： 用意が済んだら、お盆に物を並べて、家の前に用意したお布施の場所で待つか、お寺に行ってもいいよ。

プローィ： そうしたら、靴を脱いで、用意したものを（僧侶の）鉢に慎み深く入れるのよ。鉢には触れないようにしてね。それから、手を合わせるのよ。

メー： はい。それでタイ人は何のためにお布施するのですか？

プローィ： 施すため、そして仏教を受け継ぐためよ。

メー： 分かりました。今度の土曜日、私（メー）はお布施してみます。

メー： カーゥさん、プローィさん（お兄さん、お姉さん方）ありがとうございました。

P185 248

例：วิธีตักบาตร　wí-thii tàk-bàat　（托鉢僧への）お布施の仕方

① เตรียมของตักบาตร　triam khɔ̌ɔŋ tàk-bàat　お布施するものを用意する。

② ข้าวสวย กับข้าว　khâaw-sǔay kàp-khâaw　炊いたご飯、お惣菜

③ ข้าวสาร เครื่องกระป๋อง นมกล่อง
khâaw-sǎan khrɯ̂aŋ-kra-pɔ̌ŋ nom-klɔ̀ŋ　米、缶詰、パック入り牛乳

④ ธูป เทียน จีวร　thûup thian cii-wɔɔn　線香、ろうそく、僧衣

⑤ หน้าบ้าน หรือ วัด　nâa bâan rɯ̌ɯ wát　家の前、またはお寺

⑥ ของที่ทำให้พระผิดศีล เช่น เหล้า บุหรี่
khɔ̌ɔŋ thîi tham hây phráʔ phìt sǐin chên lâw bu-rìi
僧侶が戒律に反してしまう物。たとえば、酒、タバコなど。

⑦ ถอดรองเท้า　thɔ̀ɔt rɔɔŋ-tháaw　靴を脱ぐ。

⑧ ยกมือไหว้　yók mɯɯ wâay　手を合わせる。

P186 練習問題

๑. 249

① ซูชิเป็นอาหารญี่ปุ่นใช่ไหม

suu-chíʔ pen ʔaa-hǎan yîi-pùn chây máy

寿司は日本料理ですよね？

② เรียนภาษาไทยทำให้อยากไปเที่ยวเมืองไทย

rian phaa-sǎa thay tham hây yàak pay thîaw mɯaŋ thay

タイ語を勉強するとタイに行きたくなります。

③ ไปเมืองไทยครั้งหน้าจะลองไปนวดไทยดู

pay mɯaŋ thay khráŋ-nâa càʔ lɔɔŋ pay nûat thay duu

次回タイに行ったら、タイ式マッサージをやってみます。

④ ในรถไฟฟ้าที่ญี่ปุ่นห้ามคุยโทรศัพท์

nay rót-fay-fáa thîi yîi-pùn hâam khuy thoo-ra-sàp

日本の電車の中では、電話で話してはいけません。

⑤ ตอนนี้ ผมกำลังเรียนภาษาไทย

tɔɔn-níi phǒm kam-laŋ rian phaa-sǎa thay

今、僕はタイ語を勉強しているところです。

⑥ มีคนที่พูดภาษาญี่ปุ่นได้รึเปล่า

mii khon thîi phûut phaa-sǎa yîi-pùn dâay rɯ́-plàaw

日本語を話せる人はいますか？

⑦ ขอถ่ายรูปได้ไหม

khɔ̌ɔ thàay rûup dâay máy

写真を撮らせてもらってもいいですか？

⑧ ฉันทำอาหารไทยไม่เป็น

chán tham ʔaa-hǎan thay mây pen

私はタイ料理を作れません。

๒. （質問＋解答例） 250

① khun khəəy tàk-bàat rɯ́-plàaw

あなたは（托鉢僧への）お布施をしたことがありますか？

— ไม่เคย　mây khəəy　やったことがありません。

② khon yîi-pùn tàk-bàat rɯ́-plàaw

日本人は（托鉢僧への）お布施をしますか？

— ไม่ตัก　mây tàk　お布施しません。

③ khun kam-laŋ tham ʔa-ray yùu

今、あなたは何をしていますか？

— กำลังเรียนภาษาไทย　kam-laŋ rian phaa-sǎa thay　タイ語を勉強しています。

④ khun yàak lɔɔŋ tham ʔa-ray thîi mɯaŋ thay
あなたはタイで何をしてみたいですか？

— อยากลองตักบาตร　yàak lɔɔŋ tàk-bàat　（托鉢僧に）お布施してみたいです。

⑤ khun mii phɯ̂an khon-thay chây máy
あなたにはタイ人の友達がいるんですよね？

— ใช่　chây　そうです。

⑥ khun khǐan phaa-sǎa thay pen máy
あなたはタイ語が書けますか？

— เป็นนิดหน่อย　pen nít-nɔ̀y　少しできます。

⑦ khun tham ʔa-ray mây pen
あなたができないことは何ですか？

— ทำอาหารไทยไม่เป็น　tham ʔaa-hǎan thay mây pen　タイ料理を作ることができません。

⑧ ʔa-ray tham hây khun sǒn-cay rian phaa-sǎa thay
何がきっかけで、あなたはタイ語の勉強に興味を持つようになりましたか？

— ดาราไทย　daa-raa thay　タイの芸能人

第10課

P189 書いてみよう 練習2 253

① เขาเคยเรียนภาษาญี่ปุ่นมาบ้าง　kháw khəəy rian phaa-sǎa yîi-pùn maa bâaŋ
② ปกติคุณว่างวันไหนบ้าง　pà-ka-tìʔ khun wâaŋ wan nǎy bâaŋ
③ เมื่อวานคุณกินอะไรบ้าง　mɯ̂a-waan khun kin ʔa-ray bâaŋ

P191 書いてみよう 練習2 257

① เขากำลังจะออกไปข้างนอก　kháw kam-laŋ càʔ ʔɔ̀ɔk pay khâaŋ-nɔ̂ɔk
② ผมเพิ่งกลับมา กำลังจะอาบน้ำ　phǒm phə̂ŋ klàp maa kam-laŋ càʔ ʔàap náam
③ ผมจะพยายามเรียนภาษาไทย　phǒm càʔ pha-yaa-yaam rian phaa-sǎa thay

P193 読んでみよう 261

① khɔ̂ɔ-sɔ̀ɔp ʔàat càʔ yâak mâak
試験問題はとても難しいかもしれません。

② rót tìt mâak ʔàat càʔ mây than
車がとても混んでいるので、間に合わないかもしれません。

③ tɔɔn bàay khoŋ càʔ rɔ́ɔn yùu bâan dii kwàa
午後は暑いでしょう。家にいる方がいいです。

P195 読んでみよう 264

① (ขึ้น) sày nám-plaa lɛ́ɛw ʔa-rɔ̀y khɯ̂n
ナンプラーを入れたらおいしくなりました。

② (ลง) chûaŋ níi ŋən yen thùuk loŋ
今の時期は、日本円が安くなっています。

③ (ลง) ʔɔ̀ɔk-kam-laŋ-kaay lɛ́ɛw phɔ̌ɔm loŋ
運動したら、やせました。

④ (ขึ้น) khɔ̌ɔŋ thúk-yàaŋ phɛɛŋ khɯ̂n kwàa pii-thîi-lɛ́ɛw
全ての物が、去年に比べて高くなりました。

P197 読んでみよう 268

① kin phàk yə́-yə́ʔ càʔ dây mây ʔûan
太らないように、野菜をたくさん食べてください。

② càʔ sɯ́ɯ khóok kàp pɔ́p-khɔɔn càʔ dây kin tɔɔn duu nǎŋ
映画を見るときに食べられるように、コーラとポップコーンを買います。

③ thúk-khon yàak hây bɔɔ-ri-sàt khɯ̂n ŋən-dɯan
みんな、会社に給料を上げてもらいたいと思っています。

④ phɔ̂ɔ mɛ̂ɛ yàak hây lûuk mii khwaam-sùk
両親は、子供に幸せになって欲しいと思っています。

P199 書いてみよう 練習2 273

① เราเจอกันเมื่อไรดี raw cəə kan mɯ̂a-rày dii
② เรื่องนี้ปรึกษาใครดี rɯ̂aŋ níi prɯ̀k-sǎa khray dii
③ เขาชอบละครไทยเหมือนฉัน kháw chɔ̂ɔp la-kɔɔn thay mɯ̌an chán

P201 書いてみよう 練習2 276

① ดาตัดสินใจว่าจะแต่งงานกับผู้ชายคนนี้
daa tàt-sǐn-cay wâa càʔ tɛ̀ŋ-ŋaan kàp phûu-chaay khon-níi
② ยังไม่รู้ว่าจะไปเที่ยวที่ไหนดี yaŋ mây rúu wâa càʔ pay thîaw thîi-nǎy dii
③ นักเรียนถามครูว่าสอบกี่โมง nák-rian thǎam khruu wâa sɔ̀ɔp kìi mooŋ
④ พ่อกลัวว่าอายุมากแล้วจะไปเที่ยวไม่ได้
phɔ̂ɔ klua wâa ʔaa-yúʔ mâak lɛ́ɛw càʔ pay thîaw mây dâay

P202 SNS のメッセージを読もう！ 277

mɛ̂ɛ kháʔ sa-baay dii rɯ́-plàaw mɛ̂ɛ pen-ŋay bâaŋ chûaŋ-níi mee sa-nùk mâak thúk-wan khâʔ phrɔ́ʔ mee mii phɯ̂an mày pen phîi khon thay thîi cəə thîi ŋaan khɔn-sə̀ət sɔ̌ɔŋ khon phîi-phîi nâa-rák mâak khâʔ raw chɔ̂ɔp pay duu khɔn-sə̀ət mɯ̌an kan wan-sǎw-níi kɔ̂ɔ càʔ dây cəə ʔìik khâʔ phîi-phîi càʔ phaa mee pay tàk-bàat thîi wát khâʔ sùan rɯ̂aŋ ŋaan rɯ̂ay-rɯ̂ay khâʔ

tɛ̀ɛ mɛ̂ɛ kháʔ ŋaan mee tɔɔn-níi kam-laŋ càʔ mòt sǎn-yaa bɔɔ-ri-sàt khoŋ yàak hây tɔ̀ɔ sǎn-yaa mɯ̂a-waan hǔa-nâa thǎam wâa càʔ tɔ̀ɔ sǎn-yaa máy mɛ̂ɛ khít wâa mee khuan tham ŋay dii ŋaan tɔɔn-níi sa-nùk dii khâʔ phɯ̂an-rûam-ŋaan kɔ̂ɔ dii khâʔ phɯ̂an-phɯ̂an phîi-phîi hǔa-nâa cay-dii mâak phîi-phîi bɔ̀ɔk wâa yàak hây mee tɔ̀ɔ sǎn-yaa dûay khâʔ rɯ̌ɯ mee khuan lɔɔŋ tham-ŋaan ʔɯ̀ɯn duu bâaŋ càʔ dây kèŋ khɯ̂n tɛ̀ɛ ʔàat mây dii mɯ̌an thîi-nîi mee klua wâa phɯ̂an-rûam-ŋaan càʔ mây dii mee khít mâak pay rɯ́-plàaw

yaŋ-ŋay mee càʔ lɔɔŋ prɯ̀k-sǎa phîi-phîi khon thay duu dûay lɛ́ʔ càʔ pha-yaa-yaam hǎa khɔ̂ɔ-muun phə̂əm càʔ dây rúu wâa khuan tàt-sǐn-cay yaŋ-ŋay tɛ̀ɛ mee khít wâa càʔ yaŋ mây klàp yîi-pùn náʔ kháʔ thâa mɛ̂ɛ khít thɯ̌ŋ mee mɛ̂ɛ kɔ̂ɔ maa yùu kàp mee thîi mɯaŋ thay dâay náʔ hâa hâa hâa

P203

お母さん、元気にしていますか？　お母さんはどうしていますか？
ここ最近、私（メー）は毎日とても楽しく過ごしています。なぜかというと、新しい友達ができたからです。コンサートイベントで出会った年上のタイ人２人で、彼らはとてもかわいいんです。私たちは同じようにコンサートを見に行くのが好きで、今度の土曜日もまた会う予定です。その人たちが私を托鉢僧へのお布施に連れて行ってくれることになっています。仕事の方は相変わらずです。

でも、お母さん、今の仕事は契約がもうすぐ切れます。会社はたぶん契約の更新を望んでいると思います。昨日、上司から契約を更新するかと聞かれました。お母さんはどうしたらいいと思いますか？　今の仕事は楽しくていいし、同僚もいいんです。同僚も先輩も上司もとても優しくて、先輩たちからも、契約を更新して欲しいと言われました。それとも、もっと仕事ができるようになるために、他の仕事もやってみた方がいいでしょうか。でも、（他の職場が）ここより良いとは限らないし、同僚も良くないんじゃないかと心配です。私は考えすぎでしょうか。

いずれにしても、年上のタイ人の人たちにも相談して、さらに情報を集めてみます。そうすれば、どういうふうに決断すればいいか分かると思うし。でも、私はまだ日本には帰りませんよ。お母さんが私のことを恋しくなったら、お母さんがタイに来てメーと一緒に暮らしてもいいですよ。笑

P204 278

① เมมีเพื่อนใหม่	mee mii phɯ̂an mày	メーに新しい友達ができた。
② ๒ คน	sɔ̌ɔŋ khon	２人
③ ที่งานคอนเสิร์ต	thîi ŋaan khɔn-sə̀ət	コンサートイベントで
④ ชอบไปดูคอนเสิร์ต	chɔ̂ɔp pay duu khɔn-sə̀ət	コンサートを見に行くのが好き。
⑤ วันเสาร์นี้	wan-sǎw-níi	今度の土曜日
⑥ พาไปวัด	phaa pay wát	お寺に連れて行く。

⑦ งานสนุก เพื่อนร่วมงานดี และ เพื่อน ๆ พี่ ๆ หัวหน้าใจดี
ŋaan sa-nùk phɯ̂an-rûam-ŋaan dii lɛ́ʔ phɯ̂an-phɯ̂an phîi-phîi hǔa-nâa cay-dii
仕事が楽しくて、同僚が良い。同僚、先輩、上司が優しい。

⑧ เมคิดว่าควรลองทำงานอื่น จะทำให้เก่งขึ้น
mee khít wâa khuan lɔɔŋ tham-ŋaan ʔɯ̀ɯn càʔ tham hây kèŋ khɯ̂n
メーは、他の仕事もやってみた方がもっと仕事ができるようになると思っている。

⑨ เมกลัวว่าเพื่อนร่วมงานจะไม่ดี
mee klua wâa phɯ̂an-rûam-ŋaan càʔ mây dii
（他の職場は）同僚が良くないのではないかと心配している。

⑩ เมจะยังอยู่เมืองไทย　mee càʔ yaŋ yùu mɯaŋ thay　メーはまだタイにいる予定。

P205 練習問題

๑. 279

① ผมอยากให้เพื่อนคนไทยพาไปเที่ยว
phǒm yàak hây phɯ̂an khon thay phaa pay thîaw
僕は、タイ人の友達に遊びに連れて行って欲しいです。

② อยู่กับแม่จะได้ไม่ต้องทำอาหาร
yùu kàp mɛ̂ɛ càʔ dây mây tɔ̂ŋ tham ʔaa-hǎan
お母さんといると、料理をしなくて済みます。

③ อาทิตย์นี้ คุณทำอะไรบ้าง
ʔaa-thít-níi khun tham ʔa-ray bâaŋ
今週、あなたはどんなことをしますか？

④ อาทิตย์หน้าผมอาจจะมาเรียนไม่ได้
ʔaa-thít nâa phǒm ʔàat càʔ maa rian mây dâay
来週、僕は授業に来られないかもしれません。

⑤ แม่คงจะเหงา ถ้าผมไม่อยู่บ้าน
mɛ̂ɛ khoŋ càʔ ŋǎw thâa phǒm mây yùu bâan
お母さんは寂しいでしょう。もし僕がいなかったら。

⑥ หนูจะพยายามอ่านภาษาไทยเยอะ ๆ
nǔu càʔ pha-yaa-yaam ʔàan phaa-sǎa thay yə́-yə́ʔ
私はたくさんタイ語を読むように努力します。

⑦ ช่วงนี้ข้าวสารราคาแพงขึ้น
chûaŋ-níi khâaw-sǎan raa-khaa phɛɛŋ khɯ̂n
最近、米の値段が上がっています。

⑧ ผมไม่รู้ว่าในรถไฟที่กรุงเทพฯ กินอาหารไม่ได้
phǒm mây rúu wâa nay rót-fay thîi kruŋ-thêep kin ʔaa-hǎan mây dâay
僕は、バンコクの電車の中では食べ物を食べてはいけないと知りませんでした。

⑨ ช่วงนี้ ยุ่งมาก ไม่ค่อยได้กิน ก็เลย ผอมลง
chûaŋ-níi yûŋ mâak mây khɔ̂y dây kin kɔ̂ɔ-ləəy phɔ̌ɔm loŋ
ここのところ、とても忙しくて、あまり食べられていなかったので、やせてしまいました。

⑩ ผมกลัวว่าเรียนจบแล้ว จะหางานไม่ได้
phǒm klua wâa rian còp lɛ́ɛw càʔ hǎa ŋaan mây dâay
僕は、卒業したら、就職できないのではないかと心配です。

๒.（質問＋解答例） 280

① khun mii phɯ̂an chaaw-tàaŋ-châat máy
あなたに外国人の友達はいますか？

— มี　mii　います。

② kháw pen khon yàaŋ-ray
彼はどんな人ですか？

— เป็นคนตลก　pen khon ta-lòk　おもしろい人です。

③ kháw pen khon thîi-nǎy
彼はどこの人ですか？（出身）

— เป็นคนกรุงเทพฯ　pen khon kruŋ-thêep　バンコクの人です。

④ khun càʔ dây cəə kháw ʔìik mɯ̂a-rày
あなたはいつまた彼に会えますか？

— ยังไม่รู้　yaŋ mây rúu　まだ分かりません。

⑤ khun khəəy pay wát thîi mɯaŋ thay máy
あなたはタイのお寺に行ったことがありますか？

— เคย　khəəy　あります。

⑥ khun khəəy pay thîaw tàaŋ-caŋ-wàt thîi mɯaŋ thay máy
あなたはタイの地方に遊びに行ったことがありますか？

— เคย　khəəy　あります。

⑦ thâa khəəy pay khəəy pay thîi-nǎy / thâa mây khəəy yàak pay thîi-nǎy
もし行ったことがあれば、どこに行ったことがありますか？
/ もし、行ったことがなければ、どこに行きたいですか？

— เคยไปเชียงใหม่　khəəy pay chiaŋ-mày　チェンマイに行ったことがあります。

⑧ khun chɔ̂ɔp tham ʔa-ray thîi mɯaŋ thay
あなたはタイで何をするのが好きですか？

— ชอบไปตลาด　chɔ̂ɔp pay ta-làat　市場に行くのが好きです。

⑨ khun khít wâa tham ʔa-ray càʔ tham-hây phaa-sǎa thay kèŋ khɯ̂n
あなたは、何をすればタイ語が上達すると思いますか？

— คุยกับเพื่อนคนไทยเยอะ ๆ　khuy kàp phɯ̂an khon thay yə́-yə́ʔ
タイ人の友達とたくさん話す。

⑩ khun yàak lɔɔŋ tham-ŋaan thîi mɯaŋ thay máy
あなたはタイで働いてみたいですか？

— อยาก　yàak　働きたいです。

タイ語・日本語索引

ข้าวสวย	khâaw-sǔay	ご飯（炊いたもの）	L.9
ข้าวสาร	khâaw-sǎan	米	L.9
ข้าวหอมมะลิ	khâaw-hɔ̌ɔm ma-líʔ	香り米	L.8
ข้าวเหนียว	khâaw-nǐaw	もち米	L.9
ขำ	khǎm	おかしく感じる	L.4
ขี่	khìi	乗る（またがって）	L.9
ขี้แย	khîi-yɛɛ	泣き虫な	L.7
ขึ้น	khɯ̂n	乗る	L.6
ขึ้น	khɯ̂n	上げる、上がる	L.9
...ขึ้น	~ khɯ̂n	～になる（程度増大）	L.10
เขต	khèet	区	Warm Up
เขา	kháw	彼、彼女	L.2
เข้า	khâw	入る	L.6
เข้าใจ	khâw-cay	理解する	L.8
เข้าร่วม	khâw-rûam	参加する	Warm Up
เขียน	khǐan	書く	L.3
แข็งแรง	khěŋ-rɛɛŋ	丈夫な	L.9
แขวง	khwɛ̌ɛŋ	小区	Warm Up
ไข้	khây	熱	L.10

ค 

คงจะ...	khoŋ (cà) ~	たぶん～だろう	L.10
...คน	~ khon	～人（にん）	L.3
คน	khon	人（ひと）	L.6
คน...	khon ~	～人（じん）	L.2
คนเดียว	khon-diaw	一人で	L.4
คนโต	khon-too	一番年上の（子／きょうだい）	L.7
คนเล็ก	khon-lék	一番年下の（子／きょうだい）	L.7
ครอบครัว	khrɔ̂ɔp-khrua	家族	L.7
ครั้งนี้	khráŋ-níi	今回	L.8
ครั้งแรก	khráŋ-rɛ̂ɛk	初めて	L.4
ครั้งหน้า	khráŋ-nâa	次回	L.9
ครับ	khráp	（丁寧語・男性）	L.2
คริสต์ศักราช (ค.ศ.)	khrít-sàk-ka-ràat (khɔɔ-sɔ̌ɔ)	西暦	L.1
ครึ่ง	khrɯ̂ŋ	半	L.6
ครึ่งวัน	khrɯ̂ŋ wan	半日	L.8
ครู	khruu	教師	L.8
ควร(จะ) ...	khuan (càʔ) ~	～すべきだ	L.8
คอนเสิร์ต	khɔn-sə̀ət	コンサート	Warm Up
คะ	kháʔ	（丁寧語・女性）	L.2
ค่ะ	khâʔ	（丁寧語・女性）	L.2
คัน	khan	～台（車）	L.6
ค่าเช่า	khâa-châw	レンタル料金	L.6
คิดถึง	khít-thɯ̌ŋ	恋しい	L.10
คิดมาก	khít mâak	思いつめる	L.8
คิดว่า...	khít wâa ~	～と思う	L.8
คิวชู	khiw-chuu	九州	Warm Up
คุณ	khun	あなた	L.2
คุณ...	khun ~	～さん	L.2
คุย	khuy	しゃべる	L.5
...คู่	~ khûu	～対（ペア）	L.6
เค้ก	khéek	ケーキ	L.6
เคย...	khəəy ~	～したことがある	L.6
...เครื่อง	~ khrɯ̂aŋ	～台（家電）	L.6
เครื่องกระป๋อง	khrɯ̂aŋ-kra-pɔ̌ŋ	缶詰	L.9
เครื่องบิน	khrɯ̂aŋ-bin	飛行機	L.5
เคส	khées	ケース	L.7
แค่...	khɛ̂ɛ ~	わずか～	L.8
โค้ก	khóok	コーラ	L.10
ใคร	khray	誰	Warm Up
ใคร	khray	誰か、誰も	L.8

ง 

ง่วง	ŋûaŋ	眠い	L.4
งาน	ŋaan	イベント	L.10
งาน	ŋaan	仕事	L.3
งานคอนเสิร์ต	ŋaan khɔn-sə̀ət	コンサートイベント	L.10
งานบ้าน	ŋaan-bâan	家事	L.7
งานอดิเรก	ŋaan-ʔa-di-rèek	趣味	L.7
เงิน	ŋən	お金	L.3
เงินเดือน	ŋən-dɯan	月給	L.10
เงินเยน	ŋən-yen	日本円	L.10

จ 

จน...	con ~	～になるまで	L.6
จบ	còp	終わる（最後まで）	L.4
จริง	ciŋ	本当の	Warm Up
จ๊อกกิ้ง	cɔ́k-kîŋ	ジョギングする	L.7
จอง	cɔɔŋ	予約する	L.10
จอด	cɔ̀ɔt	止める（車を）	L.8
จะ...	càʔ ~	（習慣を表す助動詞）	L.7
จะ...	càʔ ~	～するつもりです	L.3
จะได้...	càʔ dây ~	～できるように	L.10
จักรยาน	càk-kra-yaan	自転車	L.6
...จัง	~ caŋ	とっても～	L.9
จังหวัด	caŋ-wàt	県	L.7
จาก...	càak ~	～から（場所）	L.3
(...)จาน	caan	皿、～皿（類別詞）	L.8
จำหน่าย	cam-nàay	販売する	L.1
จำหน่ายบัตร	cam-nàay bàt	チケット販売	L.1
จีน	ciin	中国	L.6
จีวร	cii-wɔɔn	袈裟	L.9
เจ็ด (๗)	cèt	7	Warm Up
เจดีย์	cee-dii	仏塔	L.6
เจอ	cəə	会う	L.3
โจ๊ก	cóok	粥	L.8
ใจดี	cay-dii	親切な	L.3

ฉ 

ฉัน	chán	私（女性が同等以下の相手に使う）	L.2

ช 

ชกมวยไทย	chók muay-thay	タイボクシングをする	L.7

ช่วง	chûaŋ	時期	L.10
ช่วงนี้	chûaŋ-níi	最近	L.8
ชวน	chuan	誘う	L.5
ช่วย	chûay	手伝う	L.7
ช็อกโกแลต	chɔ́k-koo-lɛ́t	チョコレート	L.6
ช่อง	chɔ̂ŋ	チャンネル（テレビ）	L.5
ช้อน	chɔ́ɔn	スプーン	L.7
ชอบ	chɔ̂ɔp	好む	L.2
ชอบ	chɔ̂ɔp ~	よく～する	L.3
ช็อปปิ้ง	chɔ́p-pîŋ	ショッピングする	L.7
ชัด	chát	はっきりと	L.4
...ชั่วโมง	~ chûa-mooŋ	～時間	L.3
ช้าง	cháaŋ	象	L.3
ชาฝรั่ง	chaa fá-ràŋ	紅茶	L.5
ชาย	chaay	男	Warm Up
ช่าย	châay	そう（くだけた言い方）	L.2
ชาวเขา	chaaw-khǎw	山岳民族	L.8
ชาวต่างชาติ	chaaw-tàaŋ-châat	外国人	L.8
ชาวมอญ	chaaw mɔɔn	モン族	L.6
ชิซูโอกะ	chí-suu-ʔoo-kàʔ	静岡	Warm Up
ชิม	chim	味見する	L.5
ชื่อ	chɯ̂ɯ	名前	Warm Up
ชื่อดัง	chɯ̂ɯ-daŋ	有名な	L.6
ชื่อเล่น	chɯ̂ɯ-lên	ニックネーム	L.3
ชุดไทย	chút thay	タイ式伝統衣装	L.9
เช่น...	chên ~	例えば～	L.7
เช้า	cháaw	朝	L.8
เชียงราย	chiaŋ-raay	チェンライ（地名）	Warm Up
เชียงใหม่	chiaŋ-mày	チェンマイ（地名）	Warm Up
ใช้	cháy	使う	L.6
ใช่	chây	そうです	L.2
ใช้เวลา	cháy wee-laa	時間がかかる	L.6
ใช้เวลากับ...	cháy wee-laa kàp ~	～に時間を使う	L.7
...ใช่ไหม	~ chây máy	～ですね？	L.9

ซ

ซอย	sɔɔy	小路	Warm Up
ซัปโปโร	sáp-poo-roo	札幌	Warm Up
ซากุระ	saa-kùʔ-ráʔ	桜	Warm Up
ซีรีส์	sii-rîi	シリーズ（ドラマ）	L.4
ซื้อ	sɯ́ɯ	買う	L.2
ไซตามะ	say-taa-máʔ	埼玉	Warm Up
ญี่ปุ่น	yîi-pùn	日本（の）	L.2

ณ

ณ	náʔ	～に於いて	Warm Up

ด

...ด้วย	dûay	～も	L.4
...ด้วยกัน	dûay-kan	一緒に～する	L.5
ด้วยรัก	dûay rák	愛をこめて	L.1
ดัง	daŋ	有名な	L.4
ดารา	daa-raa	スター、俳優	L.2
ดำน้ำ	dam-náam	ダイビングをする	L.7
ดิฉัน	di-chán	私	L.2
ดิสนีย์แลนด์	dís-nîi-lɛɛn	ディズニーランド	L.3
ดี	dii	良い	L.4
ดีงาม	dii-ŋaam	素晴らしかった	L.8
ดีใจ	dii-cay	うれしい	L.4
ดึก	dɯ̀k	夜遅くに	L.7
ดื่ม	dɯ̀ɯm	飲む	L.8
ดู	duu	見る	L.2
ดูการแข่งขันกีฬา	duu kaan-khɛ̀ŋ-khǎn kii-laa	スポーツ観戦する	L.7
ดูดาว	duu daaw	天体観測をする	L.7
ดูนก	duu nók	バードウォッチングする	L.7
ดูยูทูป	duu yuu-thúup	YouTubeを見る	L.7
ดูแล	duu-lɛɛ	世話をする	L.8
เด็ก	dèk	子供	L.4
เดิน	dəən	歩く	L.5
เดินเล่น	dəən-lên	散歩する	L.6
เดือน	dɯan	月	L.1
เดือนที่แล้ว	dɯan thîi-lɛ́ɛw	先月	L.3
เดือนหน้า	dɯan nâa	来月	L.3
โดน	doon	触れる	L.9
โดนัท	doo-nát	ドーナツ	L.6
ได้...	dây ~	～し得る	L.4
...ได้	~ dâay	～していい	L.5
...ได้	~ dâay	～できる	L.2
ได้ยินว่า...	dây-yin wâa ~	～と聞いた	L.8
...ได้ไหม	~ dâay máy	～できますか？	L.2

ต

ตก	tòk	降る	L.2
ตกปลา	tòk-plaa	釣りをする	L.7
ต้นซากุระ	tôn saa-ku-ráʔ	桜の木	L.6
ตลก	ta-lòk	こっけいな	L.4
ตลอด	ta-lɔ̀ɔt	ずっと	L.5
ตลาด	ta-làat	市場	L.4
ตลาดน้ำ	ta-làat náam	水上マーケット	L.6
ต่อ	tɔ̀ɔ	続ける、更新する	L.10
ต้อง	tɔ̂ŋ	～しなければならない	L.8
ตอน...	tɔɔn ~	～のとき（一時的）	L.4, L.7
ตอนเช้า	tɔɔn-cháaw	朝方	L.5
ตอนนี้	tɔɔn-níi	今	L.2
ตอนเย็น	tɔɔn-yen	夕方	L.5
ตอบว่า...	tɔ̀ɔp wâa ~	～と答える	L.10
ต่อสัญญา	tɔ̀ɔ sǎn-yaa	契約を更新する	L.10
ตะไคร้	ta-khráy	レモングラス	L.7
ตักบาตร	tàk-bàat	喜捨する（托鉢僧に）	L.9
ตั้ง...	tâŋ ~	～も（多さを強調）	L.8
ตั้งแคมป์	tâŋ khɛ́m	キャンプする	L.7
ตั้งใจ(ว่า)จะ...	tâŋ-cay wâa càʔ ~	～するつもりだ	L.8
ตั้งแต่...	tâŋ-tɛ̀ɛ ~	～から（時間的）	L.5

ตัดสินใจว่า...	tàt-sǐn-cay wâa ~	～と決める	L.10
ตัว	tua	体	L.7
...ตัว	~ tua	～台(テーブルなど)、～着(衣類)、～匹	L.6
ตัวเอง	tua-ʔeeŋ	自分	L.9
ตา	taa	祖父（母方）	L.7
...ต่าง ๆ	~ tàaŋ-tàaŋ	いろいろな～	L.6
ต่างจังหวัด	tàaŋ-caŋ-wàt	地方	L.7
ต่างประเทศ	tàaŋ-pra-thêet	外国	L.6
ตำบล	tam-bon	町	Warm Up
ตำรวจ	tam-rùat	警察官	L.7
ติด	tìt	くっつく	L.5
ติดต่อ	tìt-tɔ̀ɔ	連絡する	L.8
ตื่นเต้น	tɯ̀ɯn-tên	興奮する	L.2
ตื่นนอน	tɯ̀ɯn(-nɔɔn)	起きる	L.6
ตุลาคม (ต.ค.)	tù-laa-khom	10月	L.1
ตู้เย็น	tûu-yen	冷蔵庫	L.8
เต้นรำ	tên-ram	ダンスする	L.7
เตรียม	triam	準備する	L.9
แต่	tɛ̀ɛ	しかし	L.3
แต่ง	tɛ̀ŋ	着飾る	L.9
แต่งงาน	tɛ̀ŋ-ŋaan	結婚する	L.10
แต่งตัว	tɛ̀ŋ-tua	服装を整える	L.5
โตเกียว	too-kiaw	東京	Warm Up
โต๊ะ	tóʔ	テーブル	L.6
ใต้...	tâay ~	～の下	L.6

ถ

ถนน	tha-nǒn	通り	Warm Up
ถอด	thɔ̀ɔt	脱ぐ	L.8
ถัก	thàk	編む	L.8
ถ้า...ก็	thâa ~ kɔ̂ɔ	もし～なら	L.8
ถาด	thàat	お盆	L.9
ถาม	thǎam	尋ねる	L.8
ถามว่า...	thǎam wâa ~	～と尋ねる	L.10
ถ่ายรูป	thàay rûup	写真を撮る	L.7
ถึง...	thɯ̌ŋ ~	～宛	L.3
ถึง	thɯ̌ŋ	到着する	L.5
ถึง...	thɯ̌ŋ ~	～まで（時間的）、（空間的）	L.5
ถูก	thùuk	安い	L.4
แถม	thɛ̌ɛm	おまけに	L.4
แถว...	thɛ̌w	～の辺り	L.6
แถวนี้	thɛ̌w-níi	この辺	L.8

ท

ทนายความ	tha-naay-khwaam	弁護士	L.10
ทริป	thríp	旅行	L.6
ท่องเที่ยว	thɔ̂ŋ-thîaw	旅行する	L.7
ท้องเสีย	thɔ́ɔŋ-sǐa	お腹を壊す	L.7
ทองหล่อ	thɔɔŋ-lɔ̀ɔ	トンロー（地名）	Warm Up
ทะเล	tha-lee	海	L.3
ทัก	thák	挨拶する、声を掛ける	L.5
ทั้งคู่	tháŋ-khûu	両方とも	L.7
ทัน	than	間に合う	L.10
ทันที	than-thii	すぐに	L.4
ทาง...	thaaŋ	～で（通信手段）	L.3
ทาน	thaan	食べる、飲む（丁寧語）	L.2
ทำ	tham	する、作る	L.2
ทำความสะอาด	tham khwaam-sa-ʔàat	掃除する	L.6
ทำงาน	tham-ŋaan	仕事をする	L.3
ทำงานบริษัท	tham-ŋaan bɔɔ-ri-sàt	会社に勤める	L.7
ทำงานโรงพยาบาล	tham-ŋaan rooŋ-pha-yaa-baan	病院に勤める	L.7
ทำไง	tham ŋay	どうする？	L.10
ทำธุรกิจส่วนตัว	tham thú-rá-kìt sùan-tua	自営業をする	L.7
ทำบุญ	tham-bun	徳を積む	L.4
ทำร้านขนมปัง	tham ráan kha-nǒm-paŋ	パン屋をする	L.7
ทำสวน	tham sǔan	園芸をする	L.7
ทำให้...	tham hây ~	～を引き起こす / もたらす	L.9
ทำอาหาร	tham ʔaa-hǎan	料理する	L.7
ทิชชู่	thít-chûu	ティッシュ	L.9
ที่...	thîi ~	～で	L.2
...ที่ ~	…thîi ~	～で…（感情表現）	L.5
...ที่	~ thîi	～人前（料理の類別詞）	L.9
ที่	thîi ~	～のところの（関係代名詞）	L.7
ที่	thîi	場所	L.9
ที่ตักบาตร	thîi-tàk-bàat	お布施する場所	L.9
ที่ทำงาน	thîi-tham-ŋaan	職場	L.10
ที่นั่น	thîi-nân	そこ	L.8
ที่นี่	thîi-nîi	ここ	L.3
ที่พัก	thîi-phák	宿	L.4
ทีม	thiim	チーム	L.4
ทีวี	thii-wii	テレビ	L.2
...ที่สุด	~ thîi-sùt	一番～	L.7
ที่ไหน	thîi-nǎy	どこ？	L.3
ที่ไหน	thîi-nǎy	どこか、どこも	L.8
ที่อยู่	thîi-yùu	住所	Warm Up
ทุก...	thúk ~	毎～	L.8
ทุก...	thúk ~	全ての～	L.9
ทุกวัน	thúk-wan	毎日	L.2
ทุเรียน	thú-rian	ドリアン	L.3
เท่าไร	thâw-rày	いくつ？	L.3
เท่าไร	thâw-rày	いくら？	L.6
เทียน	thian	ろうそく	L.9
เที่ยว	thîaw	遊ぶ（移動して）	L.3
โทร.	thoo	tel、電話する	Warm Up
โทร.ไป	thoo pay	電話をかける	L.9
โทร.ไปหา	thoo pay hǎa	（人）に電話をかける	L.10
โทรศัพท์	thoo-ra-sàp	電話	Warm Up
ไทย	thay	タイ（の）	Warm Up

ธ

ธรรมชาติ	tham-ma-châat	自然	L.7
ธันวาคม (ธ.ค.)	than-waa-khom	12月	L.1
ธูป	thûup	線香	L.9
เธอ	thəə	彼女	L.5

น

นครปฐม	ná-khɔɔn-pa-thǒm	ナコンパトム（県名）	L.7
นมกล่อง	nom klɔ̀ŋ	パック入り牛乳	L.9
นวดไทย	nûat-thay	タイ式マッサージ	L.9
นอก...	nɔ̂ɔk ~	～の外	L.6
น้องชาย	nɔ́ɔŋ-chaay	弟	L.2
น้องสาว	nɔ́ɔŋ-sǎaw	妹	L.3
นอน	nɔɔn	寝る	L.5
น้อย	nɔ́ɔy	少ない	L.10
...นะ	~ náʔ	～ね	L.2
นักเรียน	nák-rian	生徒	L.7
นักศึกษา	nák-sɯ̀k-sǎa	大学生	L.5
นักแสดง	nák-sa-dɛɛŋ	俳優	L.3
นั่ง	nâŋ	座る	L.9
นัด	nát	約束する（待ち合わせ）	L.6
...นั้น	~ nán	その～	L.3
น้า	náa	叔父／叔母（母方）	L.7
น่ากลัว	nâa-klua	恐ろしい	L.8
น่ากิน	nâa-kin	おいしそうな	L.8
น่าจะ...	nâa càʔ ~	たぶん～	L.8
น่าซื้อ	nâa-sɯ́ɯ	買うに値する	L.8
น่าดู	nâa-duu	おもしろそうな（見て）	L.8
น่าเดิน	nâa-dəən	歩くのによさそうな	L.8
น่าเที่ยว	nâa-thîaw	観光によさそうな	L.8
น่านอน	nâa-nɔɔn	寝心地よさそうな	L.8
น่านับถือ	nâa-náp-thɯ̌ɯ	尊敬すべき	L.8
น่าเบื่อ	nâa-bɯ̀a	つまらない	L.8
น่าไป	nâa-pay	行くとよい	L.7
น่าฟัง	nâa-faŋ	おもしろそうな（聞いて）	L.8
น่ารัก	nâa-rák	かわいい	L.2
น่ารู้	nâa-rúu	知るに値する	L.8
น่าสงสัย	nâa-sǒŋ-sǎy	疑わしい	L.8
น่าสงสาร	nâa-sǒŋ-sǎan	かわいそうな	L.8
น่าสนใจ	nâa-sǒn-cay	興味深い	L.8
น่าอยู่	nâa-yùu	快適な	L.8
น่าอร่อย	nâa-ʔa-rɔ̀y	おいしそうな	L.6
น่าอ่าน	nâa-ʔàan	おもしろそうな（読んで）	L.8
นาน	naan	長い（時間）	L.7
...นาที	~ naa-thii	～分	Warm Up
นามสกุล	naam-sa-kun	名字	Warm Up
...นาฬิกา (น.)	~ naa-li-kaa	～時（24時間制）	L.1
น้ำแตงโม	nám-tɛɛŋ-moo	スイカジュース	L.9
น้ำพริกเผา	nám-phrík-phǎw	チリペースト	L.8
น้ำส้ม	nám-sôm	オレンジジュース	L.9
นิด (ๆ)	nít (-nít)	ちょっぴり	L.4
นิดหน่อย	nít-nɔ̀y	少し	L.2
นิสัย	ní-sǎy	性格	L.4
...นี้	~ níi	この～	L.4
เนอะ	~ nə́ʔ	～だよね（相手の同意を求める）	L.2
ใน...	nay ~	～において	L.7
ใน...	nay ~	～の中	L.4

บ

บน...	bon ~	～の上	L.6
บริษัท	bɔɔ-ri-sàt	会社	Warm Up
บอก	bɔ̀ɔk	言う	L.8
บอกว่า...	bɔ̀ɔk wâa ~	～と言う	L.8
บ่อย	bɔ̀y	ひんぱんに	L.2
บัตร	bàt	チケット、券	Warm Up
บ้าง	bâaŋ	いくらか、(複数想定)	L.5
บางลำพู	baaŋ-lam-phuu	バーンラムプー（地名）	L.8
บาตร	bàat	鉢（托鉢用の）	L.9
บาท	bàat	バーツ	L.1
บ้าน	bâan	家	L.4
บ่ายนี้	bàay-níi	今日の午後	L.9
บุหรี่	bu-rìi	タバコ	L.8
เบสบอล	bées-bɔɔn	野球	L.7
เบื่อ	bɯ̀a	飽きる	L.4
แบรนเนม	brɛɛn-neem	ブランド	L.6
โบนัส	boo-nát	ボーナス	L.9
ใบสมัคร	bay-sa-màk	申込書	Warm Up
ใบสมัครเข้าร่วมการแข่งขัน	bay-sa-màk khâw rûam kaan-khɛ̀ŋ-khǎn	大会参加申込書	Warm Up

ป

ปกติ	pà-ka-tìʔ	普段	L.5
ประชุม	pra-chum	会議、会議する	L.9
ประตูน้ำ	pra-tuu-náam	プラトゥーナーム（地名）	L.5
ประตูผี	pra-tuu-phǐi	プラトゥーピー（地名）	L.5
ประทับใจ	pra-tháp-cay	感動する	L.4
ประเทศ	pra-thêet	国	L.8
ประมาณ...	pra-maan ~	約～	L.8
ประโยค	pra-yòok	文	L.8
ปรึกษา	prɯ̀k-sǎa	相談する	L.9
ปลาร้า	plaa-ráa	プラーラー（食品）	L.9
ปวด	pùat	痛む	L.8
ป่วย	pùay	病気になる	L.9
ปักผ้า	pàk phâa	刺繍する	L.7
ปัญหา	pan-hǎa	問題	L.10
ปั่น	pàn	こぐ（自転車）	L.6
ปั่นจักรยาน	pàn càk-kra-yaan	サイクリングする	L.7
ป้า	pâa	伯母	L.7
ปิด	pìt	閉まる	L.3
(...)ปี	~ pii	～歳、年	Warm Up

...ปีก่อน	~ pii kɔ̀ɔn	～年前	L.7
ปีนเขา	piin khǎw	山に登る	L.7
ปีหน้า	pii nâa	来年	L.3
ปีใหม่	pii-mày	新年	L.7
ปู่	pùu	祖父（父方）	L.7
เป็น	pen	できる（経験、習得）	L.9
เป็น...	pen ~	～です	L.2
เป็น	pen	なる	L.10
เป็นกันเอง	pen-kan-ʔeeŋ	気安い	L.8
เป็นไง	pen-ŋay	どう？	L.2
เป็นห่วง	pen-hùaŋ	心配する	L.4
เปล่า	plàaw	いいえ	L.9
เปิด	pə̀ət	開く	L.1
เปิดร้านขายของ	pə̀ət ráan-khǎay-khɔ̌ɔŋ	ショップを開く	L.7
เปิดร้านตัดผม	pə̀ət ráan-tàt-phǒm	理髪店を開く	L.7
เปิดร้านอาหาร	pə̀ət ráan-ʔaa-hǎan	飲食店を開く	L.7
เปิดโรงเรียน	pə̀ət rooŋ-rian	学校を開業する	L.7
แปด (๘)	pɛ̀ɛt	8	Warm Up
ไป	pay	行く	L.2
ไปดูหนัง	pay duu nǎŋ	映画を見に行く	L.7
ไปพิพิธภัณฑ์	pay phí-phít-tha-phan	博物館に行く	L.7
ไปหอศิลป์	pay hɔ̌ɔ-sǐn	美術館に行く	L.7
ไปหา	pay hǎa ~	（人）のところに行く	L.5

ผ

ผม	phǒm	僕	L.2
ผลไม้	phǒn-la-máy	果物	Warm Up
ผอม	phɔ̌ɔm	やせている	L.10
ผัก	phàk	野菜	L.10
ผักชี	phàk-chii	パクチー	L.2
ผัดซีอิ๊ว	phàt-sii-ʔíw	醤油焼きそば	L.7
ผัดไทย	phàt-thay	パッタイ	L.5
ผิดศีล	phìt sǐin	戒律を破る	L.9
ผี	phǐi	お化け	L.4
ผู้ชาย	phûu-chaay	男性	L.10
ผู้หญิง	phûu-yǐŋ	女性	L.9
ผู้ใหญ่	phûu-yày	大人、年長者	L.8
เผ็ด	phèt	辛い	L.2

ฝ

ฝน	fǒn	雨	L.2
ฝึก	fɯ̀k	練習する	L.3
ฝึกกล้ามเนื้อ	fɯ̀k klâam-nɯ́a	筋トレする	L.7

พ

พนักงาน	pha-nák-ŋaan	従業員	L.8
พนักงานขาย	pha-nák-ŋaan khǎay	店員	L.9
พนักงานบริษัท	pha-nák-ŋaan bɔɔ-ri-sàt	会社員	L.7
พยาบาล	pha-yaa-baan	看護師	Warm Up
พยายาม	pha-yaa-yaam	努める	L.10
พระ	phráʔ	釈迦	L.7
พระ	phráʔ	僧侶	L.9
พริก	phrík	唐辛子	L.9
พรุ่งนี้	phrûŋ-níi	明日	Warm Up
พฤศจิกายน (พ.ย.)	phrɯ́t-sa-cì-kaa-yon	11月	L.1
พฤษภาคม (พ.ค.)	phrɯ́t-sa-phaa-khom	5月	L.1
พวกเขา	phûak-kháw	彼ら、彼女たち	L.2
พวกคุณ	phûak-khun	あなたたち	L.2
พวกเรา	phûak-raw	私たち	L.2
พ็อบคอร์น	pɔ́p-khɔɔn	ポップコーン	L.10
พ่อ	phɔ̂ɔ	父	L.2
พอดี	phɔɔ-dii	ちょうど	L.10
พ่อแม่	phɔ̂ɔ-mɛ̂ɛ	両親	L.4
พักผ่อน	phák-phɔ̀n	休養をとる	L.10
พัทยา	phát-tha-yaa	パタヤ	Warm Up
พัน	phan	千	L.1
พา	phaa	連れる	L.5
พิพิธภัณฑ์	phí-phít-tha-phan	博物館	Warm Up
พี่ ๆ	phîi-phîi	年上の人たち	Warm Up
พี่ชาย	phîi-chaay	兄	L.3
พุทธศักราช (พ.ศ.)	phút-tha-sàk-ka-ràat (phɔɔ-sɔ̌ɔ)	仏暦	L.1
พุทธศาสนา	phút-tha-sàat-sa-nǎa	仏教	L.9
พูด	phûut	話す	L.2
เพราะ	phrɔ́ʔ	きれいな（音・声）	L.4
เพราะ(ว่า)...	phrɔ́ʔ (wâa) ~	なぜなら～	Warm Up
เพลง	phleeŋ	歌、曲	Warm Up
เพศ	phêet	性別	Warm Up
เพิ่ง	phə̂ŋ ~	～したばかりだ	L.5
เพิ่ม	phə̂əm	増やす、増える	L.10
เพื่อ...	phɯ̂a ~	～のために、～するために	L.8
เพื่อน	phɯ̂an	友達	L.2
เพื่อนร่วมงาน	phɯ̂an-rûam-ŋaan	同僚	L.10
แพ้	phɛ́ɛ	負ける	L.4
แพง	phɛɛŋ	高価な	L.8

ฟ

ฟัง	faŋ	聞く	L.3
ฟังเพลง	faŋ phleeŋ	音楽鑑賞する	L.7
ฟุตบอล	fút-bɔɔn	サッカー	L.4
แฟน	fɛɛn	恋人	L.2
แฟน(คลับ)	fɛɛn (khlàp)	ファン	L.4

ภ

ภรรยา	phan-ra-yaa	妻	L.7
ภาษา	phaa-sǎa	言語、～語	L.2
ภาษี	phaa-sǐi	税金	L.10
ภูเก็ต	phuu-kèt	プーケット	L.2
ภูเขา	phuu-khǎw	山	L.4

ม 

มกราคม (ม.ค.)	má-ka-raa-khom	1月	L.1
มหาวิทยาลัย	ma-hǎa-wít-tha-yaa-lay	大学	L.6
มะม่วง	ma-mûaŋ	マンゴー	L.7
มัก(จะ) ...	mák (càʔ) ~	たいてい～する	L.7
มา	maa	来る	L.3
มาก	mâak	とても	L.2
มาราธอน	maa-raa-thɔɔn	マラソン	Warm Up
มิถุนายน (มิ.ย.)	mí-thù-naa-yon	6月	L.1
มี	mii	ある、いる、持っている	L.3
มีความสุข	mii khwaam-sùk	幸せである	L.4
มีนาคม (มี.ค.)	mii-naa-khom	3月	L.1
มือ	mʉʉ	手	L.8
มือถือ	mʉʉ-thʉ̌ʉ	携帯	L.4
เมษายน (เม.ย.)	mee-sǎa-yon	4月	L.1
เมื่อ...	mʉ̂a ~	去る～	L.5
เมื่อคืน	mʉ̂a-khʉʉn	昨夜	L.3
เมือง	mʉaŋ	国、都市、町	Warm Up
เมืองไทย	mʉaŋ thay	タイ国	L.2
เมื่อเช้า	mʉ̂a-cháaw	今朝	L.8
เมื่อเช้า(นี้)	mʉ̂a-cháaw(-níi)	今朝	L.3
เมื่อไร	mʉ̂a-rày	いつ？	L.5
เมื่อวาน(นี้)	mʉ̂a-waan(-níi)	昨日	L.3
แม่	mɛ̂ɛ	母	L.2
แม่ค้าออนไลน์	mɛ̂ɛ-kháa ʔɔɔn-laay	ネット販売員	L.7
แม่น้ำ	mɛ̂ɛ-náam	川	L.6
แมว	mɛɛw	ネコ	L.6
ไม่...เลย	mây ~ ləəy	全然～ない	L.8
ไม่ค่อย...	mây khɔ̂y ~	あまり～ない	L.5
ไม่ใช่	mây chây	ちがいます	L.2
ไม่ได้	mây dâay	できない	L.2
ไม่เป็นไร	mây-pen-ray	大丈夫です	L.5
ไม่สบาย	mây sa-baay	体調が悪い	L.3

ย 

ยกมือ	yók mʉʉ	手を挙げる	L.9
ยัง	yaŋ	まだ	L.5
ยังไง	yaŋ-ŋay	どんな？	L.5
ยังไง	yaŋ-ŋay	いずれにしても	L.10
ยา	yaa	薬	L.10
ย่า	yâa	祖母（父方）	L.7
ยาก	yâak	難しい	L.7
ยามานาชิ	yaa-maa-naa-chíʔ	山梨	Warm Up
ยาย	yaay	祖母（母方）	L.7
ยืดเส้นยืดสาย	yʉ̂ʉt-sên-yʉ̂ʉt-sǎay	ストレッチする	L.7
ยุง	yuŋ	蚊	L.3
ยุ่ง	yûŋ	忙しい	L.7
ยุโรป	yú-ròop	ヨーロッパ	L.8
เย็น	yen	涼しい	L.10
เยอะ	yə́ʔ	たくさん	L.3
เยาวราช	yaw-wa-râat	ヤワラート（中華街）	L.7
เยี่ยม	yîam	訪ねる	L.7
โยคะ	yoo-kháʔ	ヨガ	L.7

ร 

รถ	rót	車	L.4
รถทัวร์	rót-thua	長距離バス	L.5
รถไฟฟ้า	rót-fay-fáa	電車	L.5
รถยนต์	rót-yon	自動車	L.3
รสจืด	rót cʉ̀ʉt	味が薄い	L.8
รอ	rɔɔ	待つ	L.9
ร้อง	rɔ́ɔŋ	歌う	L.2
รองเท้า	rɔɔŋ-tháaw	靴	L.6
ร้องเพลง	rɔ́ɔŋ phleeŋ	歌を歌う	L.7
ร้อน	rɔ́ɔn	暑い	L.2
รอบ	rɔ̂ɔp	周り	L.6
ร้อย	rɔ́ɔy	百	L.1
ระหว่างทาง	rá-wàaŋ thaaŋ	道中	L.6
รัฐบาล	rát-tha-baan	政府	L.10
รับ	ráp	迎える	L.6
ราคา	raa-khaa	価格、値段	Warm Up
ราคา	raa-khaa	料金	L.1
ราคาบัตร	raa-khaa bàt	チケット料金	L.1
ร้าน	ráan	店	L.3
ร้านขายของออนไลน์	ráan-khǎay-khɔ̌ɔŋ ʔɔɔn-laay	オンラインショップ	L.7
ร้านขายอาหาร	ráan khǎay ʔaa-hǎan	食堂	L.7
ร้านซูชิ	ráan suu-chíʔ	寿司屋	L.6
ร้านดอกไม้	ráan dɔ̀ɔk-máay	花屋	L.6
ร้านสะดวกซื้อ	ráan sa-dùak-sʉ́ʉ	コンビニ	L.7
ราว (ๆ) ...	raaw (-raaw)	だいたい～	L.4
รู้	rúu	知る	L.6
รู้จัก	rúu-càk	知っている	L.2
รู้ว่า...	rúu wâa ~	～と知っている	L.10
รู้สึก	rúu-sʉ̀k	感じる	L.4
รู้สึกดี	rúu-sʉ̀k dii	気分がいい、心が晴々する	L.4
เร็ว	rew	速く	L.2
เรา	raw	私たち	L.2
เรียง	riaŋ	並べる	L.9
เรียน	rian	勉強する	L.2
เรียนจบ	rian còp	卒業する	L.7
เรือ	rʉa	船	L.6
เรื่อง	rʉ̂aŋ	話	L.4
...เรื่อง	~ rʉ̂aŋ	～本（ドラマ、映画）	L.6
เรื่อย ๆ	rʉ̂ay-rʉ̂ay	相変わらず	L.10
...แรก	~ rɛ̂ɛk	初めての～	L.8
โรงพยาบาล	rooŋ-pha-yaa-baan	病院	L.7

ฤ

ฤดูใบไม้ร่วง	rɯ́-duu bay-máy-rûaŋ	秋	L.10

ล

...ฯลฯ	~ lɛ́ʔ ʔɯ̀ɯn ʔɯ̀ɯn	～など	Warm Up
ลง	loŋ	下りる	L.6
...ลง	~ loŋ	～になる（程度減少）	L.10
ลง	loŋ	乗る（船）	L.6
ลด	lót	減る	L.10
ลดความอ้วน	lót khwaam-ʔûan	ダイエットする	L.5
ลอง...ดู	lɔɔŋ ～ duu	～してみる	L.9
ลองสเตย์	lɔɔŋ-sa-tee	ロングステイ	L.8
...ละ	~ láʔ	～につき	L.6
...ละ	~ láʔ	もう～（แล้ว の話し言葉）	L.8
ละคร	lá-khɔɔn	ドラマ	Warm Up
ล้าน	láan	百万	L.1
ลาออกจาก...	laa-ʔɔ̀ɔk càak	～を辞める	L.8
...ลำ	lam	～機、～隻（飛行機、船の類別詞）	L.8
ลุง	luŋ	伯父	L.7
...ลูก	lûuk	～個（果物、ボールなど）	L.6
ลูกเขย	lûuk-khə̌əy	娘婿	L.7
ลูกคนเดียว	lûuk-khon-diaw	一人っ子	L.7
ลูกคนโต	lûuk-khon-too	１番上の子	L.7
ลูกคนที่สอง	lûuk-khon-thîi sɔ̌ɔŋ	二番目の子	L.7
ลูกคนเล็ก	lûuk-khon-lék	末っ子	L.7
ลูกค้า	lûuk-kháa	顧客	L.5
ลูกพี่ลูกน้อง	lûuk-phîi-lûuk-nɔ́ɔŋ	いとこ	L.7
ลูกสะใภ้	lûuk-sa-pháy	息子の嫁	L.7
ลูกสาว	lûuk-sǎaw	娘	L.3
เล่น	lên	する（スポーツ、楽器の演奏等）	L.5
เล่นกีตาร์	lên kii-tâa	ギターをひく	L.7
เล่นกีฬา	lên kii-laa	スポーツをする	L.7
เล่นเกม	lên keem	ゲームをする	L.7
เล่นโบว์ลิ่ง	lên boo-lîŋ	ボーリングする	L.7
เล่นเปียโน	lên pia-noo	ピアノをひく	L.7
เล่นมือถือ	lên mɯɯ-thɯ̌ɯ	携帯をやる	L.8
เล่นหมากรุก	lên màak-rúk	チェス／将棋をする	L.7
เล่นอินเทอร์เน็ต	lên ʔin-thəə-nèt	ネットサーフィンする	L.7
...เลย	~ ləəy	実に～	L.9
เลิก	lə̂ək	終える	L.5
เลี้ยงสัตว์	líaŋ sàt	動物を飼う	L.7
เลี้ยว	líaw	曲がる	L.6
แลกเงิน	lɛ̂ɛk ŋən	両替する	L.6
...แล้ว...	~ lɛ́ɛw ~	～してから～	L.6
...แล้ว	~ lɛ́ɛw	もう～（完了）	L.6
และ	lɛ́ʔ	そして	L.3
โลก	lôok	世界	L.7

ว

วัฒนา	wát-tha-naa	ワッタナー（地名）	Warm Up
วัด	wát	寺	L.4
วัดพระแก้ว	wát-phrá-kɛ̂ɛw	エメラルド寺院	L.10
วันก่อน	wan-kɔ̀ɔn	先日	L.5
วันเกิด	wan kə̀ət	誕生日	L.1
วันจันทร์	wan can	月曜日	Warm Up
วันเดือนปี	wan dɯan pii	年月日	L.1
วันที่...	wan-thîi ~	～日	L.1
วันธรรมดา	wan-tham-ma-daa	平日	L.5
วันนั้น	wan-nán	その日	L.5
วันนี้	wan-níi	今日	L.2
วันพฤหัส	wan phá-rɯ́-hàt	木曜日	Warm Up
วันพุธ	wan phút	水曜日	L.1
วันศุกร์	wan sùk	金曜日	L.1
วันเสาร์	wan sǎw	土曜日	L.1
วันหยุด	wan-yùt	休日	L.4
วันอังคาร	wan ʔaŋ-khaan	火曜日	L.1
วันอาทิตย์	wan ʔaa-thít	日曜日	L.1
ว่า...	wâa ~	～と（引用）	L.8
ว่าง	wâaŋ	空いている	L.2
วาดภาพ	wâat phâap	絵を描く	L.7
ว่ายน้ำ	wâay náam	泳ぐ	L.9
วิ่ง	wîŋ	走る	L.2
วิธี	wí-thii	方法	L.6
วิศวกร	wít-sa-wá-kɔɔn	エンジニア	L.7
เว็บไซต์	wép-sáy	ウェブサイト	Warm Up
เวลา	wee-laa	時、時間	Warm Up
เวลา...	wee-laa ~	～のとき（一般的、習慣的）	L.7
เวลาว่าง	wee-laa wâaŋ	暇なとき	L.5
เวียดนาม	wîat-naam	ベトナム	L.8

ศ

ศูนย์	sǔun	0	Warm Up
ศูนย์วัฒนธรรม	sǔun wát-tha-ná-tham	文化センター	L.2

ส

สกี	sa-kii	スキー	L.10
ส่ง	sòŋ	送る	L.7
สถานี	sa-thǎa-nii	駅	L.2
สถานีสยาม	sa-thǎa-nii sa-yǎam	サイアム駅	Warm Up
สนใจ	sǒn-cay	興味がある	L.8
สนามบิน	sa-nǎam-bin	空港	L.5
สนุก	sa-nùk	おもしろい、楽しい	Warm Up
สบาย	sa-baay	心地よい	L.4
สบายดี	sa-baay-dii	元気です	Warm Up
ส้มตำ	sôm-tam	ソムタム（パパイアのスパイシーサラダ）	L.5
สมาร์ทโฟน	sa-máat-foon	スマートフォン	L.7
สยาม	sa-yǎam	サイアム（地名）	L.2
ส่วน...	sùan ~	一方～	L.7

สวนลุมพินี	sǔan lum-phi-nii	ルンピニー公園	L.4
สวย	sǔay	きれいな	L.2
สวยงาม	sǔay-ŋaam	美しい	L.7
สวัสดี	sa-wàt-dii	こんにちは	Warm Up
สอง (๒)	sɔ̌ɔŋ	2	Warm Up
สอน	sɔ̌ɔn	教える	L.7
สอบ	sɔ̀ɔp	試験する	L.10
สอบวัดระดับ	sɔ̀ɔp wát ra-dàp	検定試験	L.8
ส้อม	sɔ̂ɔm	フォーク	L.7
สะดวก	sa-dùak	都合がいい	L.7
สะพาน	sa-phaan	橋	L.6
สะอาด	sa-ʔàat	清潔な	L.10
สักครู่	sák-krûu	しばらく	L.10
สั่ง	sàŋ	注文する	L.9
สัญญา	sǎn-yaa	契約	L.10
สั้น	sân	短い	L.8
สาธร	sǎa-thɔɔn	サートーン（地名）	L.5
สาม (๓)	sǎam	3	Warm Up
สามี	sǎa-mii	夫	L.7
สาย	sǎay	遅れる	L.5
...สิ	~ sìʔ	もちろん〜だ	L.5
สิงหาคม (ส.ค.)	sǐŋ-hǎa-khom	8月	L.1
สิบ (๑๐)	sìp	10	Warm Up
สี่ (๔)	sìi	4	Warm Up
สีแดง	sǐi-dɛɛŋ	赤	L.6
สีลม	sǐi-lom	シーロム（通り）	Warm Up
สืบทอด	sɨ̀ɨp-thɔ̂ɔt	継承する	L.9
สุขภาพ	sùk-kha-phâap	健康	Warm Up
สุขุมวิท	sùʔ-khǔm-wít	スクムウィット（通り）	Warm Up
สุโขทัย	sùʔ-khǒo-thay	スコータイ（地名）	Warm Up
สุด ๆ	sùt-sùt	最高に（話し言葉）	L.4
สุวรรณภูมิ	sùʔ-wan-na-phuum	スワンナプーム（地名）	Warm Up
สู้ ๆ	sûu sûu	がんばって	Warm Up
สูง	sǔuŋ	高い	L.7
สูบ	sùup	吸う	L.8
เสร็จ	sèt	終わる（動作完了）	L.4
เสียใจ	sǐa-cay	悲しい	L.4
เสียดาย	sǐa-daay	残念に思う	L.4
เสื้อ	sɨ̂a	シャツ	L.2
แสน	sɛ̌ɛn	十万	L.1
ใส่	sày	入れる	L.9
ใส่	sày	着る、はく	L.7

ห

หก (๖)	hòk	6	Warm Up
หงุดหงิด	ŋùt-ŋìt	いらいらする	L.8
หญิง	yǐŋ	女	Warm Up
หนัก	nàk	ハードに	L.8
หนัง	nǎŋ	映画	L.3
หนังสือ	náŋ-sɨ̌ɨ	本	L.3
หนังสือเดินทาง	nǎŋ-sɨ̌ɨ-dəən-thaaŋ	パスポート、旅券	Warm Up
หน้า	nâa 〜	〜の前	L.6
หน้าตา	nâa-taa	顔立ち	L.4
หน้าฝน	nâa-fǒn	雨季	L.10
หน้าร้อน	nâa-rɔ́ɔn	夏	L.5
หนาว	nǎaw	寒い	L.5
หน้าหนาว	nâa-nǎaw	冬	L.5
หนึ่ง (๑)	nɨ̀ŋ	1	Warm Up
หนู	nǔu	私（年下の女性が使う）、ネズミ	Warm Up
หมด	mòt	尽きる	Warm Up
หมดสัญญา	mòt sǎn-yaa	契約が切れる	L.10
หมดอายุ	mòt ʔaa-yúʔ	賞味期限	L.1
หมวก	mùak	帽子	L.6
หมอ	mɔ̌ɔ	医者	L.2
หมา	mǎa	犬	L.6
หมายเลข	mǎay-lêek	番号	Warm Up
หมายเลขโทรศัพท์	mǎay-lêek thoo-ra-sàp	電話番号	Warm Up
หมื่น	mɨ̀ɨn	万	L.1
หมู่บ้าน	mùu-bâan	村	L.6
...หรือ...	~ rɨ̌ɨ ~	〜それとも〜ですか？	L.5
...หรือ	~ rɨ̌ɨ	〜なのですか？	L.2
...หรือเปล่า	~ rɨ́-plàaw	〜ですか（ちがいますか）？	L.9
...หรือไม่ก็...	~ rɨ̌ɨ-mây-kɔ̂ɔ ~	〜あるいは〜	L.5
หลวงตา	lǔaŋ-taa	お坊さん（自分の祖父と同世代）	L.7
หล่อ	lɔ̀ɔ	ハンサムな	L.3
หลัง...	lǎŋ ~	〜の後ろ	L.6
หลังจาก...	lǎŋ-càak ~	〜したあと	L.7
หลาน	lǎan	甥 / 姪、孫	L.7
หลาย...	lǎay ~	いくつもの〜	L.7
หวาน	wǎan	甘い	L.7
ห้อง	hɔ̂ŋ	部屋	L.6
ห้องน้ำ	hɔ̂ŋ-náam	トイレ	L.9
ห้องเรียน	hɔ̂ŋ-rian	教室	L.10
หอพัก	hɔ̌ɔ-phák	寮	L.6
หัว	hǔa	頭	L.8
หัวหน้า	hǔa-nâa	上司	L.7
หัวหิน	hǔa-hǐn	フアヒン（地名）	L.7
หา	hǎa	探す	L.10
ห้า (๕)	hâa	5	Warm Up
ห้าง	hâaŋ	デパート	L.2
ห้าม	hâam	禁止する	L.9
หาย	hǎay	治る	L.10
หิว	hǐw	空腹の	L.4
เหงา	ŋǎw	寂しい	L.8
เหงื่อ	ŋɨ̀a	汗	L.6
เหนือ	nɨ̌a	北	Warm Up
เหนื่อย	nɨ̀ay	疲れた	L.6
...เหรอ	~ rə̌ə	〜なのですか？	L.2
เหล้า	lâw	酒	L.9

...แห่ง	~ hɛ̀ŋ	～箇所（類別詞）	L.8
ให้	hây	与える	L.7
ให้...	hây ~	～させる	L.7
ใหญ่	yày	大きい	L.6
ให้ทาน	hây thaan	施す	L.9
ใหม่	mày	新しい	L.5
...ไหม	~ máy	～ですか？	L.2
ไหว้	wâay	拝む、合掌する	L.7

อ

อธิบาย	ʔa-thí-baay	説明する	L.8
อนาคต	ʔa-naa-khót	将来	L.7
อพาร์ตเมนต์	ʔa-pháat-mén	アパート	L.6
อย่า...	yàa ~	～しないで	Warm Up
อยาก(จะ) ...	yàak(càʔ) ~	～したい	Warm Up
อยากได้	yàak-dây	欲しい	Warm Up
อยากให้...	yàak hây ~	～して欲しい	L.10
...อย่าง	~ yàaŋ	～種類	Warm Up
อย่าง...	yàaŋ ~	～のような	Warm Up
อย่างไร	yàaŋ-ray	どのような？	L.5
อย่างสำรวม	yàaŋ sǎm-ruam	慎み深く	L.9
(...)อยู่	yùu	ある、いる、住む、～している	Warm Up
อร่อย	ʔa-rɔ̀y	おいしい	Warm Up
อ้วน	ʔûan	太った	L.2
ออก	ʔɔ̀ɔk	出る	L.6
ออกกำลังกาย	ʔɔ̀ɔk-kam-laŋ-kaay	運動する	L.7
ออกไป	ʔɔ̀ɔk pay	出かける	L.10
ออนไลน์	ʔɔɔn-laay	オンライン	L.3
ออฟฟิศ	ʔɔ́ɔf-fít	事務所	L.8
อะไร	ʔa-ray	何	L.3
อะไร	ʔa-ray	何か、何も	L.8
อังกฤษ	ʔaŋ-krìt	イギリス	Warm Up
...อัน	~ ʔan	～個	L.6
อัลมอนด์	ʔaw-mɔ̂n	アーモンド	L.6
อา	ʔaa	叔父 / 叔母（父方）	L.7
อากาศ	ʔaa-kàat	天気、気候	L.8
อาจ(จะ)...	ʔàat (cà) ~	～かもしれない	L.10
อาจารย์	ʔaa-caan	先生（大学などの）	Warm Up
อาทิตย์ที่แล้ว	ʔaa-thít thîi-lɛ́ɛw	先週	L.3
อาทิตย์หน้า	ʔaa-thít nâa	来週	L.3
อ่าน	ʔàan	読む	L.3
อ่านหนังสือ	ʔàan náŋ-sɯ̌ɯ	読書する	L.7
อาบน้ำ	ʔàap náam	シャワーを浴びる	L.6
อายุ	ʔaa-yúʔ	年齢	Warm Up
อายุมาก	ʔaa-yúʔ mâak	歳をとる	L.10
อาหาร	ʔaa-hǎan	料理	L.2
อาหารใต้	ʔaa-hǎan tâay	南部料理	L.7
อาหารสด	ʔaa-hǎan sòt	新鮮な食品、できたての食べ物	L.9
อาหารเหนือ	ʔaa-hǎan nɯ̌a	北部料理	L.7
อาหารแห้ง	ʔaa-hǎan hɛ̂ɛŋ	乾物	L.9
อำเภอ	ʔam-phəə	郡	Warm Up
อิ่ม	ʔìm	満腹な	L.6
อีสาน	ʔii-sǎan	東北	L.7
...อื่น	~ ʔɯ̀ɯn	他の～	L.6
...อื่น ๆ	~ ʔɯ̀ɯn ʔɯ̀ɯn	～他	Warm Up
เอกสาร	ʔèek-ka-sǎan	書類	L.7
แอร์พอร์ตลิงก์	ʔɛɛ-phɔ̀ɔt-líŋ	エアポートリンク	L.6
ไอศกรีม	ʔay-sa-kriim / ʔay-sa-khriim	アイスクリーム	L.4

ฮ

ฮอกไกโด	hɔ́k-kay-doo	北海道	Warm Up

日本語・タイ語索引

海	ทะเล	tha-lee	L.3
売る	ขาย	khǎay	L.4
うれしい	ดีใจ	dii-cay	L.4
運転する	ขับ	khàp	L.4
運動する	ออกกำลังกาย	ʔɔ̀ɔk-kam-laŋ-kaay	L.7

え

エアポートリンク	แอร์พอร์ตลิงก์	ʔɛɛ-phɔ̀ɔt-líŋ	L.6
映画	หนัง	nǎŋ	L.3
映画を見に行く	ไปดูหนัง	pay duu nǎŋ	L.7
駅	สถานี	sa-thǎa-nii	L.2
エメラルド寺院	วัดพระแก้ว	wát-phrá-kɛ̂ɛw	L.10
絵を描く	วาดภาพ	wâat phâap	L.7
園芸をする	ทำสวน	tham sǔan	L.7
エンジニア	วิศวกร	wít-sa-wá-kɔɔn	L.7

お

甥（姪）	หลาน	lǎan	L.7
おいしい	อร่อย	ʔa-rɔ̀y	Warm Up
おいしそうな	น่าอร่อย	nâa-ʔa-rɔ̀y	L.6
おいしそうな	น่ากิน	nâa-kin	L.8
（～に）おいて	ใน...	nay ~	L.7
（～に）於いて	ณ...	náʔ ~	Warm Up
終える	เลิก	lə̂ək	L.5
大きい	ใหญ่	yày	L.6
おかしく感じる	ขำ	khǎm	L.4
おかず	กับข้าว	kàp-khâaw	L.6
お金	เงิน	ŋən	L.3
お金を貯める	เก็บเงิน	kèp ŋən	L.8
拝む	ไหว้	wâay	L.7
起きる	ตื่นนอน	tùuun(-nɔɔn)	L.6
送る	ส่ง	sòŋ	L.7
遅れる	สาย	sǎay	L.5
怒る	โกรธ	kròot	L.4
教える	สอน	sɔ̌ɔn	L.7
伯父	ลุง	luŋ	L.7
叔父（叔母）（父方）	อา	ʔaa	L.7
叔父（叔母）（母方）	น้า	náa	L.7
恐れる	กลัว	klua	L.4
恐ろしい	น่ากลัว	nâa-klua	L.8
夫	สามี	sǎa-mii	L.7
弟	น้องชาย	nɔ́ɔŋ-chaay	L.2
男	ชาย	chaay	Warm Up
大人	ผู้ใหญ่	phûu-yày	L.8
お腹を壊す	ท้องเสีย	thɔ́ɔŋ-sǐa	L.7
伯母	ป้า	pâa	L.7
叔母（叔父）（父方）	อา	ʔaa	L.7
叔母（叔父）（母方）	น้า	náa	L.7
お化け	ผี	phǐi	L.4
お布施する場所	ที่ตักบาตร	thîi-tàk-bàat	L.9
お坊さん（自分の祖父と同世代）	หลวงตา	lǔaŋ-taa	L.7
お盆	ถาด	thàat	L.9
おまけに	แถม	thɛ̌ɛm	L.4
思いつめる	คิดมาก	khít mâak	L.8
（～と）思う	คิดว่า...	khít wâa ~	L.8
おもしろい	สนุก	sa-nùk	L.2
おもしろそうな（聞いて）	น่าฟัง	nâa-faŋ	L.8
おもしろそうな（見て）	น่าดู	nâa-duu	L.8
おもしろそうな（読んで）	น่าอ่าน	nâa-ʔàan	L.8
おやつ	ของว่าง	khɔ̌ɔŋ-wâaŋ	L.6
泳ぐ	ว่ายน้ำ	wâay náam	L.9
下りる	ลง	loŋ	L.6
オレンジジュース	น้ำส้ม	nám-sôm	L.9
終わる（最後まで）	จบ	còp	L.4
終わる（動作完了）	เสร็จ	sèt	L.4
音楽鑑賞する	ฟังเพลง	faŋ phleeŋ	L.7
女	หญิง	yǐŋ	Warm Up
オンライン	ออนไลน์	ʔɔɔn-laay	L.3
オンラインショップ	ร้านขายของออนไลน์	ráan-khǎay-khɔ̌ɔŋ ʔɔɔn-laay	L.7

か

蚊	ยุง	yuŋ	L.3
カーオヤム（料理名）	ข้าวยำ	khâaw-yam	L.7
会議（する）	ประชุม	pra-chum	L.9
外国	ต่างประเทศ	tàaŋ-pra-thêet	L.6
外国人	ชาวต่างชาติ	chaaw-tàaŋ-châat	L.8
会社	บริษัท	bɔɔ-rí-sàt	Warm Up
会社員	พนักงานบริษัท	pha-nák-ŋaan bɔɔ-ri-sàt	L.7
会社に勤める	ทำงานบริษัท	tham-ŋaan bɔɔ-ri-sàt	L.7
快適な	น่าอยู่	nâa-yùu	L.8
戒律を破る	ผิดศีล	phìt sǐin	L.9
買う	ซื้อ	súuu	L.2
買うに値する	น่าซื้อ	nâa-súuu	L.8
帰る	กลับ	klàp	Warm Up
カオソーイ（料理名）	ข้าวซอย	khâaw-sɔɔy	L.7
顔立ち	หน้าตา	nâa-taa	L.4
カオマンガイ	ข้าวมันไก่	khâaw-man-kày	L.4
香り米	ข้าวหอมมะลิ	khâaw-hɔ̌ɔm ma-líʔ	L.8
価格	ราคา	raa-khaa	Warm Up
書く	เขียน	khǐan	L.3
菓子	ขนม	kha-nǒm	L.2
家事	งานบ้าน	ŋaan-bâan	L.7
～箇所（類別詞）	...แห่ง	~ hɛ̀ŋ	L.8
家族	ครอบครัว	khrɔ̂ɔp-khrua	L.7
学校を開業する	เปิดโรงเรียน	pə̀ət rooŋ-rian	L.7
合掌する	ไหว้	wâay	L.8
悲しい	เสียใจ	sǐa-cay	L.4
彼女	เธอ	thəə	L.5

彼女（彼）	เขา	kháw	L.2
彼女（彼）（親しみを込めた表現）	แก	kɛɛ	L.10
彼女たち、彼ら	พวกเขา	phûak-kháw	L.2
ガパオライス	ข้าวกะเพรา	khâaw- ka-phraw	L.3
かばん	กระเป๋า	kra-pǎw	Warm Up
～かもしれない	อาจจะ...	ʔàat (cà) ~	L.10
粥	โจ๊ก	cóok	L.8
火曜日	วันอังคาร	wan ʔaŋ-khaan	L.1
～から（場所）	จาก...	càak ~	L.3
～から（時間的）	ตั้งแต่...	tâŋ-tɛ̀ɛ ~	L.5
辛い	เผ็ด	phèt	L.2
体	ตัว	tua	L.7
彼（彼女）	เขา	kháw	L.2
彼（彼女）（親しみを込めた表現）	แก	kɛɛ	L.10
彼ら、彼女たち	พวกเขา	phûak-kháw	L.2
川	แม่น้ำ	mɛ̂ɛ-náam	L.6
かわいい	น่ารัก	nâa-rák	L.2
かわいそうな	น่าสงสาร	nâa-sǒŋ-sǎan	L.8
観光によさそうな	น่าเที่ยว	nâa-thîaw	L.8
韓国	เกาหลี	kaw-lǐi	L.2
看護師	พยาบาล	pha-yaa-baan	Warm Up
感じる	รู้สึก	rúu-sɯ̀k	L.4
缶詰	เครื่องกระป๋อง	khrɯ̂aŋ-kra-pɔ̌ŋ	L.9
感動する	ประทับใจ	pra-tháp-cay	L.4
がんばって	สู้ ๆ	sûu-sûu	Warm Up
乾物	อาหารแห้ง	ʔaa-hǎan hɛ̂ɛŋ	L.9

き

～機（飛行機の類別詞）	...ลำ	~ lam	L.8
（～と）聞いた	ได้ยินว่า...	dây-yin wâa ~	L.8
着飾る	แต่ง	tɛ̀ŋ	L.9
聞く	ฟัง	faŋ	L.3
気候	อากาศ	ʔaa-kàat	L.8
喜捨する（托鉢僧に）	ตักบาตร	tàk-bàat	L.9
北	เหนือ	nɯ̌a	Warm Up
記念品	ของที่ระลึก	khɔ̌ɔŋ-thîi-ra-lɯ́k	L.7
昨日	เมื่อวาน(นี้)	mɯ̂a-waan(-níi)	L.3
気分がいい	รู้สึกดี	rúu-sɯ̀k dii	L.4
（～と）決める	ตัดสินใจว่า...	tàt-sǐn-cay wâa ~	L.10
キャンプする	ตั้งแคมป์	tâŋ khɛ́m	L.7
気安い	เป็นกันเอง	pen-kan-ʔeeŋ	L.8
9	เก้า (๙)	kâaw	Warm Up
休日	วันหยุด	wan-yùt	L.4
休養をとる	พักผ่อน	phák-phɔ̀n	L.10
今日	วันนี้	wan-níi	L.2
競技会	การแข่งขัน	kaan-khɛ̀ŋ-khǎn	Warm Up
教師	ครู	khruu	L.8
教室	ห้องเรียน	hɔ̂ŋ-rian	L.10
今日の午後	บ่ายนี้	bàay-níi	L.9
興味がある	สนใจ	sǒn-cay	L.8
興味深い	น่าสนใจ	nâa-sǒn-cay	L.8
曲	เพลง	phleeŋ	Warm Up
着る	ใส่	sày	L.7
きれいな	สวย	sǔay	L.2
きれいな（音・声）	เพราะ	phrɔ́ʔ	L.4
禁止する	ห้าม	hâam	L.9
筋トレする	ฝึกกล้ามเนื้อ	fɯ̀k klâam-nɯ́a	L.7
勤勉な	ขยัน	kha-yǎn	L.5
金曜日	วันศุกร์	wan sùk	L.1
ギターをひく	เล่นกีตาร์	lên kii-tâa	L.7

く

区	เขต	khèet	Warm Up
クイティアオ（米の麺）	ก๋วยเตี๋ยว	kǔay-thǐaw	L.6
空港	สนามบิน	sa-nǎam-bin	L.5
空腹の	หิว	hǐw	L.4
9月	กันยายน (ก.ย.)	kan-yaa-yon	L.1
薬	ยา	yaa	L.10
（～を）ください	ขอ...	khɔ̌ɔ ~	L.9
果物	ผลไม้	phǒn-la-máy	Warm Up
くっつく	ติด	tìt	L.5
靴	รองเท้า	rɔɔŋ-tháaw	L.6
国	เมือง	mɯaŋ	Warm Up
国	ประเทศ	pra-thêet	L.8
グリーンカレー	แกงเขียวหวาน	kɛɛŋ-khǐaw-wǎan	L.5
来る	มา	maa	L.3
車	รถ	rót	L.4
クレット島	เกาะเกร็ด	kɔ̀ʔ krèt	L.6
郡	อำเภอ	ʔam-phəə	Warm Up

け

警察官	ตำรวจ	tam-rùat	L.7
継承する	สืบทอด	sɯ̀ɯp-thɔ̂ɔt	L.9
携帯	มือถือ	mɯɯ-thɯ̌ɯ	L.4
携帯をやる	เล่นมือถือ	lên mɯɯ-thɯ̌ɯ	L.8
芸能人	ดารา	daa-raa	L.2
契約	สัญญา	sǎn-yaa	L.10
契約が切れる	หมดสัญญา	mòt sǎn-yaa	L.10
契約を更新する	ต่อสัญญา	tɔ̀ɔ sǎn-yaa	L.10
ケーキ	เค้ก	khéek	L.6
ケース	เคส	khées	L.7
ゲーム	เกม	keem	L.7
ゲームをする	เล่นเกม	lên keem	L.7
今朝	เมื่อเช้า(นี้)	mɯ̂a-cháaw(-níi)	L.3
袈裟	จีวร	cii-wɔɔn	L.9
月給	เงินเดือน	ŋən-dɯan	L.10
結婚する	แต่งงาน	tɛ̀ŋ-ŋaan	L.10
月曜日	วันจันทร์	wan-can	Warm Up
券	บัตร	bàt	Warm Up
県	จังหวัด	caŋ-wàt	L.7

元気です	สบายดี	sa-baay-dii	Warm Up
言語	ภาษา	phaa-sǎa	L.2
健康状態	สุขภาพ	sùk-kha-phâap	Warm Up
検定試験	สอบวัดระดับ	sɔ̀ɔp wát ra-dàp	L.8

こ

～個	...อัน	~ ʔan	L.6
～個（果物、ボールなど）	ลูก	~ lûuk	L.6
5	ห้า (๕)	hâa	Warm Up
～語	ภาษา	phaa-sǎa	L.2
恋しい	คิดถึง	khít-thʉ̌ŋ	L.10
恋人	แฟน	fɛɛn	L.2
高価な	แพง	phɛɛŋ	L.8
更新する	ต่อ	tɔ̀ɔ	L.10
紅茶	ชาฝรั่ง	chaa fá-ràŋ	L.5
興奮する	ตื่นเต้น	tʉ̀ʉn-tên	L.2
公務員	ข้าราชการ	khâa-râat-cha-kaan	L.7
コーヒー	กาแฟ	kaa-fɛɛ	L.3
コーラ	โค้ก	khóok	L.10
ゴールデンウィーク	โกลเด้นวีค	koow-dên-wíik	L.4
5月	พฤษภาคม (พ.ค.)	phrʉ́t-sa-phaa-khom	L.1
顧客	ลูกค้า	lûuk-kháa	L.5
こぐ（自転車）	ปั่น	pàn	L.6
ここ	ที่นี่	thîi-nîi	L.3
心地よい	สบาย	sa-baay	L.4
心が晴々する	รู้สึกดี	rúu-sʉ̀k dii	L.4
（～と）答える	ตอบว่า...	tɔ̀ɔp wâa ~	L.10
こっけいな	ตลก	ta-lòk	L.4
子供	เด็ก	dèk	L.4
この～	...นี้	~ níi	L.4
この辺	แถวนี้	thɛ̌w-níi	L.8
好む	ชอบ	chɔ̂ɔp	L.2
ご飯	ข้าว	khâaw	L.4
ご飯（炊いたもの）	ข้าวสวย	khâaw-sǔay	L.9
コピーする	ก๊อบปี้	kɔ́p-pîi	L.7
米	ข้าวสาร	khâaw-sǎan	L.9
米（ご飯）	ข้าว	khâaw	L.5
これほど	ขนาดนี้	kha-nàat-níi	L.8
今回	ครั้งนี้	khráŋ-níi	L.8
コンサート	คอนเสิร์ต	khɔn-sə̀ət	Warm Up
コンサートイベント	งานคอนเสิร์ต	ŋaan khɔn-sə̀ət	L.10
こんにちは	สวัสดี	sa-wàt-dii	Warm Up
コンビニ	ร้านสะดวกซื้อ	ráan-sa-dùak-sʉ́ʉ	L.7

さ

サートーン（地名）	สาธร	sǎa-thɔɔn	L.5
～歳	...ปี	~ pii	Warm Up
～歳（12歳以下）	...ขวบ	khùap	L.3
サイアム（地名）	สยาม	sa-yǎam	L.2
サイアム駅	สถานีสยาม	sa-thǎa-nii sa-yǎam	Warm Up
最近	ช่วงนี้	chûaŋ-níi	L.8
サイクリングする	ปั่นจักรยาน	pàn càk-kra-yaan	L.7
最高に（話し言葉）	สุด ๆ	sùt-sùt	L.4
財布	กระเป๋าสตางค์	kra-pǎw sa-taaŋ	L.4
探す	หา	hǎa	L.10
昨夜	เมื่อคืน	mʉ̂a-khʉʉn	L.3
桜	ซากุระ	saa-kùʔ-ráʔ	Warm Up
桜の木	ต้นซากุระ	tôn-saa-ku-ráʔ	L.6
酒	เหล้า	lâw	L.9
～させてください	ขอ...	khɔ̌ɔ ~	L.9
～させる	ให้...	hây ~	L.7
誘う	ชวน	chuan	L.5
サッカー	ฟุตบอล	fút-bɔɔn	L.4
寂しい	เหงา	ŋǎw	L.8
寒い	หนาว	nǎaw	L.5
サムイ島	เกาะสมุย	kɔ̀ʔ sa-mǔy	L.5
皿	จาน	caan	L.8
～皿（類別詞）	(...)จาน	(~) caan	L.8
去る～	เมื่อ...	mʉ̂a ~	L.5
3	สาม (๓)	sǎam	Warm Up
～さん	คุณ...	khun ~	L.2
参加する	เข้าร่วม	khâw-rûam	Warm Up
山岳民族	ชาวเขา	chaaw-khǎw	L.8
3月	มีนาคม (มี.ค.)	mii-naa-khom	L.1
散歩する	เดินเล่น	dəən-lên	L.6
残念に思う	เสียดาย	sǐa-daay	L.4

し

4	สี่ (๔)	sìi	Warm Up
～時（24時間制）	นาฬิกา (น.)	~ naa-li-kaa	L.1
シーロム（通り）	สีลม	sǐi-lom	Warm Up
試合	การแข่งขัน	kaan-khɛ̀ŋ-khǎn	Warm Up
幸せである	มีความสุข	mii khwaam-sùk	L.4
～し得る	ได้...	dây ~	L.4
自営業をする	ทำธุรกิจส่วนตัว	tham thú-rá-kìt sùan-tua	L.7
次回	ครั้งหน้า	khráŋ-nâa	L.9
しかし	แต่	tɛ̀ɛ	L.3
4月	เมษายน (เม.ย.)	mee-sǎa-yon	L.1
時間	เวลา	wee-laa	Warm Up
～時間	...ชั่วโมง	~ chûa-mooŋ	L.3
時間がかかる	ใช้เวลา	cháy wee-laa	L.6
（～に）時間を使う	ใช้เวลากับ...	cháy wee-laa kàp ~	L.7
時期	ช่วง	chûaŋ	L.10
試験する	สอบ	sɔ̀ɔp	L.10
試験問題	ข้อสอบ	khɔ̂ɔ-sɔ̀ɔp	L.10
時刻	เวลา	wee-laa	L.1
仕事	งาน	ŋaan	L.3
仕事をする	ทำงาน	tham-ŋaan	L.3
刺繍する	ปักผ้า	pàk phâa	L.7

自然	ธรรมชาติ	tham-ma-châat	L.7
(～の）下	ใต้...	tâay ~	L.6
～したあと	หลังจาก...	lăŋ-càak ~	L.7
～したい	อยาก(จะ) ...	yàak(càʔ) ~	Warm Up
～したことがある	เคย...	khəəy ~	L.6
～したばかりだ	เพิ่ง...	phôŋ ~	L.5
7	เจ็ด (๗)	cèt	Warm Up
7月	กรกฎาคม (ก.ค.)	ka-rá-ka-daa-khom	L.1
知っている	รู้จัก	rúu-càk	L.2
(～と）知っている	รู้ว่า...	rúu wâa ~	L.10
実に～	...เลย	~ ləəy	L.9
～していい	...ได้	~ dâay	L.5
～しているところ	กำลัง...	kam-laŋ ~	L.9
～している	...อยู่	yùu ~	Warm Up
～してから～	...แล้ว...	~ léɛw ~	L.6
～して欲しい	อยากให้...	yàak hây ~	L.10
～してみる	ลอง...ดู	lɔɔŋ ~ duu	L.9
自転車	จักรยาน	càk-kra-yaan	L.6
自動車	รถยนต์	rót-yon	L.3
～しないで	อย่า...	yàa ~	Warm Up
～しなければならいい	ต้อง...	tôŋ ~	L.8
芝居	ละคร	láʔ-khɔɔn	Warm Up
しばらく	สักครู่	sák-krûu	L.10
自分	ตัวเอง	tua-ʔeeŋ	L.9
島	เกาะ	kɔ̀ʔ	L.6
閉まる	ปิด	pìt	L.3
事務所	ออฟฟิศ	ʔɔ́ɔf-fít	L.8
釈迦	พระ	phráʔ	L.7
写真を撮る	ถ่ายรูป	thàay rûup	L.7
シャツ	เสื้อ	sʉ̂a	L.2
しゃべる	คุย	khuy	L.5
シャワーを浴びる	อาบน้ำ	ʔàap náam	L.6
10	สิบ (๑๐)	sìp	Warm Up
11月	พฤศจิกายน (พ.ย.)	phrʉ́t-sa-cì-kaa-yon	L.1
10月	ตุลาคม (ต.ค.)	tù-laa-khom	L.1
(習慣を表す助動詞)	จะ	càʔ	L.7
従業員	พนักงาน	pha-nák-ŋaan	L.8
住所	ที่อยู่	thîi-yùu	Warm Up
12月	ธันวาคม (ธ.ค.)	than-waa-khom	L.1
十万	แสน	sɛ̌ɛn	L.1
宿題	การบ้าน	kaan-bâan	L.7
趣味	งานอดิเรก	ŋaan-ʔa-di-rèek	L.7
～種類	...อย่าง	~ yàaŋ	Warm Up
準備する	เตรียม	triam	L.9
将棋（チェス）をする	เล่นหมากรุก	lên màak-rúk	L.7
小区	แขวง	khwɛ̌ɛŋ	Warm Up
小路	ซอย	sɔɔy	Warm Up
上司	หัวหน้า	hŭa-nâa	L.7
上手に	เก่ง	kèŋ	L.2
丈夫な	แข็งแรง	khɛ̌ŋ-rɛɛŋ	L.9
賞味期限	หมดอายุ	mòt ʔaa-yúʔ	L.1
醤油焼きそば	ผัดซีอิ๊ว	phàt-sii-ʔíw	L.7
将来	อนาคต	ʔa-naa-khót	L.7
ショートパンツ	กางเกงขาสั้น	kaaŋ-keeŋ-khăa-sân	L.7
ジョギングする	จ๊อกกิ้ง	cɔ́k-kîŋ	L.7
食堂	ร้านขายอาหาร	ráan khăay ʔaa-hăan	L.7
職場	ที่ทำงาน	thîi-tham-ŋaan	L.10
女性	ผู้หญิง	phûu-yĭŋ	L.9
ショッピングする	ช็อปปิ้ง	chɔ́p-pîŋ	L.7
ショップを開く	เปิดร้านขายของ	pəət ráan-khăay-khɔ̌ɔŋ	L.7
書類	เอกสาร	ʔèek-ka-săan	L.7
シリーズ（ドラマ）	ซีรีส์	sii-rîi	L.4
知る	รู้	rúu	L.6
知るに値する	น่ารู้	nâa-rúu	L.8
親切な	ใจดี	cay-dii	L.3
新鮮な食品（できたての食べ物）	อาหารสด	ʔaa-hăan sòt	L.9
新年	ปีใหม่	pii-mày	L.7
心配する	เป็นห่วง	pen-hùaŋ	L.4

す

スイカジュース	น้ำแตงโม	nám-tɛɛŋ-moo	L.9
水上マーケット	ตลาดน้ำ	ta-làat náam	L.6
水曜日	วันพุธ	wan phút	L.1
吸う	สูบ	sùup	L.8
末っ子	ลูกคนเล็ก	lûuk-khon-lék	L.7
スカート	กระโปรง	kra-prooŋ	L.8
スキー	สกี	sa-kii	L.10
～過ぎる	...เกินไป	~ kəən pay	L.8
少ない	น้อย	nɔ́ɔy	L.10
スクムウィット（通り）	สุขุมวิท	sùʔ-khŭm-wít	Warm Up
すぐに	ทันที	than-thii	L.4
スコータイ（地名）	สุโขทัย	sùʔ-khŏo-thay	Warm Up
少し	นิดหน่อย	nít-nɔ̀y	L.2
寿司屋	ร้านซูชิ	ráan suu-chíʔ	L.6
涼しい	เย็น	yen	L.10
スター、俳優	ดารา	daa-raa	L.2
ずっと	ตลอด	ta-lɔ̀ɔt	L.5
ストレッチする	ยืดเส้นยืดสาย	yʉ̂ʉt-sên-yʉ̂ʉt-săay	L.7
素晴らしかった	ดีงาม	dii-ŋaam	L.8
スプーン	ช้อน	chɔ́ɔn	L.7
～すべきだ	ควร(จะ) ...	khuan (càʔ) ~	L.8
全ての～	ทุก	thúk ~	L.9
スポーツ	กีฬา	kii-laa	L.9
スポーツ観戦する	ดูการแข่งขันกีฬา	duu kaan-khèŋ-khăn kii-laa	L.7
スポーツをする	เล่นกีฬา	lên kii-laa	L.7
スマートフォン	สมาร์ทโฟน	sa-máat-foon	L.7
すみません	ขอโทษ	khɔ̌ɔ-thôot	L.5

住む	อยู่	yùu	Warm Up
する	ทำ	tham	L.2
する（スポーツ、楽器演奏等）	เล่น	lên	L.5
～するつもりです	จะ...	càʔ ~	L.3
	ตั้งใจ(ว่า)จะ...	tâŋ-cay wâa càʔ ~	L.8
座る	นั่ง	nâŋ	L.9
スワンナプーム（地名）	สุวรรณภูมิ	sùʔ-wan-na-phuum	Warm Up

せ

性格	นิสัย	ní-sǎy	L.4
税金	ภาษี	phaa-sǐi	L.10
清潔な	สะอาด	sa-ʔàat	L.10
生徒	นักเรียน	nák-rian	L.7
政府	รัฐบาล	rát-tha-baan	L.10
性別	เพศ	phêet	Warm Up
西暦	คริสต์ศักราช (ค.ศ.)	khrít-sàk-ka-ràat (khɔɔ-sɔ̌ɔ)	L.1
世界	โลก	lôok	L.7
～隻（飛行機、船の類別詞）	...ลำ	~ lam	L.8
説明する	อธิบาย	ʔa-thí-baay	L.8
0	ศูนย์	sǔun	Warm Up
世話をする	ดูแล	duu-lɛɛ	L.8
千	พัน	phan	L.1
線香	ธูป	thûup	L.9
先月	เดือนที่แล้ว	dɯan thîi-lɛ́ɛw	L.3
先週	อาทิตย์ที่แล้ว	ʔaa-thít thîi-lɛ́ɛw	L.3
先日	วันก่อน	wan-kɔ̀ɔn	L.5
先生（大学などの）	อาจารย์	ʔaa-caan	Warm Up
全然～ない	ไม่ ～ เลย	mây ~ ləəy	L.8

そ

そう	ช่าย	châay	L.2
象	ช้าง	cháaŋ	L.3
掃除する	ทำความสะอาด	tham khwaam-sa-ʔàat	L.6
相談する	ปรึกษา	prùk-sǎa	L.9
そうです	ใช่	chây	L.2
僧侶	พระ	phráʔ	L.9
そこ	ที่นั่น	thîi-nân	L.8
そして	และ	lɛ́ʔ	L.3
卒業する	เรียนจบ	rian còp	L.7
外	ข้างนอก	khâaŋ-nɔ̂ɔk	L.10
（～の）外	นอก...	nɔ̂ɔk ~	L.6
その～	...นั้น	~ nán	L.3
その日	วันนั้น	wan-nán	L.5
祖父（父方）	ปู่	pùu	L.7
祖父（母方）	ตา	taa	L.7
祖母（父方）	ย่า	yâa	L.7
祖母（母方）	ยาย	yaay	L.7
ソムタム（料理名）	ส้มตำ	sôm-tam	L.5
～それとも～ですか？	...หรือ...	~ rɯ̌ɯ ~	L.5
尊敬すべき	น่านับถือ	nâa-náp-thɯ̌ɯ	L.8

た

タイ	ไทย	thay	Warm Up
～台（テーブルなど）	...ตัว	~ tua	L.6
～台（家電）	...เครื่อง	~ khrɯ̂aŋ	L.6
～台（車）	...คัน	~ khan	L.6
ダイエットする	ลดความอ้วน	lót khwaam-ʔûan	L.5
大会	การแข่งขัน	kaan-khɛ̀ŋ-khǎn	Warm Up
大会参加申込書	ใบสมัครเข้าร่วมการแข่งขัน	bay sa-màk khâw rûam kaan-khɛ̀ŋ-khǎn	Warm Up
大学	มหาวิทยาลัย	ma-hǎa-wít-tha-yaa-lay	L.6
大学生	นักศึกษา	nák-sɯ̀k-sǎa	L.5
タイ国	เมืองไทย	mɯaŋ thay	L.2
タイ式伝統衣装	ชุดไทย	chút thay	L.9
タイ式マッサージ	นวดไทย	nûat thay	L.9
大丈夫です	ไม่เป็นไร	mây-pen-ray	L.5
だいたい～	ราว (ๆ) ...	raaw (-raaw) ~	L.4
体調が悪い	ไม่สบาย	mây sa-baay	L.3
たいてい～する	มัก(จะ) ...	mák (càʔ) ~	L.7
ダイビングをする	ดำน้ำ	dam-náam	L.7
タイボクシングをする	ชกมวยไทย	chók muay-thay	L.7
高い	สูง	sǔuŋ	L.7
互いに	กัน	kan	L.4
たくさん	เยอะ	yə́ʔ	L.3
訪ねる	เยี่ยม	yîam	L.7
尋ねる	ถาม	thǎam	L.8
（～と）尋ねる	ถามว่า...	thǎam wâa ~	L.10
たとえば～	เช่น...	chên ~	L.7
楽しい	สนุก	sa-nùk	Warm Up
タバコ	บุหรี่	bu-rìi	L.8
たぶん～	น่าจะ...	nâa càʔ ~	L.8
たぶん～だろう	คงจะ...	khoŋ (cà) ~	L.10
食べる（くだけた言い方）	กิน	kin	L.3
食べる（丁寧語）	ทาน	thaan	L.2
（～の／～する）ために	เพื่อ...	phɯ̂a ~	L.8
～だよね（相手の同意を求める）	...เนอะ	~ nə́ʔ	L.2
誰	ใคร	khray	Warm Up
誰か	ใคร	khray	L.8
誰も	ใคร	khray	L.8
誕生日	วันเกิด	wan kə̀ət	L.1
ダンスする	เต้นรำ	tên-ram	L.7
男性	ผู้ชาย	phûu-chaay	L.10
短パン	กางเกงขาสั้น	kaaŋ-keeŋ-khǎa-sân	L.7

ち

チーム	ทีม	thiim	L.4

チェス（将棋）をする	เล่นหมากรุก	lên màak-rúk	L.7
チェンマイ（地名）	เชียงใหม่	chiaŋ-mày	Warm Up
チェンライ（地名）	เชียงราย	chiaŋ-raay	Warm Up
ちがいます	ไม่ใช่	mây chây	L.2
（〜の）近く	ใกล้ ๆ...	klây-klây ~	L.4
チケット	บัตร	bàt	Warm Up
チケット販売	จำหน่ายบัตร	cam-nàay bàt	L.1
チケット料金	ราคาบัตร	raa-khaa bàt	L.1
父	พ่อ	phɔ̂ɔ	L.2
地方	ต่างจังหวัด	tàaŋ-caŋ-wàt	L.7
チャーハン	ข้าวผัด	khâaw-phàt	L.7
〜着（衣類）	...ตัว	~ tua	L.6
チャンネル（テレビ）	ช่อง	chɔ̂ŋ	L.5
中国	จีน	ciin	L.6
昼食を食べる	กินเที่ยง	kin thîaŋ	L.6
注文する	สั่ง	sàŋ	L.9
長距離バス	รถทัวร์	rót-thua	L.5
ちょうど	พอดี	phɔɔ-dii	L.10
チョコレート	ช็อกโกแลต	chɔ́k-koo-lɛ́t	L.6
ちょっぴり	นิด (ๆ)	nít (-nít)	L.4
チリペースト	น้ำพริกเผา	nám-phrík-phǎw	L.8

つ

〜対（ペア）	...คู่	~ khûu	L.6
使う	ใช้	cháy	L.6
疲れた	เหนื่อย	nɯ̀ay	L.6
月	เดือน	dɯan	L.1
（〜に）つき	...ละ	~ láʔ	L.6
尽きる	หมด	mòt	Warm Up
作る	ทำ	tham	L.2
都合がいい	สะดวก	sa-dùak	L.7
慎み深く	อย่างสำรวม	yàaŋ sǎm-ruam	L.9
続ける	ต่อ	tɔ̀ɔ	L.10
努める	พยายาม	pha-yaa-yaam	L.10
妻	ภรรยา	phan-ra-yaa	L.7
つまらない	น่าเบื่อ	nâa-bɯ̀a	L.8
釣りをする	ตกปลา	tòk-plaa	L.7
連れる	พา	phaa	L.5

て

手	มือ	mɯɯ	L.8
〜で	ที่...	thîi ~	L.2
〜で（通信手段）	ทาง...	thaaŋ ~	L.3
〜で…（感情表現）	...ที่ ~	...thîi ~	L.5
ディズニーランド	ดิสนีย์แลนด์	dís-nîi-lɛɛn	L.3
ティッシュ	ทิดชู่	thít-chûu	L.9
（丁寧語・女性）	ค่ะ	khâʔ	L.2
（丁寧語・女性）	คะ	kháʔ	L.2
（丁寧語・男性）	ครับ	khráp	L.2
定年退職する	เกษียณ	ka-sǐan	L.7
データ	ข้อมูล	khɔ̂ɔ-muun	L.10
テーブル	โต๊ะ	tóʔ	L.6
出かける	ออกไป	ʔɔ̀ɔk pay	L.10
できたての食べ物（新鮮な食品）	อาหารสด	ʔaa-hǎan sòt	L.9
できない	ไม่ได้	mây dâay	L.2
〜できますか？	...ได้ไหม	~ dâay máy	L.2
できる（一般）	ได้	dâay	L.2
できる（経験、習得）	เป็น	pen	L.9
〜できるように	จะได้...	càʔ dây ~	L.10
〜です	เป็น...	pen ~	L.2
〜ですか？	...ไหม	~ máy	L.2
〜ですか（ちがいますか）？	...หรือเปล่า	~ rɯ́ɯ-plàaw	L.9
〜ですね？	ใช่ไหม	~ chây máy	L.9
手伝う	ช่วย	chûay	L.7
デパート	ห้าง	hâaŋ	L.2
〜でもよい	...ก็ได้	~ kɔ̂ɔ dâay	L.5
寺	วัด	wát	L.4
TEL	โทร.	thoo	Warm Up
（〜に）電話をかける	โทร.ไปหา	thoo pay hǎa	L.10
出る	ออก	ʔɔ̀ɔk	L.6
テレビ	ทีวี	thii-wii	L.2
手を挙げる	ยกมือ	yók mɯɯ	L.9
店員	พนักงานขาย	pha-nák-ŋaan khǎay	L.9
天気	อากาศ	ʔaa-kàat	L.8
電車	รถไฟฟ้า	rót-fay-fáa	L.5
天体観測をする	ดูดาว	duu daaw	L.7
電話	โทรศัพท์	thoo-ra-sàp	Warm Up
電話する	โทร.	thoo	Warm Up
電話番号	หมายเลขโทรศัพท์	mǎay-lêek thoo-ra-sàp	Warm Up
電話をかける	โทร.ไป	thoo pay	L.9

と

〜と〜	...กับ...	~ kàp ~	L.3
〜と（一緒に）	กับ...	kàp ~	L.5
〜と（引用）	ว่า...	wâa~	L.8
トイレ	ห้องน้ำ	hɔ̂ŋ-náam	L.9
どう？	เป็นไง	pen-ŋay	L.2
唐辛子	พริก	phrík	L.9
どうする？	ทำไง	tham ŋay	L.10
到着する	ถึง	thɯ̌ŋ	L.5
道中	ระหว่างทาง	rá-wàaŋ thaaŋ	L.6
動物を飼う	เลี้ยงสัตว์	líaŋ sàt	L.7
東北	อีสาน	ʔii-sǎan	L.7
同僚	เพื่อนร่วมงาน	phɯ̂an-rûam-ŋaan	L.10
ドーナツ	โดนัท	doo-nát	L.6
通り	ถนน	tha-nǒn	Warm Up
とき	เวลา	wee-laa	Warm Up
（〜の）とき（一時的）	ตอน...	tɔɔn ~	L.4
（〜の）とき（一般的、習慣的）	เวลา...	wee-laa ~	L.7

読書する	อ่านหนังสือ	ʔàan náŋ-sɯ̌ɯ	L.7
徳を積む	ทำบุญ	tham-bun	L.4
どこ？	ที่ไหน	thîi-nǎy	L.3
どこか	ที่ไหน	thîi-nǎy	L.8
どこも	ที่ไหน	thîi-nǎy	L.8
（～の）ところの（関係代名詞）	ที่...	thîi ~	L.7
都市	เมือง	mɯaŋ	Warm Up
年上の人たち	พี่ ๆ	phîi-phîi	Warm Up
歳をとる	อายุมาก	ʔaa-yúʔ mâak	L.10
とっても～	...จัง	~ caŋ	L.9
とても	มาก	mâak	L.2
（～の）隣	ข้าง	khâaŋ	L.6
どのような？	อย่างไร	yàaŋ-ray	L.5
止める（車を）	จอด	cɔ̀ɔt	L.8
友達	เพื่อน	phɯ̂an	L.2
土曜日	วันเสาร์	wan sǎw	L.1
ドライブする	ขับรถเที่ยว	khàp-rót thîaw	L.7
ドラマ	ละคร	láʔ-khɔɔn	Warm Up
ドリアン	ทุเรียน	thú-rian	L.3
どんな？	ยังไง	yaŋ-ŋay	L.5
トンロー（地名）	ทองหล่อ	thɔɔŋ-lɔ̀ɔ	Warm Up

な

治る	หาย	hǎay	L.10
（～の）中	ใน...	nay ~	L.4
長い（時間）	นาน	naan	L.7
泣き虫な	ขี้แย	khîi-yɛɛ	L.7
なくなる（尽きる）	หมด	mòt	Warm Up
ナコンパトム（県名）	นครปฐม	ná-khɔɔn-pa-thǒm	L.7
なぜなら	เพราะ(ว่า)	phrɔ́ʔ (wâa)	Warm Up
夏	หน้าร้อน	nâa-rɔ́ɔn	L.5
～など	...ฯลฯ	~ lɛ́ʔ ʔɯ̀ɯn-ʔɯ̀ɯn	Warm Up
7	เจ็ด (๗)	cèt	Warm Up
何	อะไร	ʔa-ray	L.3
何か	อะไร	ʔa-ray	L.8
何も	อะไร	ʔa-ray	L.8
～なので	ก็เลย...	kɔ̂ɔ ləəy ~	L.6
～なのですか？	...เหรอ / หรือ	~ rə̌ə / rɯ̌ɯ	L.2
名前	ชื่อ	chɯ̂ɯ	Warm Up
並べる	เรียง	riaŋ	L.9
なる	เป็น	pen	L.10
（～に）なる（程度増大）	...ขึ้น	~ khɯ̂n	L.10
（～に）なる（程度減少）	...ลง	~ loŋ	L.10
（～に）なるまで	จน...	con ~	L.6
何時？	กี่โมง	kìi-mooŋ	L.5
南部料理	อาหารใต้	ʔaa-hǎan tâay	L.7

に

2	สอง (๒)	sɔ̌ɔŋ	Warm Up
2月	กุมภาพันธ์ (ก.พ.)	kum-phaa-phan	L.1
～日	วันที่...	wan-thîi ~	L.1
日曜日	วันอาทิตย์	wan ʔaa-thít	L.1
ニックネーム	ชื่อเล่น	chɯ̂ɯ-lên	L.3
二番目の子	ลูกคนที่สอง	lûuk-khon-thîi sɔ̌ɔŋ	L.7
日本（の）	ญี่ปุ่น	yîi-pùn	L.2
日本円	เงินเยน	ŋən-yen	L.10
～人	...คน	~ khon	L.3
～人前（料理の類別詞）	...ที่	~ thîi	L.9

ぬ

脱ぐ	ถอด	thɔ̀ɔt	L.8

ね

～ね	...นะ	náʔ	L.2
ネコ	แมว	mɛɛw	L.6
寝心地良さそうな	น่านอน	nâa-nɔɔn	L.8
ネズミ	หนู	nǔu	Warm Up
値段	ราคา	raa-khaa	Warm Up
熱	ไข้	khây	L.10
ネットサーフィンする	เล่นอินเทอร์เน็ต	lên ʔin-thəə-nèt	L.7
ネット販売員	แม่ค้าออนไลน์	mɛ̂ɛ-kháa-ʔɔɔn-laay	L.7
眠い	ง่วง	ŋûaŋ	L.4
寝る	นอน	nɔɔn	L.5
年	ปี	pii	Warm Up
年月日	วันเดือนปี	wan dɯan pii	L.1
年長者	ผู้ใหญ่	phûu-yày	L.8
～年前	...ปีก่อน	~ pii kɔ̀ɔn	L.7
年齢	อายุ	ʔaa-yúʔ	Warm Up

の

～の	ของ...	khɔ̌ɔŋ ~	L.4
飲む	ดื่ม	dɯ̀ɯm	L.8
飲む（くだけた言い方	กิน	kin	L.3
飲む（丁寧語）	ทาน	thaan	L.2
乗る	ขึ้น	khɯ̂n	L.6
乗る（船）	ลง	loŋ	L.6
乗る（またがって）	ขี่	khìi	L.9

は

バーツ	บาท	bàat	L.1
バードウォッチングする	ดูนก	duu nók	L.7
ハードに	หนัก	nàk	L.8
バーンラムプー（地名）	บางลำพู	baaŋ-lam-phuu	L.8
～杯（コップに入った飲み物の類別詞）	...แก้ว	~ kɛ̂ɛw	L.9
俳優	นักแสดง	nák-sa-dɛɛŋ	L.3
俳優（芸能人）	ดารา	daa-raa	L.2
入る	เข้า	khâw	L.6
はく	ใส่	sày	L.7
パクチー	ผักชี	phàk-chii	L.2

博物館	พิพิธภัณฑ์	phí-phít-tha-phan	Warm Up
博物館に行く	ไปพิพิธภัณฑ์	pay phí-phít-tha-phan	L.7
橋	สะพาน	sa-phaan	L.6
場所	ที่	thîi	L.9
走る	วิ่ง	wîŋ	L.2
初めて	ครั้งแรก	khráŋ-rɛ̂ɛk	L.4
初めての〜	...แรก	~ rɛ̂ɛk	L.8
パスポート	หนังสือเดินทาง	nǎŋ-sɯ̌ɯ-dəən-thaaŋ	Warm Up
パタヤ	พัทยา	phát-tha-yaa	Warm Up
8	แปด (๘)	pɛ̀ɛt	Warm Up
鉢（托鉢用の）	บาตร	bàat	L.9
8月	สิงหาคม (ส.ค.)	sǐŋ-hǎa-khom	L.1
はっきりと	ชัด	chát	L.4
パック入り牛乳	นมกล่อง	nom klɔ̀ŋ	L.9
パッタイ	ผัดไทย	phàt-thay	L.5
話	เรื่อง	rɯ̂aŋ	L.4
話す	พูด	phûut	L.2
バナナ	กล้วย	klûay	L.6
花屋	ร้านดอกไม้	ráan-dɔ̀ɔk-máay	L.6
母	แม่	mɛ̂ɛ	L.2
速く	เร็ว	rew	L.2
半	ครึ่ง	khrɯ̂ŋ	L.6
パン	ขนมปัง	kha-nǒm-paŋ	L.3
番号	หมายเลข	mǎay-lêek	Warm Up
バンコク	กรุงเทพฯ	kruŋ-thêep	Warm Up
バンコク（略語）	กทม.	kɔɔ-thɔɔ-mɔɔ	Warm Up
バンコクマラソン	กรุงเทพมาราธอน	kruŋ-thêep maa-raa-thɔɔn	Warm Up
ハンサムな	หล่อ	lɔ̀ɔ	L.3
半日	ครึ่งวัน	khrɯ̂ŋ wan	L.8
販売する	จำหน่าย	cam-nàay	L.1
パン屋をする	ทำร้านขนมปัง	tham ráan kha-nǒm-paŋ	L.7

ひ

ピアノをひく	เล่นเปียโน	lên pia-noo	L.7
〜匹	...ตัว	~ tua	L.6
（〜を）引き起こす	ทำให้	tham hây	L.9
飛行機	เครื่องบิน	khrɯ̂aŋ-bin	L.5
美術館に行く	ไปหอศิลป์	pay hɔ̌ɔ-sǐn	L.7
必需品	ของใช้จำเป็น	khɔ̌ɔŋ-cháy cam-pen	L.9
人	คน	khon	L.2
一人っ子	ลูกคนเดียว	lûuk-khon-diaw	L.7
一人で	คนเดียว	khon-diaw	L.4
暇なとき	เวลาว่าง	wee-laa wâaŋ	L.5
百	ร้อย	rɔ́ɔy	L.1
百万	ล้าน	láan	L.1
病院	โรงพยาบาล	rooŋ-pha-yaa-baan	L.7
病院に勤める	ทำงานโรงพยาบาล	tham-ŋaan rooŋ-pha-yaa-baan	L.7
病気になる	ป่วย	pùay	L.9
開く	เปิด	pə̀ət	L.1
昼間	กลางวัน	klaaŋ-wan	L.7
ひんぱんに	บ่อย	bɔ̀y	L.2

ふ

ファン	แฟน(คลับ)	fɛɛn (khlàp)	L.4
フアヒン（地名）	หัวหิน	hǔa-hǐn	L.7
プーケット	ภูเก็ต	phuu-kèt	L.2
増える	เพิ่ม	phə̂əm	L.10
フォーク	ส้อม	sɔ̂ɔm	L.7
（複数想定）	บ้าง	bâaŋ	L.5
服装を整える	แต่งตัว	tɛ̀ŋ-tua	L.5
普段	ปกติ	pà-ka-tìʔ	L.5
仏教	พุทธศาสนา	phút-tha-sàat-sa-nǎa	L.9
仏塔	เจดีย์	cee-dii	L.6
仏暦	พุทธศักราช (พ.ศ.)	phút-tha-sàk-ka-ràat (phɔɔ-sɔ̌ɔ)	L.1
太った	อ้วน	ʔûan	L.2
船	เรือ	rɯa	L.6
増やす	เพิ่ม	phə̂əm	L.10
冬	หน้าหนาว	nâa-nǎaw	L.5
プラーラー（食品）	ปลาร้า	plaa-ráa	L.9
プラトゥーナーム（地名）	ประตูน้ำ	pra-tuu-náam	L.5
プラトゥーピー（地名）	ประตูผี	pra-tuu-phǐi	L.5
降る	ตก	tòk	L.2
ブランド	แบรนเนม	brɛɛn-neem	L.6
古い	เก่า	kàw	L.10
プレゼント	ของขวัญ	khɔ̌ɔŋ-khwǎn	Warm Up
触れる	โดน	doon	L.9
〜分	...นาที	~ naa-thii	Warm Up
文	ประโยค	pra-yòok	L.8
文化センター	ศูนย์วัฒนธรรม	sǔun wát-tha-ná-tham	L.2

へ

平日	วันธรรมดา	wan-tham-ma-daa	L.5
部屋	ห้อง	hɔ̂ŋ	L.6
減る	ลด	lót	L.10
ベトナム	เวียดนาม	wîat-naam	L.8
勉強する	เรียน	rian	L.2
弁護士	ทนายความ	tha-naay-khwaam	L.10
弁当	ข้าวกล่อง	khâaw-klɔ̀ŋ	L.7

ほ

帽子	หมวก	mùak	L.6
方法	วิธี	wí-thii	L.6
ボーリングする	เล่นโบว์ลิ่ง	lên boo-lîŋ	L.7
他	อื่น ๆ	ʔɯ̀ɯn-ʔɯ̀ɯn	Warm Up
他の〜	...อื่น	~ ʔɯ̀ɯn	L.6
僕	ผม	phǒm	L.2

北部料理	อาหารเหนือ	ʔaa-hǎan nɯ̌a	L.7
欲しい	อยากได้	yàak-dây	Warm Up
ポップコーン	พ็อบคอร์น	pɔ́p-khɔɔn	L.10
施す	ให้ทาน	hây thaan	L.9
本	หนังสือ	náŋ-sɯ̌ɯ	L.3
〜本（ドラマ、映画）	...เรื่อง	~ rɯ̂aŋ	L.6
本当の	จริง	ciŋ	Warm Up
ボーナス	โบนัส	boo-nát	L.9

ま

毎〜	ทุก...	thúk ~	L.8
毎日	ทุกวัน	thúk-wan	L.2
（〜の）前	หน้า	nâa ~	L.6
前の	เก่า	kàw	L.10
曲がる	เลี้ยว	líaw	L.6
負ける	แพ้	phɛ́ɛ	L.4
孫	หลาน	lǎan	L.7
まず最初に	ก่อนอื่น	kɔ̀ɔn ʔɯ̀ɯn	L.9
（〜も）また	...ก็	~ kɔ̂ɔ	Warm Up
まだ	ยัง	yaŋ	L.5
町	ตำบล	tam-bon	Warm Up
町（国、都市）	เมือง	mɯaŋ	L.7
待つ	รอ	rɔɔ	L.9
〜まで（時間的）、（空間的）	ถึง...	thɯ̌ŋ ~	L.5
間に合う	ทัน	than	L.10
マラソン	มาราธอน	maa-raa-thɔɔn	Warm Up
周り	รอบ	rɔ̂ɔp	L.6
万	หมื่น	mɯ̀ɯn	L.1
マンゴー	มะม่วง	ma-mûaŋ	L.7
満腹な	อิ่ม	ʔìm	L.6

み

短い	สั้น	sân	L.8
店	ร้าน	ráan	L.3
名字	นามสกุล	naam-sa-kun	Warm Up
見る	ดู	duu	L.2

む

ムエタイをする	ชกมวยไทย	chók muay-thay	L.7
迎える	รับ	ráp	L.6
息子の嫁	ลูกสะใภ้	lûuk-sa-pháy	L.7
娘	ลูกสาว	lûuk-sǎaw	L.3
娘婿	ลูกเขย	lûuk-khə̌əy	L.7
難しい	ยาก	yâak	L.7
村	หมู่บ้าน	mùu-bâan	Warm Up
姪（甥）	หลาน	lǎan	L.7

め

メッセージ	ข้อความ	khɔ̂ɔ-khwaam	Warm Up

も

〜も	...ด้วย	~ dûay	L.4
〜も（多さを強調）	ตั้ง...	tâŋ 〜	L.8
もう〜（แล้วの話し言葉）	...ละ	~ láʔ	L.8
もう〜（完了）	...แล้ว	~ lɛ́ɛw	L.6
申込書	ใบสมัคร	bay-sa-màk	Warm Up
木曜日	วันพฤหัส	wan-phá-rɯ́-hàt	Warm Up
もし〜なら	ถ้า...ก็	thâa ~ kɔ̂ɔ	L.8
もち米	ข้าวเหนียว	khâaw-nǐaw	L.9
もちろん〜だ	...สิ	~ sìʔ	L.5
持っている	มี	mii	L.3
物	ของ	khɔ̌ɔŋ	L.3
モン族	ชาวมอญ	chaaw mɔɔn	L.6
問題	ปัญหา	pan-hǎa	L.10

や

野球	เบสบอล	bées-bɔɔn	L.7
約〜	ประมาณ...	pra-maan ~	L.8
約束する（待ち合わせ）	นัด	nát	L.6
野菜	ผัก	phàk	L.10
安い	ถูก	thùuk	L.4
やせている	ผอม	phɔ̌ɔm	L.10
宿	ที่พัก	thîi-phák	L.4
山	ภูเขา	phuu-khǎw	L.4
山に登る	ปีนเขา	piin khǎw	L.7
（〜を）辞める	ลาออกจาก	laa ʔɔ̀ɔk càak	L.8
ヤワラート（中華街）	เยาวราช	yaw-wa-râat	L.7

ゆ

YouTube を見る	ดูยูทูป	duu yuu-thúup	L.7
夕方	ตอนเย็น	tɔɔn-yen	L.5
有名な	ดัง	daŋ	L.4
	ชื่อดัง	chɯ̂ɯ-daŋ	L.6

よ

ヨーロッパ	ยุโรป	yú-ròop	L.8
良い	ดี	dii	L.4
（〜の）ような	อย่าง...	yàaŋ ~	Warm Up
ヨガ	โยคะ	yoo-kháʔ	L.7
よく〜する	ชอบ...	chɔ̂ɔp ~	L.3
（〜の）横	ข้าง	khâaŋ	L.6
読む	อ่าน	ʔàan	L.3
予約する	จอง	cɔɔŋ	L.10
（の方が）より〜	...กว่า	~ kwàa	L.7
夜遅くに	ดึก	dɯ̀k	L.7
4	สี่ (๔)	sìi	Warm Up

ら

来月	เดือนหน้า	dɯan-nâa	L.3
来週	อาทิตย์หน้า	ʔaa-thít-nâa	L.3
来年	ปีหน้า	pii-nâa	L.3

り

理解する	เข้าใจ	khâw-cay	L.8
理髪店を開く	เปิดร้านตัดผม	pə̀ət ráan tàt-phǒm	L.7

寮	หอพัก	hɔ̌ɔ-phák	L.6
両替する	แลกเงิน	lɛ̂ɛk ŋən	L.6
料金	ราคา	raa-khaa	L.1
両親	พ่อแม่	phɔ̂ɔ-mɛ̂ɛ	L.4
両方とも	ทั้งคู่	tháŋ-khûu	L.7
料理	อาหาร	ʔaa-hǎan	L.2
料理する	ทำอาหาร	tham ʔaa-hǎan	L.7
旅券	หนังสือเดินทาง	nǎŋ-sɯ̌ɯ-dəən-thaaŋ	Warm Up
旅行	ทริป	thríp	L.6
旅行する	ท่องเที่ยว	thɔ̂ŋ-thîaw	L.7

る

ルンピニー公園	สวนลุมพินี	sǔan lum-phi-nii	L.4

れ

冷水ご飯	ข้าวแช่	khâaw-chɛ̂ɛ	L.6
冷蔵庫	ตู้เย็น	tûu-yen	L.8
レモングラス	ตะไคร้	ta-khráy	L.7
練習する	ฝึก	fɯ̀k	L.3
レンタル料金	ค่าเช่า	khâa-châw	L.6
連絡する	ติดต่อ	tìt-tɔ̀ɔ	L.8

ろ

ろうそく	เทียน	thian	L.9
6	หก (๖)	hòk	Warm Up
6月	มิถุนายน (มิ.ย.)	mí-thù-naa-yon	L.1
ロングステイ	ลองสเตย์	lɔɔŋ-sa-tee	L.8

わ

（〜の）脇	ข้าง	khâaŋ	L.6
わずか〜	แค่...	khɛ̂ɛ	L.8
私	ดิฉัน	di-chán	L.2
私（年下の女性が使う）	หนู	nǔu	L.2
私（女性が同等以下の相手に使う）	ฉัน	chán	L.2
私（年下女性）	หนู	nǔu	Warm Up
私たち	(พวก)เรา	(phûak-) raw	L.2
渡る	ข้าม	khâam	L.6
ワッタナー（地名）	วัฒนา	wát-tha-naa	Warm Up